科学健身

Body by Science

每周训练12分钟，重塑力量、体形与健康

［美］道格·麦高夫（Doug McGuff）

［加］约翰·利特尔（John Little）　　著

瓮长水　张丹玥 译　　毛雨虹 审校

人民邮电出版社

北京

图书在版编目（CIP）数据

科学健身：每周训练12分钟，重塑力量、体形与健康 /（美）道格·麦高夫（Doug McGuff），（加）约翰·利特尔（John Little）著；瓮长水，张丹玥译. -- 北京：人民邮电出版社，2023.5
ISBN 978-7-115-60003-5

Ⅰ. ①科… Ⅱ. ①道… ②约… ③瓮… ④张… Ⅲ. ①健身运动－基本知识 Ⅳ. ①G883

中国版本图书馆CIP数据核字(2022)第167437号

版权声明

免责声明

本书内容旨在为大众提供有用的信息。所有材料（包括文本、图形和图像）仅供参考，不能替代医疗诊断、建议、治疗或来自专业人士的意见。所有读者在需要医疗或其他专业协助时，均应向专业的医疗保健机构或医生进行咨询。作者和出版商都已尽可能确保本书技术上的准确性以及合理性，并特别声明，不会承担由于使用本出版物中的材料而遭受的任何损伤所直接或间接产生的与个人或团体相关的一切责任、损失或风险。

◆ 著　　　[美] 道格·麦高夫（Doug McGuff）
　　　　　[加] 约翰·利特尔（John Little）
　译　　　瓮长水　张丹玥
　责任编辑　王若璇
　责任印制　马振武

◆ 人民邮电出版社出版发行　　北京市丰台区成寿寺路11号
　邮编　100164　电子邮件　315@ptpress.com.cn
　网址　https://www.ptpress.com.cn
　固安县铭成印刷有限公司印刷

◆ 开本：690×970　1/16
　印张：14.5
　字数：180 千字
　　　　　　　　2023年5月第1版
　　　　　　　　2025年11月河北第9次印刷
　著作权合同登记号　图字：01-2021-7394 号

定价：69.80 元
读者服务热线：(010)81055296　印装质量热线：(010)81055316
反盗版热线：(010)81055315

本书献给我的妻子温迪（Wendy）、我的儿子埃里克（Eric），以及我的女儿马德琳（Madeline），是他们的激励让我保持坚强和乐观。

——道格·麦高夫（*Doug McGuff*）

本书献给我的妻子特丽（Terri）、我的女儿泰勒（Taylor），还有我的儿子赖利（Riley）、布兰登（Brandon）和本杰明（Benjamin），他们让我意识到时间是多么宝贵，并且家（而不是健身房）才是最值得投入时间的地方。本书也献给新时代的受训者，你们非常珍惜自己的时间，要求任何占用你时间的理由具有合理性，进行增强体能和保持健康的重要活动时尤其如此。

——约翰·利特尔（*John Little*）

目录

译者序一

有多少人在一本书的阅读中开始了人生的新时代。

——亨利·戴维·梭罗（Henry David Thoreau）

《科学健身：每周训练12分钟，重塑力量、体形与健康》是我第一本从头到尾不间断读完的健身书。近三年间，我阅读了这本书7遍，它改变了我55岁以后的人生轨迹。它教会我如何正确锻炼，带我进入了一个全新的世界。它向我展示了逻辑的力量和通往"第一性原理（First principle）"这一思维方式的途径。它再次激发了我对代谢生理学和运动科学的热情，引导我真正进入了健康和抗衰老医学领域。它介绍的以超慢速为主要特点的高强度训练方法，是目前最安全、最有效和最省时的力量训练形式。这种训练使我的身体没有伤痛负担，保持健康、强壮。我还帮助我的家人、朋友和患者进行这种训练，让他们变得健康、强壮。总而言之，这本书是我在很长一段时间内读过的最好的书。

无论您一直都在规律锻炼还是刚刚对锻炼产生兴趣，是男性还是女性，现在十几岁还是九十多岁，您都可以遵循这本书的建议，获得梦寐以求的锻炼效果。

如何开始？很简单，使用任一健身房都可以找到的固定器械、自由重量器械、阻力带，甚至自身体重，每周进行一次时长为12分钟的超慢速高强度训练。在每次训练中，您都会进行3～8个练习，每个练习都针对一个具体的肌群或一块具体的肌肉。当您完成训练时，身体会作为一个整体接受刺激，生理机能会得到优化，逐渐升级为您自己所能达到的最好版本。

前文已提到，书中介绍的超慢速高强度训练方法是目前最安全、最有效和最省时的力量训练形式。力量训练形式多样，很多都是有效的，但超慢速高强度训练的独特之处在于，能够安全、高效地提供尽可能好的结果，帮助您增加、减少脂肪、增强体质并获得其他诸多健康益处。它是基于科学证据的，遵循经过验证的科学原理。每次训练的时长为12分钟，通常包含5个练习，每个练习都针对肌肉和关节的功能，符合生物力学原理。而正确地执行练习将会提升练习的刺激性和安全性。当您将全情投入这一经过验证的高效训练中时，您的所有努力都不会白费。

想要在一次训练中成功刺激所有的目标肌肉纤维，需要付出高水平的努力。在训练之后，为了获得最大的肌肉肥大和力量增长效果，需要有足够的恢复时间。大多数人在有意义的训练后需要6～7天的恢复时间，因此每周训练1次即可。时间是生命中最宝贵的东西之一，一旦失去，就无法挽回。因此，超慢速高强度训练还有一个突出的优势，就是能帮您找到个人获得高效训练所有益处所需的最低训练量，这也是这种训练的重点的之一。

这本书除了介绍超慢速高强度训练的方法、机制以及实用的训练技术外，还通过相关科学知识的解析，讲解了训练的关键原则和要素，包括节奏、重复次数、负荷时间、频率、肌肉力竭等。书中的每一章都包含丰富的信息，并通过大量图表对这些信息进行了清晰的解释，让所有读者都易于理解和掌握。

这本书还彻底地揭穿了"有氧运动"对于心血管健康或减脂是必要的这一谎言，并为超慢速高强度训练是实现上述二者，以及改善身体灵活性、静息代谢率、身体成分、骨密度、关节炎相关症状、血糖代谢、胰岛素敏感性、胆固醇、血压等的最有效方法提供了科学解释。

此外，这本书详细介绍了运动的剂量反应关系，并证明了实际上只需进行很少时间（远低于人们认为的时间）的超慢速高强度训练即可获得最佳训练效果，作者多年来指导数万人训练并跟踪数千人的训练效果所得到的相关数据也证实这一点；解释了决定个体的肌肉增长潜力和对运动如何反应的众多遗传因素，以及如何使用这些信息来微调您的训练，以获得所能获得的最佳结果；对表观遗传学进行了有趣的讨论，即超慢速高强度训练如何影响基因的表达；对营养学和遗传学如何影响肌肉的增长情况和身体成分的变化进行了系统的讲解。

在这本书的最后，作者讨论了运动员和老年人如何有效进行超慢速高强度训练。针对运动员，作者解释了超慢速高强度训练为何有效，消除了关于技巧训练、体能训练、拉伸和交叉训练的许多流行误解。针对老年人，作者着重介绍了超慢速高强度训练的巨大好处，包括力量训练如何消除衰老及基因表达的不良影响，以及如何训练才能增强功能性力量，从而尽情去做生活中喜欢的任何事情。

锻炼可以帮助您改善生活，是人生最重要的事情之一。它像任何其他主要人生目标或高价值成一样，值得您认真考虑、关注细节和努力——无论是身体上，还是精神上。盲目锻炼是不够的，您应该了解它并掌控它，尽可能地以最安全、最高效的方式进行每一次的锻炼。这本书能帮助您做到这一点，这也是它的真正价值所在。

如果您今年只准备买一本关于运动、健身的书，我推荐《科学健身：每周训练12分钟，重塑力量、体形与健康》。而且这本书值得您购买不止一本，因为您很可能会想分享给朋友一本；如果您是一名健身教练或康复治疗师，您很可能会想多备几本给客户看。这本书会帮助您及您身边的人生活得更好。阅读这本书并跟随书中指导进行锻炼的过程中，您会惊讶于您的生活质量所得到的巨大提升，而这意味着您进入了生命中的一个新时代。

译者序二

2021年，瓮长水老师向我推荐了这本书的英文原版。我读完英文原版的前2章，就大受启发，马上致电瓮老师分享阅读感受，并决定和瓮老师一同翻译全书。这本书的作者道格是一名急诊科医生，因为对高强度运动非常感兴趣，所以在1997年开设了自己的训练中心并践行他在书中介绍的超慢速高强度训练方法。他在撰写这本书时，已指导数千名客户进行了超过10万次的私教训练，并追踪了他们的训练效果，因而这一训练方法的有效性得到了验证。这一训练方法使用的练习数量不多，难度较低，总体训练时间短，非常适合想要最大化提升训练效率，从而用尽可能少的时间获得尽可能多的训练收益的忙碌者，对健身新手和老年人也很友好。

虽然这本书英文原版的出版时间是十多年前，并不是一本新书，但是其内容扎实，时至今日，实用性依然很强。作者推荐的科学健身方法经过了几十年的验证，能为受训者带来意想不到的锻炼收益，可在此前的运动健身类中文出版物中，这种健身方法几乎没有得到任何曝光。这一独特的健身方法并不炫酷，既没有高强度的蹦跳动作或复杂的练习组合，也没有传统力量训练包含的大重量训练，但这丝毫不影响它能带来的神奇效果。有些读者可能会觉得，这本书的副标题"每周训练12分钟，重塑力量、体形与健康"是吸引人的噱头，但我相信，当他们阅读这本书一半时，就会改变想法。

在这本书的前言部分，作者打破了很多读者的固有观念，帮他们建立起科学的思考方式。在第二章和第三章，作者对能量代谢系统的解读和对基础生理学的诠释让人耳目一新。读者就算只阅读这本书的前三章，都会受益匪浅。作者从第四章开始介绍"五大"锻炼，并从生物学和神经肌肉学的角度分析了超慢速高强度训练的益处。就像我在前文所说的，虽然这种健身方法并不吸引眼球，但它所带来的肌肉力量的增长和健康指标的变化是惊人的。第七章提供了很多训练方案和模板。不断地调整运动刺激可以有效避免瓶颈期的出现，确保受训者持续进步。第九章是我认为的这本书最精彩、实用的一章。这一章对如何才能科学减脂这一热门话题进行讨论，作者的科学分析令人频频点头。在这本书的最后两章，作者给出了针对运动员和老年人的以"五大"锻炼为基础的训练模板，能帮助这两个群体提升肌肉力量和运动能力，有效预防损伤。

这本书的专业性很强，部分章节涉及大量生理学、生物化学和基因医学领域的专业术语，因此它并不是一本休闲读物。然而，作者对相关知识的解读逻辑缜密，并不枯燥，具有一定的可读性，属于"硬核科普"，能帮助读者扩展知识结构，加深对关键内容的理解。在亚马逊官网上，大量读者分享的对这本书英文原版的阅读感受和实践体会，都反映出他们对书中的科普内容和健身方法的认可和喜爱。

　　很高兴能和瓮老师一同翻译全书，我在整个翻译过程中收获颇丰。同时非常感谢毛雨虹老师对翻译内容进行专业审校，确保文字通顺，阅读流畅。

　　最后，衷心希望中国的专项教练、体能教练、运动员，健身爱好者，以及有健身需求的老年群体、久坐人士等，都能尝试这本书推荐的训练方法，科学健身，收获健康！

致谢

特别感谢我的合著者约翰·利特尔。我很荣幸收到他的邀请并参与这个项目，感谢他为了将我们的电话交流内容转化为这本关于健身训练的专著所付出的一切努力。感谢肯·哈钦斯（Ken Hutchins）设计了第一个在提高强度的同时减小（对身体施加）作用力的方案。感谢已故的迈克·门策（Mike Mentzer），他在没有偶像的时代成了大家的偶像。感谢特里·卡特（Terry Carter），他在"终极锻炼（Ultimate exercise）"的初创期极具先锋性地提出"负荷时间（Time under load，TUL）"的概念和每周训练一次的方案。感谢已故的克莱·布伦森（Clay Brunson）为"终极锻炼"投入了如此大的热情并愿意进行多种尝试。感谢西雅图"理想锻炼（Ideal exercise）"的老板格雷格·安德森（Greg Anderson），在我们长时间的讨论中，他的见解帮助我确定了这本书的方向。感谢德鲁·贝（Drew Baye）和埃林顿·达登（Ellington Darden）博士提供出色的网站和著作。感谢瑞安·霍尔（Ryan Hall）向我们展示了一刀切方案并不适合所有人。感谢博·雷利（Bo Railey）为我们提供了商业建议并举办了出色的研讨会。感谢"终极锻炼"的经理人埃德·加布（Ed Garbe）和讲师萨拉·库珀（Sarah Cooper），感谢他们的无限精力让一切保持正常运作。最后，感谢阿瑟·琼斯（Arthur Jones）——这一切的发起者，他的著作为我的人生指明了方向。

——道格·麦高夫

除了道格的致谢名单，我还想感谢许多人。首先是道格·麦高夫，他对整体代谢调节和运动的量效反应关系的见解实属天才之作，极大地推进了人们对实际运动科学的理解。我还要感谢我们的医学插图画家蒂姆·费达克（Tim Fedak）的贡献，他出色的描绘使读者能够更深入地了解肌肉功能和人体代谢。感谢格斯·季亚曼托普洛斯（Gus Diamantopoulos）用图表解释了消耗过程的性质。此外，我必须感谢所有默默无闻的私人教练，他们几十年来一直在努力应用其技巧、记录锻炼过程与结果并寻求二者之间的因果关系，其中包括弗雷德·哈恩（Fred Hahn）、安·玛丽·安德森（Ann Marie Anderson）、道格·霍兰（Doug Holland）、大卫·兰多（David Landau）、特里·利特尔（Terri Little）、卡里·豪（Cary Howe）、布莱尔·威尔逊（Blair Wilson）、克里斯·格林菲尔德（Chris Greenfield）、丹尼尔·克雷格（Daniel Craig）、大卫·威尔逊（David Wilson）和杰里米·海默斯（Jeremy Hymers）等专业教练，他们与道格提到的教练都是世界上绝对优秀的私人教练。我还要着重说明一下道格对我已故的朋友迈克·门策的致谢，正是迈克首先对大幅减少训练量和降低训练频率的好处和必要性进行的彻底的研究，以及得出的许多有意义的结论，加深了我们对运动科学的理解。

——约翰·利特尔

前言

你可以相信谁

当今关于健康、体能和锻炼的信息如汪洋大海。作为一个普通人，如何才能从信息海洋中找出真实数据，获得有效的知识呢？毕竟这些领域充斥着各种所谓的专业权威、坊间传说，甚至是彻头彻尾的谎言。那么，谁最可信呢？

盲目相信推荐信息

我们经常犯的错误是盲目相信他人。实际上，无论是朋友的推荐，还是电视广告不遗余力的宣传，都无助于我们确定真相。

举一个典型的例子，一位流行健身杂志的作者曾经写过一篇关于"神奇补剂"的荒诞文章。他让杂志的美术编辑部门在这篇文章所在页的底部制作了一个约邮票大小的打孔正方形，并在旁边印上以下建议："为了获得最佳的增肌效果，请剪下这张纸片并将其放入一杯水中，浸泡一夜。它含有一种特殊的氨基酸混合物，这种氨基酸混合物可在数小时内在水中释放。第二天早上，取出纸片并将其放在舌头上，就可以让这种氨基酸混合物进入你的体内。"他原本只是打算开个玩笑，这个奇想只是为了填补页面上被临时取消的广告留下的空缺。然而，他的意图并没有被很好地传达给读者，因为在该杂志上架后的几天内，杂志社就收到了许多来自读者的"请提供更多这种神奇纸片"的要求。

许多读者真的相信按照说明将该纸片放在舌头上，就可以使自己的肌肉变得更大、更强壮。这种反应正是安慰剂效应的体现，也证明了建议的效力，即建议会促使人们购买各种各样的东西。如果你碰巧有一位朋友或亲戚相信这种"神奇补剂"，他很可能会告诉你这款产品有多"好"，你如果很容易相信朋友或亲戚的推荐，就很可能会去尝试。

无论是用于治疗关节炎的手环，还是某些减肥产品，出于多种原因，广告中出现的推荐都会让人怀疑其可信度。例如，减肥产品广告中的许多减肥前后的对比照片都是伪造的，"之前"的照片通常都是"之后"的照片，即模特被授意增肥后才拍摄的。有时，某些名人代言的健身产品也同样值得怀疑，销售这些健身产品的公司给名人支付相应的酬劳，名人之所以宣传该健身产品往往是因为这是一次"演出"，而不是因为该健身产品确实有效。

统计变异

寻求真相的另一个潜在障碍是统计变异，并且人们往往会因此以偏概全，从而误判。在健身界中，身体特征或能力看起来高于平均水平的人通常被认为是权威。仅凭外在表现去确定权威的问题在于，这种高于平均水平的身体特征或能力可能在很大程度上只是在某一统计范围内幅度较大的变异。例如，如果从树木冠层上看过去，你可能会注意到有一两棵树比其他树都高，而会注意到此类突出的事物可以说是人类的天性。同样，我们会注意到那些拥有超强身体能力的人，这时就会强烈地倾向于将这些人视为权威。更糟糕的是，许多碰巧拥有这种超常身体能力的人往往将自己视为权威，错误地将身上的天赋看作自己的功劳。换言之，人们在理智上已经准备好认定权威，而忽略统计变异在其中的影响。

对于人们在针对统计稀有情况时误用认知概括能力的这种倾向性，许多图书已进行了详细探讨，如《随机漫步的傻瓜：发现市场和人生中的隐藏机遇》(*Fooled by Randomness: The Hidden Role of Chance in the Markets and Life*) 和《黑天鹅：如何应对不可预知的未来》(*The Black Swan: The Impact of the Highly Improbable*)，两本书的作者都是纳齐姆·尼古拉斯·塔利布 (Nassim Nicholas Taleb)。正如塔利布所使用的"黑天鹅"的比喻，人们会立即牢牢记住在自然界中发生的奇怪的、随机的变异（例如，人们从树木冠层上看过去时，会注意到那些突出的高大树木），然后人们会试图为其存在找到一个合理的解释。"黑天鹅"的比喻源自西方的一种古老信念，即所有天鹅都是白色的，因为那时没有人见过黑色的天鹅。当17世纪人们在澳大利亚发现黑天鹅时，"黑天鹅"开始与一些被认为是不可能的但实际上已存在的事物关联在一起。

统计变异的概念不仅适用于解释运动能力、肌肉大小或身高等身体特征，还适用于解释市场竞争等现象。塔利布以搜索引擎谷歌 (Google) 的巨大成功作为商业界关于"黑天鹅"的一个例子。人们看到如此惊人的商业成功时，就忍不住要问："这是怎么发生的？"该企业的创始人很自然地认为自己在一定程度上确实拥有实现这一惊人成就的方法。在某些情况下，该创始人会努力向任何愿意付费聆听的人解释其方法，但其取得的成功在很大程度上都属于大幅度的统计变异，其方法与其取得的成功之间不一定存在

直接的因果关系。

正如统计变异允许一些树高于其他树，某些人可以表现出相对优秀的身体特征或能力，而这是其他大多数人所不具备的

　　这也就是为什么人们会发现"专家们"对于几乎所有主题都会提供相互矛盾的建议，包括健康和健身。本质上，他们就像两棵（或更多棵）高于其他树的树。这些树之所以能长到如此引人注目的高度，并不是因为它们做了什么或没有做什么，而是因为统计变异为它们提供了这一优势。事实上，同领域的两位"专家"*所做*的其实可能是完全不同的两件事，但因为他们天生就有在这个领域取得成功的倾向，所以他们也容易犯同样的认知错误，认为"我*所做*的导致了这种结果"，哪怕他们采用的技术截然相反。

　　这种情形对任何人来说都不一定是谎言，而应该是人们在认知过程中所犯的一个自然错误，因为要建立认知过程，人们就需要根据观察到的数据进行概括和广泛的推断。大多数情况下，这种方法被证明是找出可行途径的有效手段。因此，如果我们想认真寻求真理，就必须寻找对大多数人有效的因素，而不仅仅是研究基因异于常人的案例。在试图通过科学研究证明此类解释时，如果研究样本中恰好有一个或多个异常值，研究结果就可能会存在误导性。因此，我们需要引入标准差的概念。

标准差的误用

　　标准差可以被定义为用均值除以该均值的可变程度后所得到的结果的平方根。那么，在钟形曲线上，在左侧或右侧偏离均值1个标准差将覆盖给定人群的68%；偏离均值2个标准差将覆盖给定人群的95%。钟形曲线两侧的极端区域各覆盖给定人群的2.5%，即在给定人群中，2.5%个体的值*高于*均值且二者差值不小于两个标准差，还有2.5%个体的值*低于*均值且二者差值不小于两个标准差。

大多数研究基于高斯钟形曲线（Gaussian bell-shaped curve）和贝叶斯分析（Bayesian analysis）进行统计，因此，当因数是异常值时就会产生问题。例如，在提高棒球运动表现的训练研究中纳入马克·麦圭尔（Mark McGwire）、萨米·索萨（Sammy Sosa）或巴里·邦兹（Barry Bonds）等人的数据，或在针对冰球运动的类似研究中纳入博比·奥尔（Bobby Orr）、韦恩·格雷茨基（Wayne Gretzky）或悉尼·克罗斯比（Sidney Crosby）等人的数据，肯定会影响结果的准确性。在将他们的能力与普通棒球运动员或冰球运动员的能力进行比较时，计算结果将显示这些人的能力值与平均值相差大约17个标准差。如果研究人员不小心在统计时使用了这些使钟形曲线失真的人的数据，即使只有一个，计算出来的均值也将向其本应所在的位置的右侧偏离3～4个标准差。这就是为什么在健身和增肌训练领域，那些详细介绍某位特定"冠军"的训练计划的文章中的建议与普通受训者的相关性几乎为0。

更令人困惑的是，健康和健身行业中有不少了解这些事实的人将其视为绝佳机会，有意去欺骗他人并让自己赚得盆满钵满。其欺骗手段是使人们将对训练结果的期望建立在钟形曲线均值的右侧，从而创造出一个特殊场景，使得营销人员可以说："某位冠军拥有而你没有的要素就是*这个产品*。"

错误地假设因果关系

你可能听说过以下类型的建议："你想拥有游泳运动员那样瘦长的肌肉吗？去游泳吧！不要练举重，因为那会使你看起来过于健硕！"一直有人提出这种说法，尽管这种说法已相当普及，但它是错误的。同样，你可以将其归结为人类思维的运作方式。人们会看到一些游泳冠军并观察到某种表象，或者他们会看到一些专业健美运动员并观察到另一种表象，然后假设这些运动员在训练中所做的某些事情导致了他们的外表看起来如此，这种假设似乎是合乎逻辑的。然而，这种假设是对观察统计的误用。

如果你曾到过美国大学协会举办的全美游泳比赛的现场，并在观众席上看了一整天的比赛，从最初的资格赛看到决赛，你会看到这些游泳运动员的身体存在着巨大的差异。

这说明了一个事实，即不是游泳活动塑造出这种"类型"的身体，而是这种"类型"的身体最适合游泳。换句话说，遗传基因的精英组合经过物竞天择后取得了成功。可以说，竞争会让进化加速。

从资格赛开始，仔细观察在打响发令枪之前站上出发台的运动员，你会看到各种各样的体形。到1/4决赛开始时，站在出发台上的运动员的体形开始相似。到半决赛开始时，站在出发台上的运动员的体形看起来会*非常*相似。到最后，决赛中站在出发台上的运动员的身体看起来就像克隆出来的。原因何在？因为比赛的筛选机制可以看作竞争下的加速进化过程。

然而，我们大多数人只看决赛，看到一群体形几乎完全相同的人在同一活动中竞争就得出结论，这种特殊的活动产生了这种体形。因此，我们得出了一个无效的推论，因为我们缺乏更广泛的背景信息。在游泳比赛这个例子中，背景信息应该包括所有经过训练并参与该比赛的不同体形。这就是为什么你会听到人们说"你应该参加有氧操课程，以塑造出舞者的体形"，或者"你应该游泳，因为你想要瘦长的肌肉，而不是大块肌肉"。之所以得出这些结论，是因为错误应用了观察统计并假设了实际上颠倒的因果关系：不是这种运动塑造了这种体形，而是这种体形在该运动中表现出色，是基因塑造了这种体形。因此，如果一个人想要拥有游泳冠军的体形，最好的方法是拥有与游泳冠军体形相同的父母，而不是训练方法。

将祖先神奇化

在人类的进化历史中，健康和正常的生理机能总是依赖于使人在合成代谢（积累）状态和分解代谢（消耗）状态之间保持适当平衡的活动。对于我们的祖先来说，完成有助于分解代谢的活动需要极大的力量，如移动石块、建造围栏、狩猎和采集食物。需要指出的是，从DNA的角度来看，人体可以被视为一个被租用的载体，DNA通过它得以延续。DNA所关心的只是你的寿命是否足以生育和抚养后代，而这些后代也是让基因延续下去的载体。一旦你的DNA被传递给更年轻、精力更充沛的身体，DNA就不再关心你的身体及健康状况了。就锻炼而言，能够刺激传递DNA所需的*最佳健康状态产生的最小体力活动量*，为你的基因组及其对锻炼的反应奠定了基础。

虽然我们往往认为我们的祖先比我们自己活跃得多，并且是一个吃"天然"食物的群体，因此他们比21世纪的我们更健康，但事实是，直到20世纪初，我们祖先的预期寿命是47岁[1]。虽然如此短寿在很大程度上是由疾病、受伤和围产期死亡造成的，但也有很大一部分原因是我们的祖先必须参与更多寻找食物的活动，这打破了分解代谢和合成代谢之间的微妙平衡。我们的祖先可能比我们活跃得多，但他们中的大多数人到40岁出头的时候，身体已经因骨关节炎和其他磨损问题而变得衰弱，这也是事实[2]。

因此，将过去的状态作为现代对健康和健身的期望标准是错误的。是的，我们的进化史决定了我们在当今这个时代的适当活动水平，但我们也必须承认，与我们的祖先不同，我们现在已拥有必要的知识，可以将身体活动强度控制在最佳水平，这样既可以增强体能，又可以确保我们不必像我们的祖先那样因为劳动而遭受严重的损伤。现在的我们已经知道如何通过适当的运动来保持分解代谢与合成代谢之间的平衡，这种运动可以增强我们的体能而不损害我们的健康。

医生的盲区

至于一个人应该遵循什么类型的锻炼计划才能保持健康，"寻求医生的建议"是常见的做法。这对我们大多数人来说似乎是合乎逻辑的事情。然而，当我们就应该采用什么健身方法来提高健康水平这一问题咨询医生的意见时，很可能会出现问题，因为医生的生活和工作属于目前位于健康钟形曲线最左侧的*病理学*领域，这导致许多医生无法理解位于均值水平的概念。医生（包括本书的其中一位作者）每天都在与不健康的人打交道，因此他们可能很难准确评估锻炼、体能和健康之间的关联。

由于接受医学治疗的人本质上处于均值的最左侧（在2.5%的区域中），普通医生没有与其他97.5%的人互动的经验，因此就健康和健身之间的关联而言，他们无法对未患病人群做出最佳的评估。

对研究结果保持谨慎态度

那么，如果朋友、亲戚、主流出版物、冠军和医生均不可尽信，那么我们可以去哪里寻找答案呢？"科学"是一个很有吸引力的回答。然而，即使在这一领域，也必须谨慎看待已经实施的研究，因为并非所有研究都会竭尽所能地寻找真相（并且，如前所述，有些研究并未采取正确的方法）。例如，在浏览研究结果时永远不要只看其摘要和结论部分（顺便说一句，大多数人就是这样做的），因为这些内容可能会误导读者。

在支持摘要和结论的统计数据中，有可能包括使曲线失真的人的数据，它们会影响结果的准确性。这种情况在医学文献中经常出现，制药公司利用这种情况，大肆散布由失真的统计数据支持的结论。在研究文献时一定要研究数据的收集方式，这一点很重要。人们可能会发现，实际数据不一定支持研究给定的结论。

在本书中，我们在引用研究时，努力从中剔除无效的研究，将其中包含使曲线失真的异常数据的研究排除在外，选择普遍适用于大多数读者的研究。我们在这项工作中并未对研究结果抱有任何先入为主的态度，但我们知道要在一项有效的研究中寻找什么。寻找答案时所采用的方法必须是有效的：研究应该是随机的，并且在可能的情况下运用双盲法，这样就可以实施某种安慰剂控制法（体能训练的相关研究可能很难做到这一点）。这些标准是有效研究的标志。关于研究资助人的信息披露是另一个需要考虑的因素。例如，如果一家制药公司或一家补剂公司资助了一项研究，则这项研究得出的任何数据都是可疑的，并且我们会高度怀疑其结论。

通过实际查看这些真实研究中包含的数据，我们能够更好地确定这些研究的结论是否得到其各自数据的支持，以及其结论对于希望获得健康、健身和长寿等方面的有效信息的普通人意味着什么。

1

定义健康、体能和锻炼

正如其听起来有些奇怪的名称一样，*体能*本身就是一种缺乏精确定义的状态。我们大多数人使用这个术语时并不真正知道自己在表达什么。健身行业没有提供其定义，医疗行业也没有。

当人们试图获得有效的*健康*的定义时，也会出现类似的问题。在准备撰写本书时，为了寻找其定义，我们广泛查阅了科学文献，包括许多医学教科书。我们惊讶地发现，*健康*和*体能*这两个术语虽然在医学、医疗保健和体育训练领域广为使用，但从未有被普遍认可的定义。道格在仔细查阅其医学院教科书《疾病的病理学基础》（*The Pathologic Basis of Disease*）时发现，虽然这本书对*病理学*的定义完全没有问题，但书中从未提出过*健康*的定义。

分解代谢与合成代谢的平衡

人们在提到*健康*和*体能*时，总是将这两个概念关联在一起。人们普遍接受的假设是，一个人的体能水平提高，健康水平也随之提高。不幸的是，二者间并不存在直接的科学关联。你看，人体从来都不是静止的，它是一个动态的有机体，永远在试图平衡分解代谢合成代谢。例如，凝血系统就是这样工作的，它会不断分解和积聚血液凝块，使血液黏度和凝血能力保持平衡，以确保血液顺畅流动并在身体任何地方发生出血状况时阻止继续出血（但又不会导致动脉阻塞和心肌梗死）。酸碱度（pH）平衡、血气、激素水平、电解质、体液水平和无数其他复杂过程也在这些分解代谢与合成代谢过程中不断变化。生物体在本质上依赖于分解代谢状态与合成代谢状态之间的这种精妙平衡，而这种平衡决定了生物体的健康状况。

简而言之，我们可以将这些状态总结如下。

分解代谢：任何导致生物体分解的事情。

合成代谢：任何导致生物体生长和分化的事情。

回顾人类的狩猎采集时代，我们知道，在很长一段时间内饥饿是人类真正的威胁。在那个时候，分解代谢状态占主导地位。尽管存在明显的负面影响，但针对热量限制和延长寿命的研究表明，绝大多数DNA修复都发生在这种分解代谢状态下。这让我们知道，分解代谢状态是健康的必要组成部分，而不是需要避免的东西。因此，我们必须将分解代谢与合成代谢过程纳入我们对健康的定义中。此外，健康意味着未患疾病的状态，因此其定义也必须承认这一点。所以，鉴于健身和医学界缺乏对健康的有效定义，我们谨慎地提供以下定义。

健康：没有疾病或病症，并且在分解代谢与合成代谢之间保持必要生物平衡的一种生理状态。

身体在分解代谢与合成代谢之间维持这种平衡的能力体现为了生存而进行适应性调整的能力。身体每一天都必须面临众多挑战，例如暴露于各种元素之下、肌肉用力，以及接触病原体。如果不能成功地适应这些挑战，它就无法生存。那么，体能可以说是身体承受环境威胁（表现形式为作用于生物体的产生压力的因素）及之后复原和适应的能力。或者，我们换如下说法。

体能：生理上能够应对高于静息活动阈值的挑战的身体状态。

什么是锻炼

　　为了充分了解锻炼、体能和健康之间的关系，我们有必要明确锻炼是什么，而不能仅仅将其看作体力活动。锻炼和体力活动的重要的区别在于，锻炼是以目的为导向的活动，它刺激身体在个人的体能和健康水平方面产生正向的适应。总体来说，体力活动虽然有可能使一个人的体能和健康产生一定的适应，但不幸的是，它也有可能损害健康。因此，我们根据已知事实对锻炼做出以下定义。

　　锻炼：一种特定的活动，可刺激正向生理适应，有助于提高体能和健康水平，并且在增强体能的过程中不会损害健康。

　　从步行、跑步到健美操、举重和瑜伽，有许多种活动被认为是锻炼。然而，根据我们的定义，这些活动中有许多不符合"锻炼"的条件，要么是因为它们在刺激力学适应和代谢适应方面（以提高体能水平，促进健康）效率低下，要么是因为持续进行这些活动会损害身体健康。

　　而正是后一个原因让我们必须将跑步等活动排除在锻炼之外。这一决定可能会让一些人感到不安，尤其是那些喜欢跑步的人，但事实是，那些选择将跑步作为锻炼方式的人正在冒着巨大的风险。研究表明，平均每年有60%的跑步者受伤，一个跑步者每跑100小时就会发生一次跑步损伤[1]。

　　跑步造成的伤害通常会在跑了15 ～ 20年后显出来，例如从成年早期开始跑步的人到了40岁或50岁时，就会发现自己在爬楼梯时已经无法摆脱膝盖疼痛；或者由于肩关节中形成的骨赘、骨刺，他们难以将手臂抬高到头部上方；又或者由于慢性下背部疼痛，他们无法再转动或屈曲下背部。这些症状是逐渐发展的，而不是急性的，并且源于不适当的活动和活动水平，因为这些活动会造成长期的分解代谢，并且过于频繁地进行这些活动会导致身体无法出现合成代谢状态。

　　从这个角度来看，即使被认为是"轻微"的活动也会带来一些问题。例如，即使挥动网球拍的实际力量很小，但在业余网球生涯中所发生的数千次肩关节和肘关节旋转会导致骨关节炎。任何高度重复的活动都会导致磨损，其程度迟早会超过身体恢复和自我修复的能力。如果频繁（每周多次）进行这些类型的活动，这些症状通常会更早表现出来。

体能与健康有何关联

当我们查看相关科学文献时，我们会发现其中不仅缺乏对体能与健康的定义，更令人惊讶的是，*锻炼与健康之间的相关性内容也极少*。

许多人认为，运动员之所以健康，是*因为*他们的体能水平高。然而，如果全面分析这些运动员的统计数据和健康档案，你会发现，虽然他们的体能水平超常，但他们为达到这一水平所采用的手段实际上可能损害了他们的健康。大多数参加世界级比赛的运动员为了达到世界一流水平而进行的训练并不会提高其健康水平。在某个运动项目要求的身体表现水平并不符合人类自然进化的结果而要求超越人类极限时，这一现象尤为突出。

欧奇达斯（Euchidas）的故事就是一个经典的例子，让这个故事流传下来的是希腊历史学家普鲁塔赫（Plutarch）。公元前479年，希腊在普拉提亚决战中战胜波斯帝国后，欧奇达斯跑到德尔斐取得圣火后又跑了回去。

> 普拉提亚的欧奇达斯承诺他会尽快取回圣火，然后前往德尔斐。他在那里清洁了自己的身体，将圣水洒在身体上并戴上月桂头冠之后，从祭坛上取得圣火，然后启程返回普拉提亚，并在日落时分抵达，他在一天之内跑了125英里（1英里≈1.6千米）。他在拥抱了自己的同胞并把圣火递给他们后，便倒在了地上，不一会儿就去世了[2]。

还有一个经常被人们津津乐道的传说则与欧奇达斯同时代的另一位长跑好手菲迪皮迪兹（Pheidippides）有关，这个传说最初由希腊历史学家希罗多德（Herodotus）[3]讲述，并由罗马历史学家们传给后代，其中一位是卢奇安（Lucian）[4]。根据传说，一位名叫菲迪皮迪兹的希腊人在大约24小时内跑了超过145英里（从雅典到斯巴达），充分展现了超耐力运动精神。菲迪皮迪兹在此壮举之后还跑了26英里，从马拉松跑到雅典，以宣布希腊的胜利。当他到达雅典时，他高声欢呼的内容（取决于你阅读哪位历史学家的著作）要么是"胜利！"，要么是"欢庆吧！我们赢了！"不管怎样，这个故事的结局和欧奇达斯故事的结局是一样的：菲迪皮迪兹最终倒地不起，去世了。

毫无疑问，高强度的活动会对运动员的健康造成严重损害。根据希罗多德的记载，在雅典到斯巴达的第一段路程中，菲迪皮迪兹相当于完成了200多千米的超级马拉松。

更令人难以置信的是，人们并没有因为健康风险过高而抛弃远距离跑的想法，而是通过举办马拉松比赛，甚至是国际斯巴达超级马拉松比赛来纪念菲迪皮迪兹，参加后一项赛事的运动员要从雅典跑到斯巴达，和当年菲迪皮迪兹跑的是同一条路线。毫不奇怪，健身界会有一些现代极端主义者，他们要么像大多数古人一样过早地走到了生命的尽头，要么身患多种疾病，无法享有长期的健康。科学文献中的大量数据证明，长跑运动员比活动量没那么大的人更容易患上心血管疾病[5]、心房颤动[6]、肝胆疾病[8]、肌肉损伤[9]、肾功能障碍（肾脏异常）[10]、在血管系统中形成的急性微血栓[11]、脑损伤[12]、脊椎退行性病变[13]和生殖细胞癌[14]等疾病。

由于不知道分解代谢 / 合成代谢的关系，或者不了解盲目追求更高的体能水平所导致的明显负面健康后果，大多数人仍然会将体能（或锻炼）与健康关联起来。他们并未将健康视为合成代谢与分解代谢这两个对立且相互关联的过程之间的微妙平衡，而认为它会不断提升，没有上限。他们假设"健康"的程度会越来越高，而不是将健康描述为没有疾病。实际上，体能和健康并无外在的关联，当其中一个的水平上升时，另一个的水平不一定随之上升。

实际上，通过正确的锻炼方式，健康和体能可以一起提升，至少在一定程度上是这样。然而，只进行体力活动有可能造成体能水平上升，但健康水平下降的生理状况。这是因为一些人会为了追求更高的体能水平而试图提高特定的代谢适应水平，后果就是合成代谢和分解代谢失衡。

人是一种必须消耗能量才能获得能量的生物体。我们正是通过劳动获得赖以生存的食物和住所的。劳动需要极低水平的活动量，并且只要求肌肉间歇性地高度用力和收缩。我们在分解代谢与合成代谢之间取得平衡。分解代谢是维持生存所必需的努力的副产品，而合成代谢则是能够休息并补充能量，从而获得维持生存相关的活动所需的营养。

与过去相比，当前我们的食物丰富，并且科技能使我们无须花费那么多的能量来获取营养。结果是我们的健康受到了损害，这与长跑运动员面临的问题恰恰相反，也就是说，现在有很大一部分人的体力活动强度很低，以至于分解代谢并未达到有意义的程度。这导致没有任何一种机制可以驱动有益于健康或体能的生理适应。

人们一直假设体力活动本身可以促进健康，但这种假设是有缺陷的。某人增加体力活动能产生这种"健康"效益只有一个原因：此人目前的活动水平与人类的 DNA 蓝图相比很低，所以活动量略有增加就会带来某些改善。将一个人的肌肉活动从久坐状态提高到接近于人类经过数万年进化后 DNA 编码对应的水平（该水平在最近的四五十年间即发生了显著的变化），绝不是追求健康的最佳途径。

相信体能与健康之间存在恒定的线性关系，就像决定站在海滩上测量水位一样不明智。站在海滩上测量水位：在退潮时进行第一次测量；看到要涨潮时，又进行一次测量，并记下潮水在20分钟内上升了5英尺（1英尺≈30.5厘米）；再次检查时，发现潮水在30分钟内上升了15英尺；最终得出结论，2周后，整个大陆都将沉入水中。

当我们观察到活动水平提升可使健康略有改善时，就会犯同样的错误。健康将会改善，但这种改善只会发生在它上升到*正常的*生理基线之前。通过研究关于过度活跃的群体（如极限耐力运动员）的科学文献，我们很快就会明白一件事，在他们为了追求在自身所在的领域中获得越来越高的地位而将体力活动水平提升到其极限的过程中，他们通常采用的训练方法加上漫长赛季的严酷考验，完全有可能导致其健康受到严重损害，甚至缩短其寿命。

好消息是，科学现在已经能更好地解释人体是如何适应和恢复的。这种解释可以让我们通过一种锻炼方式在达到超常体能水平的同时*而*不会损害健康，并且从许多方面来看都有助于促进健康。通过理解和运用这样的*科学解释*，并以量（运动量）、强度（付出的努力和消耗的能量）和频率（进行运动的频率）等变量作为研究的基础，当将相关研究成果应用于锻炼计划时，我们可以使自身的体能达到超常水平，同时最大限度地提高自身的健康水平，使其达到自然峰值。

追求长寿

随着年龄的增长，我们自然而然地希望自己能长寿。在追求长寿的过程中，我们将生命与健康关联起来，将健康与体能关联起来。因此，我们似乎很自然地就会咨询有哪些锻炼方式、哪些营养补剂，甚至哪些药物可以帮助我们实现长寿的目标。我们应该认识到，长寿与体能一样，不一定与健康有关。二者可能有所关联，但要记住的重要一点是，健康最终与DNA相关，DNA是创造我们身体的能够自我复制的分子。从DNA的角度来看，身体仅仅是一个让DNA延续下去的载体。

在狩猎时代，健康的重要性在于它让我们能够生存下来，因为大多数时候让我们倒下的是环境因素，如疾病、食肉动物和创伤。这些因素与一个人的体能水平无关。只有运用人类智慧和科技，长寿才能成为一个重要议题，或者才有机会与健康相提并论。

随着我们的寿命开始变得更长，新的问题出现了，我们发现，自己身处的环境与进化生物学的相关理论并不相符。越来越大的人口密度导致了一系列问题。由于我们住在城市里并且与许多人的距离都很近，瘟疫的迅速传播变得更容易。下水道的发明极大地延长了人类的寿命，因为它直接解决了废物管理问题和相关的疾病问题。地铁和其他公共交通方式的发明使人们能够生活在居住地更加分散的环境中，降低了被传染的风险，从而使情况得到进一步改善。因此，在进入 20 世纪时，延长人类预期寿命的主要原因不是医学进步，而是科技的进步改善了我们的环境，使其更符合我们的进化过程。

简而言之，并不是某种药物、某种锻炼或某种补剂大幅降低了人类的死亡率，而是可以与传染病保持距离，再加上科技的进步，我们的预期寿命在过去一个世纪中得以飙升。如今，医学取得了一定程度的进步，但在延长预期寿命方面，相比工程学的进步，医学的进步黯然失色。而且，众所周知，尝试跑马拉松或变得"超级健美"也不是长寿的方法。

检视过去

人们通常会回想起自己生命中的某个时期，一般是 18 岁左右，那时的他们更活跃。巧合的是，那时他们的体能和健康也处于顶峰水平。他们会认为，他们当时*做*的"某些事情"带来了更高水平的体能、健康和幸福，二者之间存在因果关系，但事实并非如此。他们忘记了，那时他们每年都会变得更强壮（直到大约 25 岁），这是身体生长的自然结果。

在不远的将来，情况可能会是，身体的功能性能力不仅适用于活到 70 岁、80 岁的人，也适用于活到 120 岁甚至 150 岁的人。如果是这样，我们一定希望能够比现在更长时间地享有高水平的体能和健康。这只是痴人说梦而已，生活质量是肯定会受到影响的，除非我们学会一种锻炼方式，这种方式既可以使身体产生理想的适应性，又不会造成主流方法所带来的可观察到的磨损后果。最后，我们需要齐心协力地学习如何区分体能和健康，并且必须将注意力从我们可以承受多大的锻炼强度转移到精确地判断培养正向体能特性所需的最低锻炼量，这样才能增加健康长寿的机会。

2

整体代谢调节

两个男人在周五下午进行锻炼。其中一个人在路边慢跑。当他沿着自己的路线缓慢前进时，汽车呼啸而过。他大汗淋漓，并有节奏地呼吸。他在周四已经跑了3英里；周三，他跑了5英里；周二，他跑了3英里；而周一时，他跑了6英里。今天，为了在慢跑时不拉伤任何肌肉，他照常完成了10分钟的拉伸运动，他希望能跑完5英里，那么这一周就一共跑完22英里。另外，就像周一和周三一样，今天是他的力量训练日，他会在慢跑结束后立即进行1小时的力量训练。他觉得今天的步速可能要慢一点，这使得他要花更长的时间才能跑完5英里。他之所以要放慢步速，是因为上次他速度有一点快，胫骨骨膜炎的老毛病又有点发作，这使他感到非常疲劳，完成锻炼变得较为困难。跑完步后他还必须做放松运动，所以还需要10分钟的步行和拉伸时间。

他对在接下来的3个小时内完成这些安排感到有点压力。锻炼结束后，他还要洗个澡，然后开车回家，及时接上家人到城市的另一头去参加女儿的舞蹈会演。但是，健康是第一位的。他决定给妻子打电话，她可以带女儿去参加会演，他自己则"尽最大努力"准时到达。他有点内疚，觉得自己真的应该去支持女儿。为了摆脱这种折磨人的感觉，他为自己找到了一个理由，告诉自己他只能做他能做的事情，并且肯定能准时到达会演现场。本周，他用于锻炼的时间总计12个小时，其中不包括开车到达锻炼地点的时间。

另一个人在力量训练馆，他正在完成一组腿举的最后一次重复。在这一组练习之前，他还完成了两组其他练习，在胸推器械上花了90秒，在过头下拉器上花了3分钟，他希望这组腿举也用3分钟完成。令他和他的教练都惊讶的是，他在今天的腿举练习中花了4分钟才达到"正向的失败（Positive failure，即无法用标准动作完成练习）"。由于他在练习之间没有休息，他今天的实际训练时间是8.5分钟。训练结束后，他的教练和他一起查看数据图表，结果显示他的下拉和胸推的力量增加了20%，腿部力量增加了30%，腿部耐力增加了45%。当他走出训练馆回去上班时，他的教练说："锻炼成果很好，7天后再见！"本周，他用于锻炼的时间总计8.5分钟，其中不包括开车到达锻炼地点的时间。

这两个不同的例子说明锻炼方法正在发生变化。更多的人采用后一种方法，仅仅是因为他们只想要体能，以及随之而来的所有好处，而且不会产生第一个例子中出现的所有负面影响，最大的负面影响就是时间损失。但是，每周只锻炼8.5分钟不可能改善心血管系统，对吗？

当然可以。事实上，你可以通过每周锻炼6分钟甚至更少的时间来显著改善心血管系统及许多其他跟代谢有关的因素。

麦克马斯特研究

2005年6月6日，美国有线电视新闻网报道了麦克马斯特大学研究小组的惊人发现（对某些人而言）——"每周进行一次6分钟的纯粹的高强度运动与每天进行1小时的中等强度运动一样有效[1]。"

在《应用生理学杂志》（Journal of Applied Physiology）上发表的这篇研究报告表明，强度非常高的运动会导致骨骼肌和耐力发生独特的变化。人们普遍认为，这样的变化需要每周进行数小时的锻炼。以下是该研究的"方法"部分。

有16名健康的学生自愿参加了实验。8名受试者（包括2名女性）被分配到一个训练组，并在为期2周的冲刺训练干预前后分别进行了运动测试。其他8名男性作为对照组，在没有冲刺训练干预的情况下，间隔2周进行运动测试。我们还从训练组获得了穿刺活检样本，以研究可能由训练引起的静息骨骼肌适应。出于伦理原因，我们没有从对照组获得穿刺活检样本，因为其他研究表明，在没有冲刺训练干预的情况下，对照组在间隔2周的测试结果中，静息肌肉代谢物浓度或线粒体酶的最大活性并没有变化。所有受试者都来自麦克马斯特大学中等活跃的学生群体，他们每周参加 2 ～ 3 次某种形式的锻炼（如慢跑、骑自行车或做其他有氧运动），但没有人参与任何类型的结构化训练计划。在常规医学筛查后，受试者被告知研究中将采用的程序和相关风险，并且所有受试者均提供了书面知情同意书。实验方案得到了麦克马斯特大学和汉密尔顿健康科学研究伦理委员会（Hamilton Health Sciences Research Ethics Board）的批准[2]。

实验方案要求受试者在固定自行车上完成 4 次或 7 次 30 秒的"全力"骑行，每次骑行后安排 4 分钟的恢复时间，运动的总时间为 2 分钟或 3.5 分钟，每周进行 3 次，持续 2 周，即每周总共进行 6 分钟或 10.5 分钟的训练。在研究结束时，再次对受试者进行测试，发现训练组的受试者的耐力提高了近 100%（从平均 26 分钟增加到 51 分钟），而对照组的受试者的耐力（他们在此期间并不能说完全不活跃，因为如前所述，他们会慢跑、骑自行车或做其他有氧运动）没有任何变化。训练组的受试者的肌肉也显示柠檬酸合酶显著增加，柠檬酸合酶是一种指示人体组织使用氧气能力的酶。

在同一期杂志中，该研究报告所附的编辑评论对该研究进行了阐述。

中等活跃的大学生每节训练课仅进行 2 ～ 4 分钟的训练，并且在 2 周内仅上了 6 节训练课。这项研究的重要发现是，这种总量很小、强度非常高的运动训练足以"加倍"维持高强度有氧运动的时间（即从 26 分钟增加到 51 分钟）。虽然峰值摄氧量没有增加，但在活跃的骨骼肌内确实发生了有氧适应，其体现为线粒体内柠檬酸合酶的活性增加了 38%。

这项研究意义重大，首先因为它包含了一个"记录"，更重要的是它对科学界和社会起到了提醒作用。似乎这是第一个提出这种证据的科学文献，即对未经训练的人进行强度非常高的冲刺训练可以显著提升其有氧耐力，并且在 2 周内的训练总量为 6 节训练课，时间总计仅 15 分钟。这是一个令人吃惊的结果，可以提醒人们运动强度能够刺激骨骼肌产生适应，从而提高运动表现水平并对健康水平产生积极的影响。换句话说，高强度的冲刺间歇训练非常节省时间，而且"物超所值"。

布尔戈马斯特等人（Burgomaster et al.）的研究成果对只能通过有氧耐力训练来提高有氧耐力表现这个观点提出了疑问。从表面上看，这个观点似乎合乎逻辑，但很久以前在运动领域和肌肉生物化学领域中都已证明这是错误的。[3]

鉴于该研究是在加拿大麦克马斯特大学进行的，加拿大的一家全国性新闻媒体加拿大电视网邀请到其主要研究人员之一——马丁·吉巴拉（Martin Gibala）发表评论。吉巴拉告诉加拿大电视网："我们认为这些发现令人吃惊，因为它表明了人们需要完成的运动量低于建议的运动量[4]。"

第二项研究

尽管如此，健身界甚至医学界的某些领域还是响起一片欢呼声。毕竟，经过与未进行任何专门"有氧"训练的对照组相比才获得了这些结果。当然，如果进行一项类似的研究，将每周 6 分钟组的增益与采用更传统的有氧运动方式的增益进行对比，后一组将占有优势。事实上，吉巴拉及其同事回到实验室进行了另一项研究，该研究要求受试者进行高强度运动（他们称之为低量间歇性冲刺训练组或 SIT 组）或更传统的耐力运动（他们称之为高量耐力训练组或 ET 组），然后测试并检查其运动能力（肌肉耐力）及骨骼肌分子和细胞适应性的变化。

这一次，他们的研究同样有 16 名受试者参加，其平均年龄为 20 ~ 22 岁。所有受试者都接受了测试，以了解其在固定自行车上骑行 18.6 英里需要多长时间。然后他们根据受试者的最大摄氧量（VO_2max）将其分成两组，分别进行高强度但运动量较小的训练和低强度但运动量较大的训练。第一组在固定自行车上进行高强度训练——30 秒的高强度骑行（250％的 VO_2max），然后休息 4 分钟。他们重复这个过程 3 ~ 5 次，直到完成总计 2 ~ 3 分钟的艰苦骑行。第二组采用较传统的方法，以中等强度（65％的 VO_2max）骑行 90 ~ 120 分钟。两组都被要求在每周不连续的 3 天里骑行，每周总共进行 3 次骑行，即在 2 周内共进行 6 次骑行。这使得第一组每周总共有 6 ~ 9 分钟的实际训练时间，而第二组则为 4.5 ~ 6 小时，即在同样的 2 周时间内，第一组的总锻炼时间为 12 ~ 18 分钟，第二组的总锻炼时间为 9 ~ 12 小时。为期 2 周的训练结束后，两个组都被要求再进行一次 18.6 英里的骑行测试。

尽管第二组花在锻炼上的时间比第一组多出约 98％，但两组受试者的提高程度都相同。请注意，锻炼时间多出约 98％的组并没有因此获得与时间对等的收益。事实上，他们花在锻炼上的所有额外时间使其获得的额外收益为 0，包括耐力收益。研究人员还进行了肌肉活检和其他测试，以确定在这 2 周结束时受试者体能水平的变化，结果表明两组受试者的肌肉吸收氧气的速度也提高到了同样的水平。实验人员做出如下表述。

训练前后获得的活检样本显示两组受试者的肌肉氧化能力的增强相似，这反映在细胞色素C氧化酶（COX）的最大活性及细胞色素C氧化酶亚基II和IV的蛋白含量（主效应，$P=0.05$）上，但COX II和IV的mRNA没有改变。在两组受试者中，训练引起的肌肉缓冲能力的增强和糖原含量的增加也相似（主效应，$P=0.05$）。

这使研究人员得出如下结论。

鉴于训练量的巨大差异，这些数据表明对于年轻活跃男性来说，相较于高量耐力训练，低量间歇性冲刺训练是一种可以刺激骨骼肌快速适应和运动表现快速提升的省时策略[5]。

换句话说，每周投入数小时来追求健康和体能的改善不会产生额外的益处。事实上，每周超过9分钟的训练并未给身体带来额外的生理优势，包括耐力或心肺功能方面的益处。考虑到锻炼所产生的身体磨损成本（尤其是进行跑步等运动产生的），从健康和体能的角度来看，会增加此类伤病风险的锻炼是毫无意义的。这些研究的主要发现表明，就整体健康而言，每周进行6～9分钟的锻炼所产生的肌肉酶（对于预防2型糖尿病至关重要）与每周进行4.5～6小时的锻炼所产生的肌肉酶相同。

鉴于低体能水平的人口不断增加，这项发现的意义重大。研究结束后，吉巴拉说："我们认为这项发现会有好处，但没想到好处会如此明显。它显示了短时间高强度运动的有效性[6]。"

机械工作就是机械工作

心脏和肺部无法判断你是花30秒在固定自行车上高强度锻炼肌肉，还是在腿举机上完成高强度锻炼。心脏和肺部只知道能量需求，且它们会尽职尽责地努力去满足能量需求。无论是只有下半身在运动（如骑固定自行车），还是上半身和下半身在同时运动（如抗阻运动），4次30秒高强度肌肉锻炼就是4次30秒的高强度肌肉锻炼。在这两种情况下，肌肉的机械工作都是身体细胞内有氧代谢和其他代谢机制的关键影响因素。

在这些具有里程碑意义的研究发表后不久，我们联系了吉巴拉，询问他认为锻炼过程中的哪个触发点（在第一个30秒冲刺之后、在第二个30秒冲刺之后等）传递了这些正向适应，并且是否有可能以更低的频率（如每7天1次）锻炼也会产生同样的好处。他回应说，产生适应的最小刺激很可能比他的研究中受试者完成的运动量更少。

　　尽管看到了这些数据，但许多怀疑论者仍会想知道这是怎么回事。为什么第一组花在锻炼上的时间如此少，却能产生与第二组相同的有氧效果？答案很简单——因为第一组进行的是高强度肌肉锻炼。

心血管连续体

　　心血管运动通常被称为"健心运动（Cardio）"或"有氧运动（Aerobics）"。肯尼思·库珀（Kenneth Cooper）医生在其与"有氧运动"这个概念同名的著作中让公众第一次认识了这个词，此后又出版了续作《新有氧运动》（The New Aerobics）。他在书中讲述了自己在得克萨斯州的研究所对两个人进行健康评估的经历。这两个人都按照他的规定每周完成 5 次 2 英里的跑步，因此他预计两个人的情况相似。当他得知一个人状态良好而另一个人状态不佳时，他感到震惊。他在想"为什么会这样？"

　　我很困惑，直到我问了另一个问题："你跑 2 英里用时多少？"第一个人说他的平均用时为 13.5 ～ 14 分钟，而第二个人的用时则超过 20 分钟。一个是快跑，另一个是慢跑。很明显，我需要考虑距离以外的一个因素——时间[7]。

　　然后，库珀总结道："如果在锻炼上付出更多的努力，就会获得更好的效果。"[8]

　　事实证明，库珀陷入了一个广阔的连续体中，从来没有退到足够远的地方去了解全局和他所观察到的现象的全部意义。他说 14 分钟跑 2 英里比 20 分钟跑 2 英里产生了更好的效果，因为前者的肌肉及为其服务的能量系统比后者付出了更多的"训练努力"。

　　然而，更大进步源于更艰苦的肌肉做功（以及更短的活动持续时间），而不是活动本身。例如，20 分钟跑完 2 英里被证明比 30 分钟跑完 2 英里更能刺激心血管，因为这两种情况相比，前一种情况下，肌肉更加努力地工作，对其提供支持的能量系统也是如此。

　　我们来进一步说明，假设你能够进行 14 分钟的腿举练习，然后停下——不是因为腿部肌肉已经力竭且能量储备已经耗尽，而是因为已经过了任意确定的某段时间（在本例中是 14 分钟）。想象一下，所提供的相关潜在刺激实际上是多么少，不仅对肌肉，而且对支持这些肌肉做功的能量系统（如有氧系统）也是如此。

　　如果运动强度太低，对身体就不会产生太多刺激。但如果运动强度过高，你会获得更多的产生正向适应的刺激，但健康受到损害的风险也会明显增加。这里的核心信息是，带来好处（产生身体适应的刺激）的是肌纤维的积极募集和暂时性弱化。如果能够在限定时间内募集和弱化肌纤维，那么你将积极募集所有不同类型的肌纤维，从而获得产生适应的最强机械效应和代谢效应。如果锻炼得当，也就是说，锻炼符合肌肉和关节的功能，你的锻炼就可以消除其他所有无关因素，例如过度用力和关节过度磨损，这些对于刺激的传递都是不必要的。

为了理解为什么这么多人相信低强度的稳态活动（并且只有低强度的稳态活动）可以产生有氧适应并对人体心血管系统有益，我们有必要了解一下这个观点是如何产生的。这个观点的历史相当短，冠状动脉疾病和相关问题的整个领域也是如此。

对理解心脏的探索

威廉·哈维（William Harvey）是一位英国医生，他被认为是第一个准确、详细地描述血液通过心脏、动脉和静脉在全身循环的特性的人。尽管西班牙医生迈克尔·塞尔韦图斯（Michael Servetus）在哈维出生前 1/4 个世纪已发现了血液循环，但除了《基督教的复兴》（*Christianismi Restitutio*）手稿的 3 份副本以外，他的所有手稿都被销毁了，血液循环的奥秘因此失传，直到被哈维在近一个世纪之后重新发现。

虽然哈维发现了心脏通过动脉和静脉循环血液的确切方式，但直到 1912 年，*心脏病发作*（*Heart attack*）这个术语才被描述为临床实体疾病。不久之后，各地的医生都意识到了它的存在。20 世纪中叶，杰出的心脏病专家保罗·达德利·怀特（Paul Dudley White）在回顾他早年的实践时指出，在 1920 年之前，心脏病发作和冠状动脉粥样硬化的其他症状相对不常见。他在查阅自己最早的办公室记录，以寻找心脏病发作的征兆时，并没有看到它们以任何频率出现。

这让我们清楚了解到，人类了解心脏工作及血液循环的确切机制的时间距离现在并不远，而了解如何提高其性能的时间距离现在更近。关于心血管系统如何运作的猜想过程并不顺利。塞尔韦图斯的结论被认为是以伊本·纳菲斯（Ibn al-Nafis）的著作为基础的。而盖伦（Galen），这位出生于公元 129 年的希腊医生和作家据说在此之前 1000 多年就已经提出了自己的理论。同样，在通过适当锻炼来刺激人体心血管改善的知识方面，也存在类似的曲折发展过程。

20 世纪 60 年代中期，有人首次尝试将具有运动-反应的特定关系限制在有氧系统中，这种观点被普遍接受，并由肯尼思·库珀形成系统的表达。虽然库珀揭示了心血管适能的一些重要信息，并提出了一种可以成功测量心血管适能的方法，但他仍然陷在我们现在所知道的应用相当广泛的连续体中，他的方案造成了一种情况，即为了增强健康的一个方面（有氧系统）而严重破坏了健康的其他方面。与其说他在未来可能被称为"拯救美国人心脏"的人，他更有可能被认为是"摧毁美国人膝盖"的人。

库珀率先提出一种孤立训练有氧代谢系统的锻炼形式，从而将"有氧运动"视为"心血管体能训练"的同义词。他相信这样做会产生可转移到心血管系统的健康益处，在很大程度上，他是对的。有许多研究似乎证实了他的主张，结果这很快就被锁定为流行的观念，即"有氧（Aerobic）"等于"有氧运动（Aerobics）"，也等于"心血管体能训练"。随着时间的推移，这种主张已经有所发展，任何强度低且状态稳定的活动（如步行、慢跑、游泳、骑自行车等）现在都被称为"有氧运动"。

"有氧运动"这个词实际上是库珀创造出来的。这个词看似并不具有任何正式的含义，只是库珀用来对他的特定训练方法进行分类的名词。相反，"有氧"是一个有正式含义的词。它是一个形容词，描述了特定的代谢通路。有氧通路是整个代谢过程的一部分，但许多锻炼者损失的是代谢过程的其他部分，它们共同确保细胞的整体健康，进而确保细胞共同努力支持和维持的生物体的健康。库珀错误地认为代谢过程的有氧部分是最重要的，甚至比维持代谢通路的整体性更重要。而事实上，后者才更有助于人体正常运作和健康。他坚持认为，代谢过程的有氧部分可以并且应该被孤立出来单独训练。他在这方面的主张后来被证明是没有根据的。

库珀认为有氧代谢通路实际上可以被孤立，从而与其他代谢通路分离。现实情况是，代谢是一个不间断的整体，其各部分均有内在的关联。有氧系统由丙酮酸提供能量，而丙酮酸只能通过厌氧或无氧通路产生。即使在这个最基本的层面上，这两个部分之间的关联也是不言而喻的，而它们被库珀认为是代谢中彼此对立的两部分。

"有氧运动"的真正工作原理

图 2.1 描绘了人体中的一个细胞。细胞的外层部分充满了一种叫作胞质溶胶（又被称为细胞基质）的物质。在这个细胞内有一种被称为线粒体的小细胞器。仔细查看此图和此过程的性质，你会发现该细胞中发生的代谢不可能只有一个方面是心血管系统的专属领域。事实上，整个细胞都与心血管系统相关联，代谢过程的所有部分提高的程度就

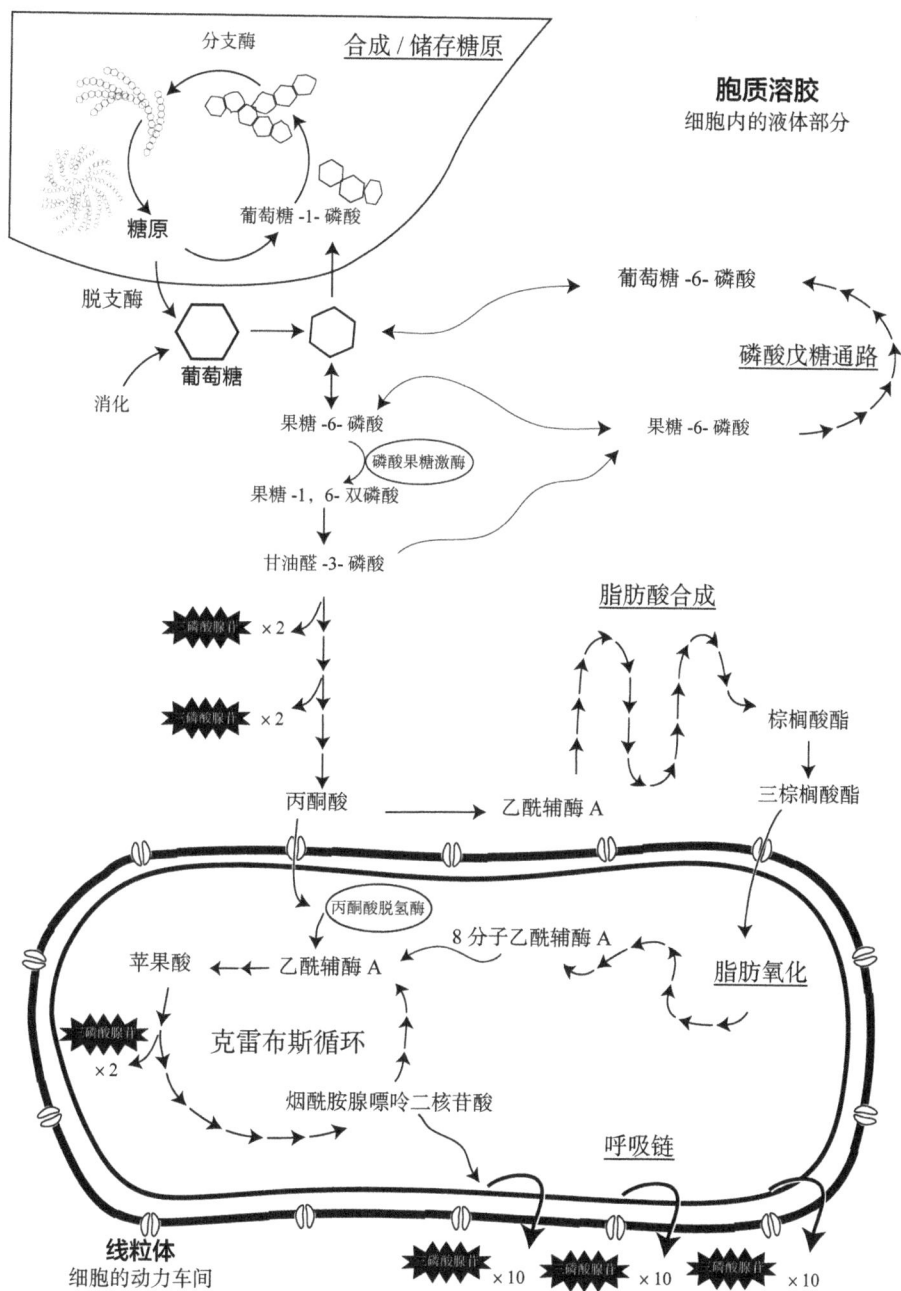

合成 / 储存糖原

分支酶

糖原

葡萄糖 -1- 磷酸

脱支酶

葡萄糖

消化

胞质溶胶
细胞内的液体部分

葡萄糖 -6- 磷酸

磷酸戊糖通路

果糖 -6- 磷酸

磷酸果糖激酶

果糖 -1，6- 双磷酸

果糖 -6- 磷酸

甘油醛 -3- 磷酸

脂肪酸合成

三磷酸腺苷 ×2

三磷酸腺苷 ×2

棕榈酸酯

三棕榈酸酯

丙酮酸　　　→　　乙酰辅酶 A

丙酮酸脱氢酶

苹果酸　←　乙酰辅酶 A

8 分子乙酰辅酶 A

脂肪氧化

三磷酸腺苷 ×2

克雷布斯循环

烟酰胺腺嘌呤二核苷酸

呼吸链

线粒体
细胞的动力车间

三磷酸腺苷 ×10　　三磷酸腺苷 ×10　　三磷酸腺苷 ×10

图 2.1

此身体细胞综述图展示了在进行适当锻炼时发生的整体代谢，以及心血管系统在此过程中发挥的不可或缺的作用

是心血管系统受益的程度。心血管系统不仅可以受益于其本身的任何直接结构性变化，也可以受益于其所支持的细胞内发生的代谢适应。研究下列代谢事实将有助于阐明这一点。

能量首先以葡萄糖的形式进入细胞，葡萄糖是一种来自食物的糖。（人体产生葡萄糖的首选常量营养素是碳水化合物，但如果摄入的碳水化合物不足，人体也可以利用有机物质产生自己的葡萄糖。）葡萄糖一旦进入细胞，就会在胞质溶胶处经过大约20次化学反应以无氧方式进行代谢，直到变成一种叫作丙酮酸的化学物质。这是所谓的"无氧"代谢的一个例子。然后丙酮酸在线粒体内移动，在那里通过一个复杂的过程利用克雷布斯循环（Krebs cycle）和呼吸链进行代谢。这个过程将丙酮酸转化为36个ATP分子（三磷酸腺苷，代谢的"货币"）。这个过程称为"有氧"代谢。

虽然克雷布斯循环/呼吸链可以产生ATP形式的大量能量，但这些通道循环的速度缓慢。相比之下，糖酵解（葡萄糖在胞质溶胶中代谢形成丙酮酸的过程）仅产生2个ATP分子。然而，糖酵解循环的速度比克雷布斯循环/呼吸链快得多。因此，在生死攸关或极度劳累的情况下，如果体能良好，就可以加快糖酵解循环的速度，在更长的时间内为工作肌肉提供能量。因为身体制造丙酮酸的速度比有氧循环使用它的速度更快，所以丙酮酸开始堆积并被乳酸脱氢酶转化为一种叫作乳酸的物质（如果这种情况持续下去，就会导致乳酸酸中毒，又称"乳酸灼烧"）。

只有通过无氧运动推动糖酵解过程尽可能快地循环，才能使产生丙酮酸的速度足以促使克雷布斯循环尽可能快地循环。例如，如果进行低强度（次最大强度）训练，就无法尽可能推动有氧循环。在高强度肌肉活动后的恢复过程中，乳酸开始堆积。细胞处理这种乳酸的方式是将其重新转化为丙酮酸，丙酮酸可以进入线粒体，然后在那里以有氧方式进行代谢。高强度运动后的"恢复"期间对有氧系统的刺激实际上等于或大于从传统的稳态"有氧"运动中获得的刺激。

虽然许多人已经开始接受乳酸的堆积是低效有氧通路的标志这一观点，但事实是糖酵解循环制造丙酮酸的速度总是快于克雷布斯循环使用丙酮酸的速度。丙酮酸脱氢酶（将丙酮酸带入线粒体中的克雷布斯循环被处理）是所谓的"限速酶"，这意味着其反应速率是固定的，因此无法通过训练来提高其反应速率。无论个体的"有氧体能"如何，丙酮酸脱氢酶将丙酮酸带入线粒体中的克雷布斯循环这一步总是比该循环中的其他代谢步骤慢。所以，只要你进行有意义的肌肉运动，体内就会产生乳酸。换句话说，乳酸不是你必须避免的。

而且，如果经过适当的体能训练，你其实可以很好地利用身体产生的乳酸。如果你打算提高有氧能力，重要的是要了解，在乳酸酸中毒后的恢复过程中，有氧系统的工作处于最高水平。在高强度锻炼之后，当试图降低系统中丙酮酸的浓度时，身体会通过代谢过程的有氧部分来实现。同样重要的是要了解，肌肉是由有氧系统提供能量的基本力学系统，因此随着肌肉力量的增加，必要的支持系统（包括有氧系统）的功能必须增强。这解释了为什么许多中年人和老年人在肌肉损失（一种与衰老有关的综合征，被称为肌少症）时会严重缺乏力量和耐力，因为每当肌肉的质量和力量下降时，它所有的代谢系统也都缩小了规模，这种现象会对健康产生深远的负面影响。

科里循环（CORI CYCLE）

如果我们的肌肉在高强度运动中或紧急情况下需要能量，其所使用的大部分ATP将来自糖酵解过程的快速循环。发生这种情况时，乳酸会迅速堆积，但这并不一定就是最终结果。在此过程中形成的乳酸迅速从肌肉扩散到血液中，然后被输送到肝脏。在肝脏中，乳酸转化为丙酮酸，然后通过糖异生过程重新转化为葡萄糖。如此形成的葡萄糖随后通过肝脏的中枢静脉被输送出去，供工作肌肉再次使用；或者，运动结束后，葡萄糖可能会以糖原的形式储存下来，糖原只是葡萄糖分子的一种聚合物，或称葡萄糖分子"链"。这个过程被称为"科里循环"。科里循环中的酶和转运蛋白很容易通过适当的高强度运动产生，而且它们是战斗或逃跑反应的重要成分，在人类的生存中发挥着重要作用。这种调节对生存能力和功能性能力的提升的好处比单纯的有氧调节大得多，但几乎没有人听说过科里循环。

波尔效应（BOHR EFFECT）

任何曾经去过丹佛等高海拔地区的人都会注意到，在高海拔地区，极少的运动量也会导致严重的呼吸急促现象。然而，在这种环境中生活几天后，呼吸就会变得容易一点儿。在这种情况下，大多数人认为他们的呼吸有所改善是因为肺部吸入氧气的能力有所提高，但实际上，他们呼吸得更轻松是因为肺部吸入氧气的能力下降。原因是，氧气从肺部扩散到血液中后，会被血红蛋白吸收。血红蛋白对氧气有很高的亲和力，因此可以将氧气输送给需要氧气的组织。问题是，在到达这些组织时，血红蛋白不愿意"交出"

它所携带的氧气。此时，身体会做出适应性调整，降低血红蛋白对氧气的亲和力，这样就会减小肺部的氧气吸入量（这个量通常是过多的），以便更好地向组织输送氧气。这一过程是通过波尔效应（译者注：波尔效应指动脉血二氧化碳分压升高导致血红蛋白对氧气亲和力降低的现象）完成的。

当你进行强度足够大的运动以使身体产生乳酸时，由此产生的氢离子会释放到血液中并作用于血红蛋白，改变其形状，从而降低其对氧气的亲和力。这样可以使血红蛋白更高效地将氧气输送给组织。如果你接受强度足够大的重复训练，你的身体将合成一种称为 2，3-二磷酸甘油酸（2，3-DPG）的化学物质，其作用类似于波尔效应，但它是长期起作用的。在高海拔地区生活的人的 2，3-DPG 的合成量会增加，因为他们具有提升输送氧气能力的需求，以高强度进行重复训练的运动员也是如此。这是一种只有经过高强度训练才能产生的代谢适应，对我们的生存和功能性能力的形式非常重要。

脂肪酸的代谢

人体内多余的能量会以甘油三酯的形式储存在脂肪细胞中。当人体在压力下需要能量供给时，例如在剧烈的肌肉运动中或紧急情况下，肾上腺素和胰高血糖素这两种激素会激活一种称为激素敏感性脂肪酶的酶，从而刺激甘油三酯的释放。图 2.2 显示了激素敏感性脂肪酶是如何将脂肪酸释放到血液中的。脂肪酸在血液中与一种叫作白蛋白的蛋白质结合，白蛋白将脂肪酸输送给肌肉，在那里脂肪酸进行 β 氧化，形成 35 个 ATP 分子。此外，甘油三酯分解产生的甘油也会分流到肝脏并转化为葡萄糖，然后葡萄糖进一步氧化，形成 96 个 ATP 分子。这是另一种只能通过高强度训练才能产生的代谢适应，对我们的生存和功能性能力的形成至关重要。这部分内容应该可以纠正高强度训练不会"燃烧脂肪"的荒诞说法。

糖原分解

高强度运动还会促进骨骼肌内的糖原分解——糖原可分解产生能量。出于多种原因，糖原分解很重要，其中最主要的原因是它可以恢复肌纤维对胰岛素的敏感性，而肌纤维是人体内最大的糖原储存库。

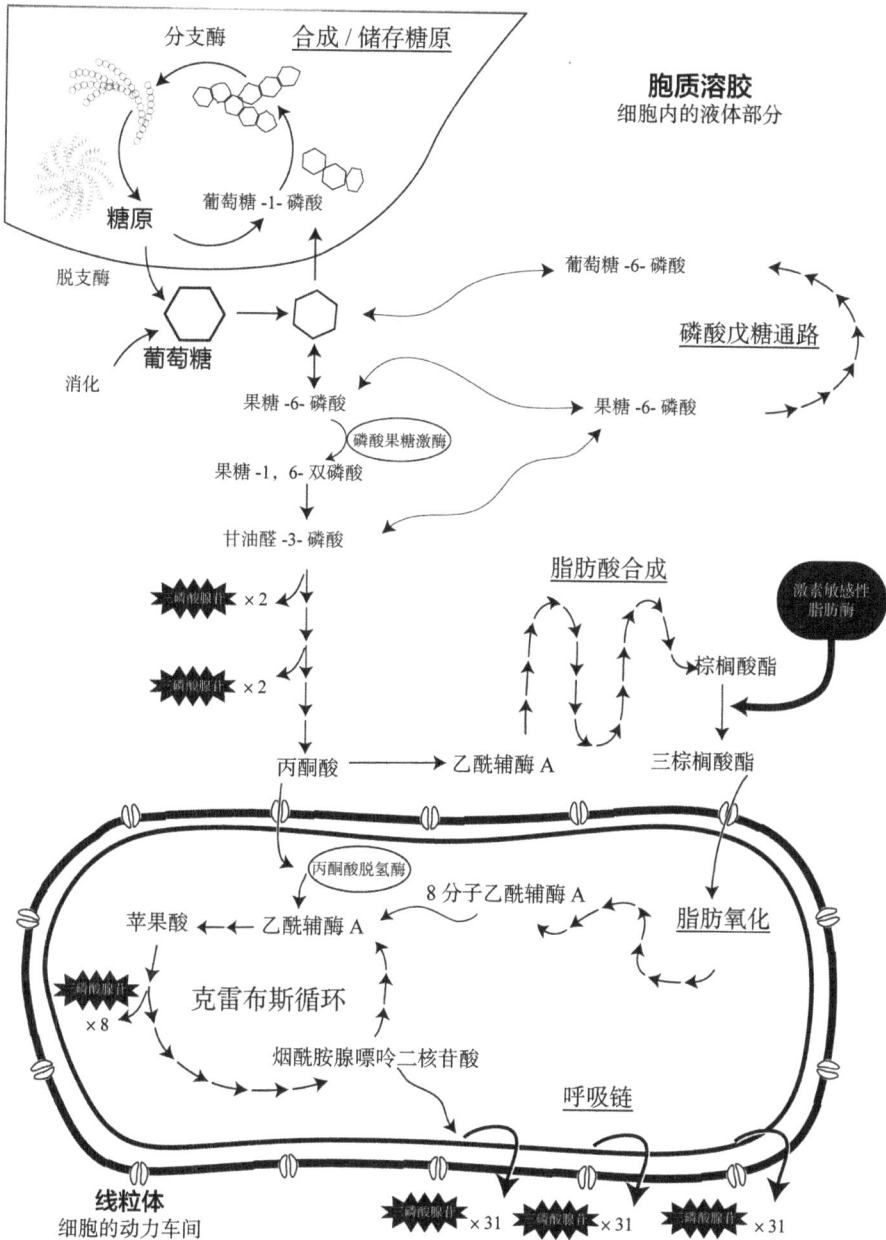

图 2.2

在高强度运动期间，一种级联放大效应通过脱支酶激活糖原分解。释放的葡萄糖在线粒体中进行糖酵解和有氧代谢以产生能量。另一种级联放大效应作用于激素敏感性脂肪酶，该激素敏感性脂肪酶有助于脂肪酸的释放，以在线粒体中产生能量

普通男性的肝脏中约储存有70克糖原，骨骼肌中储存有210 ~ 220克糖原。（女性的储存量较男性约少20%。）储存在肌肉中的糖原仅供储存其的肌肉使用，而储存在肝脏中的糖原用于维持血液中的葡萄糖稳态（主要由胰岛素和胰高血糖素之间的平衡长期调节）。在狩猎采集时代，我们（与大多数其他动物一样）在进食时受到攻击的风险最大。因此，我们进化出了一种机制，该机制使我们可以快速切换代谢方式。这是通过我们骨骼肌内的糖原分解过程实现的。在紧急情况下，储存在我们肌肉中供储存其的肌肉使用的糖原会被当场分解，并在它被分解的细胞内迅速产生能量。

在高强度运动期间会出现利用肌肉中储存的糖原来供能的类似过程，这是因为通常仅在紧急情况（如引发战斗或逃跑反应的情况）下才会被调用的肌纤维现在已经被激活，而这又会刺激肾上腺素和去甲肾上腺素等应激激素的分泌。当这种事件发生时，肌纤维会清空细胞内的大量糖原，这意味着胰岛素现在可以作用于细胞表面，让葡萄糖能重新进入肌肉。

激活糖原分解的这个过程也会激活激素敏感性脂肪酶，动员脂肪酸的分解，以利用能量。因此，在高强度运动期间，葡萄糖和脂肪酸会被运送到血液中，然后被运送到肝脏进行 β 氧化。接下来，它们会被带入线粒体，产生96个ATP分子。

我们经常听说有人试图"严格通过饮食"来恢复对胰岛素的控制。这个过程主要是通过胰岛素与胰高血糖素的平衡来调节的，并且必须长期进行，而没有任何放大的效益。想要产生如此惊人的代谢转变，高强度运动是非常重要的，因为它通过所谓的级联放大效应触发了糖原动员和激素敏感性脂肪酶。

级联放大效应

在级联放大效应中，不是一个分子产生一种代谢效应（例如，一个胰高血糖素分子参与代谢并导致一个葡萄糖分子从糖原中分解出来），而是一种酶激活一组酶。它可能会在级联放大效应的下一步中激活10种或100种酶。接下来，这100种酶中的每一种都激活级联放大效应的下一步，然后这100种酶中的每一种都再激活另外100种酶，依次类推。因此，不必一次运送糖原链上的一个葡萄糖分子，而是让酶的活性呈指数级放大，这样就可以同时分解数千个葡萄糖分子以备不时之需。这个过程大大加快了肌肉中糖原清空的速度，同时扩大了其范围。

在《代谢简介》（*Metabolism at a Glance*）[9]一书中可以找到对这种现象的很好的

解释，书中详细描述了一个肾上腺素分子是如何推动这个巨大的能量释放过程的，这个肾上腺素分子可以将数千个葡萄糖分子从糖原中分解出来。因此，在紧急情况下，级联放大效应可以通过一系列相互促进彼此活性的酶，非常有效地为我们的工作肌肉提供大量能量。此外，在这种级联放大效应正在分解糖原以供身体使用的时候，一种参与糖原合成的酶会阻止身体合成新的糖原，因此身体此时正在将其所有能量系统都用于糖原分解和葡萄糖利用，而没有能量系统用于糖原储存。

维持的健康益处

正是通过糖原分解过程和由此产生的级联放大效应，高强度运动才能促使身体真正利用肌肉中最大的葡萄糖储备并动员它，因此在运动后，必须补充由此产生的葡萄糖短缺。这就造成了一种结果：肌纤维表面的胰岛素受体变得更加敏感，以帮助补充这种短缺。该补充期可持续数天，具体取决于对肌肉中糖原的利用程度。高强度运动导致利用程度更高，从而延长胰岛素敏感性持续时间，而不仅是在运动后立即提高敏感性。这个补充过程通过标准糖原合成通道发生，不涉及类似的级联放大效应。

随着胰岛素敏感性持续时间的延长（持续数天），敏感性也会因从肌肉中排放出来的葡萄糖的数量而提高。不是少量葡萄糖被消耗（如在跑步机上低强度徒步30分钟），而是大量葡萄糖被运送回肌肉中，因此，这种效应被放大了。更为重要的不仅是胰岛素敏感性问题，还有该过程的下游代谢效应。例如，如果糖原储备完全充足，那么体内堆积的葡萄糖就会抑制糖酵解（参见图2.3）。高水平的葡萄糖会产生高水平的代谢副产物，这些副产物会抑制葡萄糖作为燃料的进一步使用，从而引发一种情况：代谢通路逆向运行，合成更多的糖原。

当糖原储备完全充足时，葡萄糖就不能再被硬塞进糖原合成的通道。因此，此时它唯一的代谢命运就是被代谢为脂肪（参见图2.4）。

当葡萄糖水平很高并且糖原储备完全充足时，磷酸果糖激酶（参与葡萄糖代谢）的活性会受到抑制。葡萄糖现在只能在糖酵解循环中被分解为果糖-6-磷酸，此时它被分流到磷酸戊糖通路，该通路通过一系列步骤将葡萄糖转化为甘油醛-3-磷酸（也称磷酸丙糖或3-磷酸甘油醛），它是一种脂肪前体。然后经过更多的代谢步骤，最终产生一种称为NADH的承载能量的化学物质，它用于为脂肪酸合成提供能量。充足的糖原储备配合碳水化合物水平的升高会刺激脂肪酸的产生，在肝脏中尤其如此，进而促使极低密度

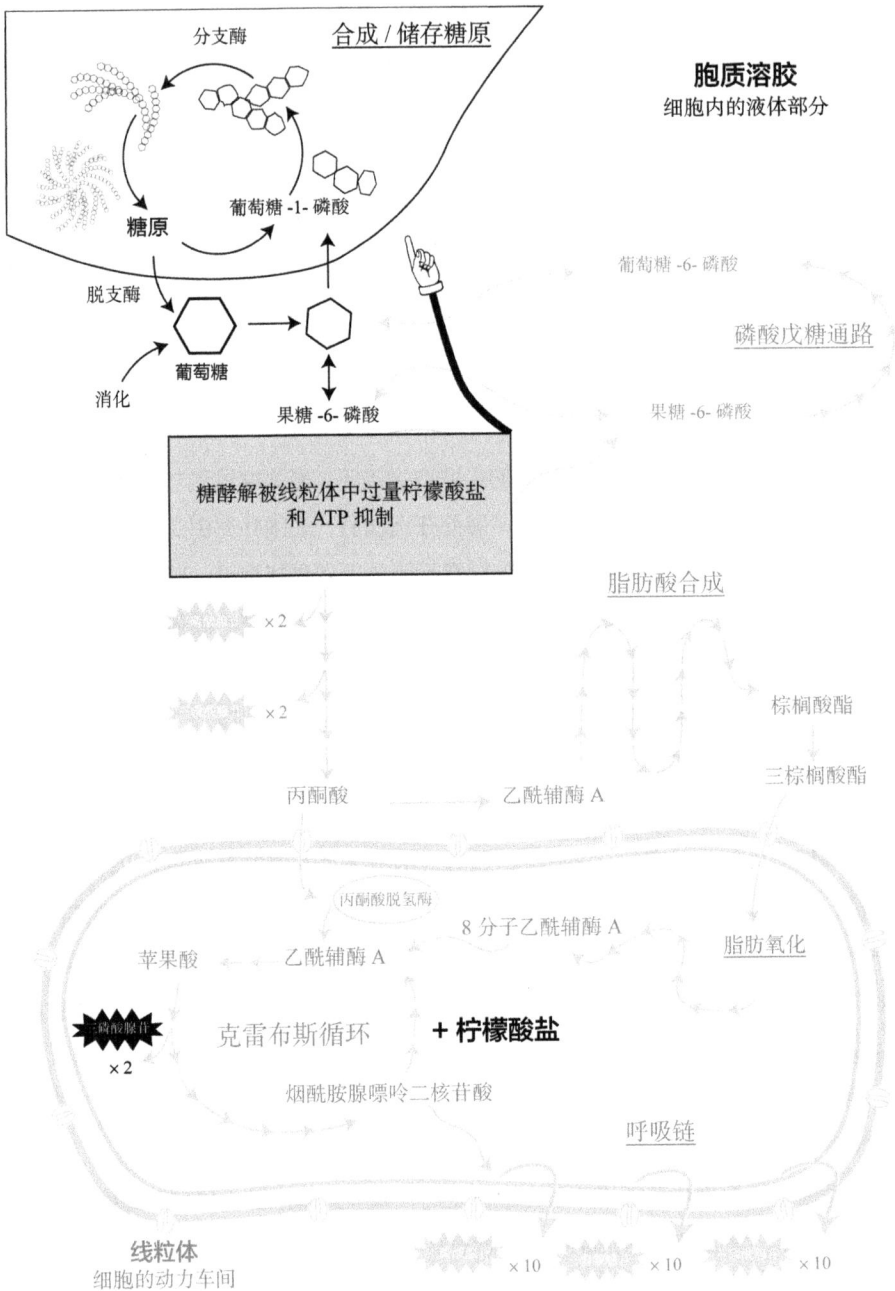

分支酶

合成 / 储存糖原

胞质溶胶
细胞内的液体部分

糖原 葡萄糖 -1- 磷酸

脱支酶

葡萄糖

消化

果糖 -6- 磷酸

葡萄糖 -6- 磷酸

磷酸戊糖通路

果糖 -6- 磷酸

糖酵解被线粒体中过量柠檬酸盐
和 ATP 抑制

脂肪酸合成

×2

×2

棕榈酸酯

三棕榈酸酯

丙酮酸 乙酰辅酶 A

丙酮酸脱氢酶

8 分子乙酰辅酶 A

脂肪氧化

苹果酸 乙酰辅酶 A

三磷酸腺苷

克雷布斯循环 + 柠檬酸盐

×2

烟酰胺腺嘌呤二核苷酸

呼吸链

线粒体
细胞的动力车间

×10 ×10 ×10

图 2.3

高葡萄糖水平表明身体处于高能量状态，这会抑制糖酵解并激活糖原合成

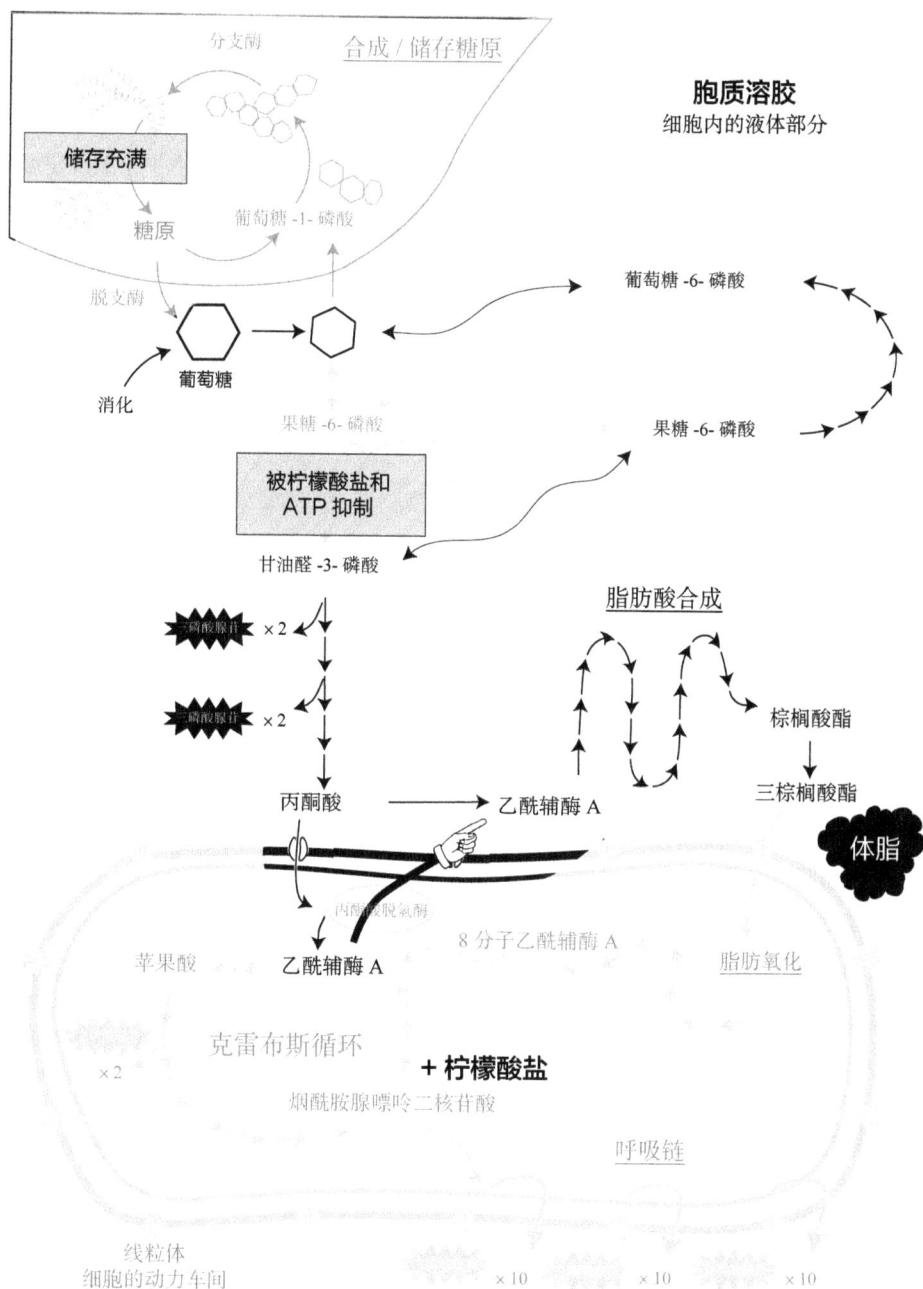

合成 / 储存糖原

分支酶

储存充满

糖原

脱支酶

葡萄糖 -1- 磷酸

胞质溶胶
细胞内的液体部分

葡萄糖

消化

果糖 -6- 磷酸

葡萄糖 -6- 磷酸

果糖 -6- 磷酸

**被柠檬酸盐和
ATP 抑制**

甘油醛 -3- 磷酸

三磷酸腺苷 ×2

三磷酸腺苷 ×2

脂肪酸合成

棕榈酸酯

三棕榈酸酯

丙酮酸

乙酰辅酶 A

丙酮酸脱氢酶

乙酰辅酶 A

8 分子乙酰辅酶 A

体脂

苹果酸

脂肪氧化

克雷布斯循环

×2

+ 柠檬酸盐

烟酰胺腺嘌呤二核苷酸

呼吸链

线粒体
细胞的动力车间

×10　　×10　　×10

图 2.4

当糖原储存充足时，额外的葡萄糖会被分流用于脂肪合成

脂蛋白的含量升高，这是葡萄糖转化为脂肪的第一步。这种极低密度脂蛋白将转化为低密度脂蛋白胆固醇，这是心脏病危险因素的标志物。

　　这告诉我们的是，低强度的稳态活动（通常称为"有氧运动"）没有利用拥有最多糖原的快肌纤维。因此，对肌肉中糖原的利用始终不能达到有意义的水平，结果是循环中的葡萄糖无处可储存——只能转化为体脂。此外，肌纤维壁会失去对胰岛素的敏感性，还会因身体为了应对循环中高水平的葡萄糖而产生的高水平胰岛素而发生炎症。身体会用低密度脂蛋白胆固醇来消除这种炎症，这使低强度锻炼者面临着更大的心血管问题风险。这听起来确实自相矛盾，但完全充满葡萄糖/糖原的细胞对胰岛素的敏感性会降低，以避免更多的葡萄糖被输送进来，因为过量的葡萄糖会导致其结构"糖基化"。代谢过量的葡萄糖会产生极易引发炎症反应的氧化自由基。此外，胰岛素也是一种会引发炎症反应的激素，包括动脉壁上的炎症，该炎症由低密度脂蛋白胆固醇来清除。

预防肌肉分解

　　高强度锻炼对于实现上述正向的代谢适应是必要的。幸运的是，高强度的肌肉锻炼只需要很短的时间。如果锻炼时间过长，糖原耗尽，肌肉组织中的蛋白质会被用来维持葡萄糖稳态，肌肉组织被分解为其组成成分氨基酸，并在肝脏中通过糖异生过程转化为葡萄糖。因此，如果锻炼时间过长，可能会严重破坏肌肉组织。

　　有些活动的强度可能尚不足以使身体产生所需的代谢适应，但其运动量却足以造成大量肌肉组织被破坏。这种类型的活动被称为稳态或传统的"有氧运动"。它不能使身体产生所需的代谢适应，但其代价是破坏身体中最具生产力和保护性的组织。

外周适应

　　假设你和一个看起来很虚弱且肌肉萎缩的80岁老人爬两段楼梯。当你到达最高一级台阶的时候，你感觉很好，而老人显然喘不过气来了。之所以存在这种反应差异，并不是因为他的心脏和血管的状况比你的差，而是因为你们的力量存在差异。

　　鉴于运动单位由肌纤维构成（详细内容见第3章），假设每个运动单位有2个单位的力量，而老人的肌肉多年来一直在萎缩和衰弱，所以其每个运动单位只有1个单位的力量。在此例中，我们设定爬完这些楼梯需的力量为200个单位，这意味着任何人都需要利用肌肉产生200个单位的力量才能爬上楼梯的最高一级。因为你每个运动单位有2个单位的力量，所以你的身体只需要募集100个运动单位来完成这个任务，而老人的每个运动单位只有1个单位的力量，所以他必须募集200个运动单位来完成这一任务。因此，你的心血管系统必须支持募集100个运动单位的工作，而老人的心血管系统必须支持募集200个运动单位的工作。

如你所见，锻炼对心血管系统的真正益处是增强其力量，因此，身体每做1个单位的功，心血管系统就只需支持募集较少数量的运动单位来完成该任务。因此，锻炼对心血管的真正益处是外周适应的结果，而不是中枢适应的结果。

有氧运动流行的原因

我们现在知道，"有氧运动"是一种低强度的体力活动，它允许线粒体以次最大速度工作，其结果只强调代谢过程的一部分——有氧系统。几十年来，各种健康益处都与这种特定的代谢适应关联起来。人们很快就形成定论：有氧体能训练就是心血管体能训练，并且二者可以互换。似乎从未有人指出，心血管支持细胞的全部功能，而不仅仅是线粒体。代谢过程的每一个部分都由心血管提供支持。

力量训练实际上是训练心血管系统的最佳方式，因为它与我们所说的"有氧运动"不同，力量训练实际上涉及并刺激代谢过程的所有部分，这包括在细胞溶质中进行的代谢（在无氧的情况下）和在线粒体中进行的代谢（在有氧的情况下）。

低强度（高风险）与高强度（低风险）

让我们回到本章开头，看看这两个虚构的人物：一人每周进行5天的稳态低强度跑步，另一人每周进行1次高强度力量训练。进行高强度训练的人将受益于糖原消耗和重新储存，而进行低强度、更频繁的稳态训练的人患心血管疾病的风险要高得多，尤其是胆固醇水平升高导致的疾病。

低强度的稳态活动（他认为可以改善心血管健康状况）不仅从未帮助他清空肌肉中的糖原，而且因为他没有以足够高的发力水平使用肌肉，将导致其肌肉开始萎缩。随着他每周继续进行低强度的稳态活动，这些肌肉的糖原储存能力会持续减弱，使细胞在更低的葡萄糖水平下即达到葡萄糖"充满"的状态，血液开始将多余的葡萄糖分流用于脂肪合成，从而加速可能导致冠状动脉疾病的过程。他的肌肉的糖原储存能力减弱了，因此他的肌肉现在可能会更快达到完全充满糖原的状态，此外，产生胰岛素抵抗的时间点也会更快出现。当他损失了一定的肌肉质量时尤为如此，而低强度、稳态的活动就会导致肌肉质量的损失。

　　另一个需要考虑的因素是，虽然与久坐不动的人相比，跑步者可能会从他的体力活动中获得一些好处，但他从未得到本来可以通过锻炼而获得的全部有氧益处。从长远来看，在他坚持自己认为正确的这种锻炼的过程中，他的肌肉质量实际上可能会减少，致使他的糖原储存能力下降，因此他出现胰岛素抵抗症状的风险将会增加。

　　还要记得，他正在做一种主要依赖有氧代谢系统的活动，其主要的代谢形式是氧化，这意味着这种活动会比时间更短且强度更高的活动产生更多的易引发炎症反应的自由基。此外，因为长时间跑步主要燃烧脂肪，严格来讲，他并没有明显利用身体储存的糖原，结果是他的胰岛素敏感性会因为这种行为而逐渐下降。这将使他患冠心病的风险增加，而他正无知地认为他正在采取措施低强度的稳态活动，来降低自己患冠心病的风险。

激素敏感性脂肪酶

　　有一种假设认为，低强度运动对于燃烧脂肪是必要的，并且与高强度运动相比，它能燃烧更多的脂肪。现实情况是，没有任何运动本身会燃烧大量脂肪。无论是步行还是跑步，体重150磅（1磅 ≈ 0.45千克）的普通人每英里消耗大约100千卡（1千卡 ≈ 4.19千焦）的热量。由于1磅体脂含有3,500千卡的热量，因此必须跑35英里才能燃烧1磅体脂。虽然低强度运动和高强度运动都会燃烧脂肪，但高强度运动在脂肪燃烧过程中起到了低强度运动所没有的重要作用：它激活了激素敏感性脂肪酶。

　　当身体在高强度运动期间将糖原动员出细胞时，身体还能够激活激素敏感性脂肪酶，从而使脂肪得以动员。如果胰岛素水平很高，即使在热量摄入不足的情况下，激素敏感性脂肪酶的活性也会受到抑制，将脂肪动员出脂肪细胞基本上是不可能的。这或许可以解释为什么那些节食并开始步行或慢跑的人往往发现难以减掉很多体脂。

　　然而，解决这个问题的办法有很多，其中之一是充分控制胰岛素水平，使胰岛素保持在低水平。这样，激素敏感性脂肪酶更容易被激活，从而使被动员的体脂优先于其他来源成为身体的主要能量来源。这种状态可以通过相对限制碳水化合物的饮食来实现，如果在减少碳水化合物摄入量的同时配合高强度运动，那么饮食自由度就会更大。这是因为面对高强度运动（及其对肾上腺素的刺激）时，激素敏感性脂肪酶在级联放大效应下工作，类似于糖原动员时发生的情况。同样，《代谢简介》中对这个过程进行了阐述[10]。

在糖原合成受到抑制的同时，脂肪合成也受到抑制，而且脂肪正在被分解。这种情况类似于既拔掉了水槽的塞子，也关掉了水龙头。在动员脂肪的同时抑制脂肪合成，就像在动员糖原时抑制任何糖原合成一样。这两种情况都在高强度运动期间发生，通过肾上腺素介导进入级联放大效应，从而使效果翻倍。

重新审视"有氧运动"

应该记住的是，心血管系统始终处于活动状态。当你站在房间里与别人交谈时，它在活动：心脏在跳动，血液在循环，肺在吸入空气并排出二氧化碳，全天候不间断。让心血管系统更加努力工作的唯一方法是由肌肉进行力学做功。同时增加的任何肌肉需求都会提高心血管系统工作的努力程度。所以，任何时候你都在做"有氧运动"。

考虑到各种代谢循环的关联性，将这些代谢循环彼此分离的想法是错误的，它们总是同时参与代谢过程并一起运行，但其中一些代谢循环可能速度较快。在代谢意义上，任何对锻炼的定义都需要将强度提高到其基线以上，如果你的目标是提高整体的健康和体能水平，那么即使可以孤立出某些代谢循环，你也不应该这样做。

最大摄氧量和特异性

确实，某些关于最大摄氧量的研究已证明心血管系统的改善与进行低强度的稳态活动有关。最大摄氧量测试的问题在于，当锤子是你唯一的工具时，你看什么都像是钉子。最大摄氧量测试的基础假设是有氧运动的前提是正确的——不明所以地将某种特定类型的代谢工作与心血管功能联系起来。同样，如果我们假设另外一种类型的代谢工作与心脏功能存在一定的联系，然后对其进行测试，我们也可以证明该假设。例如，如果我们想要证明代谢乳酸的能力是心脏健康的标志，我们可以测量在高强度运动期间的乳酸利用率，然后假设这与心脏健康有关，并由此揭示高强度力量训练在产生乳酸、代谢乳酸、进而改善心血管健康方面具有优越性。

因为心血管系统都始终与任何特定的代谢适应有关，所以无论是身体对低强度活动还是对高强度活动的代谢适应，都会与之有关[11]。正如我们所见，通过高强度训练可以实现全部的特定代谢适应，那么为什么要限制自己只从一个方面提升代谢水平呢？

再举一个例子，如果你只是想提高某人在跑步机上步行或慢跑时的最大摄氧量，你可以在跑步机上以稳态方式训练此人，并使用跑步机测试此人的最大摄氧量。结果将显示出最大摄氧量明显提高了。尽管如此，如果你现在使用功率自行车而不是跑步机对此人进行测试，就会发现最大摄氧量只得到了极小程度的改善或根本没有改善。

在1976年进行的一项简单有效的研究中，实验者招募了13名受试者，并在固定自行车上训练他们。然而，他们只训练了一条腿，另一条腿根本没有训练。接受训练的腿采用冲刺和/或耐力（稳态）训练方案。

受试者每周进行4～5次这样的锻炼，持续4周。研究结束后，实验者为了测试受试者的最大摄氧量，便让受试者接受训练的腿重复该练习，他们注意到受试者的最大摄氧量增加了23%。这种低强度的稳态运动本应产生中枢心血管适应，但当实验者对受试者未经训练的腿进行测试时，他们发现最大摄氧量根本没有改善[12]。

这项研究表明，最大摄氧量测试所测量的不是中枢心血管改善程度，而只是发生在肌肉层面的特定代谢适应。这也说明，如果选择跑步作为锻炼方式，那么最大摄氧量的任何改善都将仅限于在跑步中受到训练的腿部。跑步没有产生中枢适应，因为躯干和手臂的肌肉在很大程度上没有受到影响，而且其效果不会转移到任何其他锻炼方式上。

- -

有氧运动的局限特异性

我在俄亥俄州生活了3年，当时，我在进行传统有氧运动的同时配合力量训练。和当时的大多数人一样，我认为这是我必须做的事情。春夏两季，我会在户外的路上跑步；冬季，我会在室内跑步，就在我进行锻炼的健身房里的跑步机上完成，以"保持我的有氧适能"。

当春天来临，我第一次回到户外的路上跑步时，感觉自己好像要死了。这是因为在跑步机上跑步时所使用的具体运动技能与在地面上跑步完全不同。当你在地面上跑步时，跨步动作有2或3个组成部分：足部着地，蹬地，然后回腿。而在跑步机上跑步时，因为地面在你下方移动，可以说，跨步动作只有足部着地和回腿，没有蹬地，所以在跑步机上跑步时会缺少完整跨步动作的其中一个组成部分。在地面上跑步与在跑步机上跑步的力学和技能影响因素完全不同。

因此，你以为自己拥有的某种代谢适应似乎突然消失了，尽管你假设的是自己已经产生了某种可以用于任何活动的中枢心血管适应。我真不明白为什么我花了这么长时间才搞清楚，我只是针对一项活动产生了特定的技能适应，而当我进行另一项活动时，这种适应就会完全消失。

当我在俄亥俄州空军部队服役时，我发现了另一个与有氧运动的局限特异性相关的例子。部队规定了一些我们每年必须达到的最低体能要求，管理层设计了一个公式，使用功率自行车根据我们在特定工作负荷下的心率利用该公式反向计算出最大摄氧量。

在我的小组中，有两个人是竞技跑步运动员，他们认为："哦，我的有氧适能水平很不错。我直接到场进行测试就可以了，不用再进行训练了。"还有一个超重且体能较差的人参加了测试，他非常聪明，在我们必须完成这项测试之前的两周里，他每天下班后都会去健身房，并使用将用于测试的那辆自行车练习骑行。他在练习骑行时将阻力准确设置为测试中将使用的阻力，坚持以测试所规定的确切时间完成骑行。在所有人中，他得到了最高分，而那两名自认为有氧适能水平极高的竞技跑步运动员没有通过测试。

那个超重的人得到最高分的原因是，他意识到他在为通过测试进行训练时必须采用与测试时完全相同的方式。例如，你不会在只学过英语的情况下参加数学考试，而他明白了其中的关联。结果，一个超重且体能较差的人通过练习以优异的成绩通过了测试，而那些自认为已经拥有这种中枢心血管适应并且会通过测试的人却考砸了。那些在测试中取得优异成绩的人通过努力获得的只是一种特定的运动技能，或者说是对跑步的代谢适应，而这并没有转移到自行车运动上。

——道格·麦高夫

总之，我们希望你考虑以下 3 点。

1. 低强度的稳态活动不一定是改善心血管系统的最佳方式。
2. 除了有氧系统之外，代谢过程的其他部分也不容忽视，但在采用低强度、稳态的锻炼方法时，这些部分就会被忽视。

3. 通过高强度运动可以获得真正的健康益处，这与无法通过低强度运动实现的代谢适应有关。

身体因运动刺激而做出的任何正向适应都是肌肉组织本身发生的代谢改善。从代谢的角度来看，肌肉中发生的适应与身体的其他部分是分开的。这解释了为何动物能在进食时通过肝脏进行以胰岛素和胰高血糖素为基础的代谢，并且能在一瞬间从能量储存模式转换为在肌肉内单独进行代谢的模式，而这会带来大量的能量消耗。这种转变只能在肌肉组织内发生，因为这些过程存在于肌肉组织内。

因此，代谢健康的中心不是心血管系统，而是肌肉系统。它是以级联放大效应发生酶活动的地方，所以当你激活诱因时，其对肌肉层面的影响要大得多。运动所能带来的珍贵"黄金"都能在肌肉中找到。健身界需要将其对心血管系统的关注转向肌肉系统，因为能带来正向适应性变化的一切过程都存在于肌肉中。

3

运动的量效反应关系

20 世纪90年代中期，作者道格·麦高夫重新审视他在医学院学习时写的药理学笔记时，发现了医学与运动之间的一些有趣的相似之处——药物和运动都会对身体起刺激作用，都需要最佳浓度（强度），都要求剂量不能"太大"，都要求适当的频率。

药物浓度类似运动强度，剂量类似运动量，给药频率类似接受训练刺激的频率。此外，和医学一样，运动中也存在一个"狭窄的治疗窗口"，在这个窗口内，运动量可以刺激身体产生最佳的正向适应反应。和药物一样，如果运动越过某个窗口的边界，好处不会增加，坏处却会增加。本章将详细介绍运动的各个影响因素。

浓度（强度）

在医学中，药物的效力是通过其浓度来衡量的。在运动中，刺激的浓度或效力取决于运动过程中有多少肌纤维发挥作用，发挥作用的肌纤维少，表明刺激的浓度低；发挥作用的肌纤维多，则表明刺激的浓度高。

募集肌纤维的是大脑，但它只在感知到身体对肌纤维的需求时才发起募集。这是中枢神经系统通过运动神经完成的，运动神经根据大脑的指令，在募集过程中遵循相对固定的顺序。该过程只涉及必要的精确电流量，以激活产生特定力量所需的特定数量的肌纤维。

人体解剖学和生理学研究表明，人体内存在4种类型的肌纤维。其细分有点复杂，在一个主要类别（快肌）中存在3个子类别。此外，肌纤维的分类方法多年来有所改变，目前存在的分类方法不少于3种。以下是3种分类方式分别包含的4种肌纤维。

4种肌纤维

I	SO（慢，氧化）	S（慢）
IIA	FO（快，氧化）	FR（快，耐疲劳）
IIAB	FOG（快，氧化，糖酵解）	FI（快，中度易疲劳）
IIB	FG（快，糖酵解）	FF（快，易疲劳）

快肌纤维在许多方面都与慢肌纤维不同，最明显的是其耐力。也就是说，二者在耐力领域的差异最为明显，而不是在速度领域。快速氧化型（FO型，IIA型）肌纤维的耐力较差。（*氧化*仅指快速氧化型纤维本身内在的有氧机制。）快速糖酵解型（FG型，IIB型）肌纤维具有更强的爆发力，但其耐力也较差。（*糖酵解*指快速糖酵解型肌纤维本身的有氧机制。）在速度、耐力和力量方面处于中等水平的是快速氧化糖酵解型（FOG型，IIAB型）肌纤维，其细胞构成中同时包含无氧和有氧机制。慢肌纤维（SO型，I型）是耐力肌纤维，主要供进行长距离活动的人使用。它们在有氧机制方面有强大的优势，含有大量的有氧酶、血管和肌红蛋白，形成一种储氧耐力综合体。然而，慢肌纤维不能产生很强的力量，因此不具备快肌纤维所固有的大量潜力。

一个人的肌纤维类型和分布是由基因决定的。大多数人来到这个世界时，各种类型的肌纤维的分布相对均匀。在4种肌纤维中，慢肌纤维最容易被募集，因为它们不需要大量能量，因此身体会毫不犹豫地让它们投入工作。募集FO型肌纤维需要较多的能量，而募集FOG型肌纤维则需要更多的能量，需要最多能量才能募集到的是FG型肌纤维。我们倾向于尽可能多地保存能量，大脑同样会首先尝试通过仅招募慢肌纤维来对抗阻力，而事实证明这不足以完成任务。然后大脑会募集FO型肌纤维，不久之后还会募集 FOG 型肌纤维来协助完成肌肉收缩任务。如果对抗的是较小或中等的阻力，就只需要募集上述肌纤维。但是，如果要对抗的阻力足够大，大脑就会发出信号让 FG 型肌纤维参与。

这个过程在生理学上被称为"有序募集"，表明大脑不会随机募集肌纤维。当为了收缩肌肉而募集肌纤维时，大脑并不关心速度，只关心力量。它没有兴趣知道你想多快举起重物或你想跑多快。相反，大脑会根据你要对抗的阻力确定你的肌肉所需的精确力量，并相应地募集特定数量的肌纤维，从而使身体能量系统尽可能经济地完成工作[1]。（有序募集并不会一直持续下去，当达到某个阈值点，神经冲动进入肌肉的速度会加快，以此来产生更大的力量。）

许多人错误地认为肌纤维名称中的慢、中和快是用来描述肌纤维类别或肌纤维组（称为"运动单位"）的收缩速度的。事实上，它们所描述的是这些肌纤维的疲劳速度。尽管快肌纤维输出的力量比慢肌纤维输出的力量大得多，但在分子层面上可以观察到，快肌纤维的收缩速度实际上比慢肌纤维的收缩速度慢。此外，快肌纤维不仅收缩速度较慢，其恢复速度也较慢。肌纤维的疲劳速度越慢，它恢复得就越快。

在这种情况下，我们注意到慢肌纤维疲劳速度慢且可以迅速恢复，快肌纤维（因为其输出的力量非常大，并且它们比慢肌纤维消耗更多的糖原）会很快疲劳且恢复得较慢，而中肌纤维的恢复能力则处于二者之间。

要理解为什么快肌纤维会产生更大的力量，首先需要了解一下肌纤维收缩的本质，这需要我们了解什么是运动单位。

运动单位

运动单位是由一条进入肌肉的神经（就像电线）提供服务的一组完全相同的肌纤维（为了方便说明，我们同样将其简单分为快肌、中肌和慢肌）。从这条神经分散出来，分布在整块肌肉上的是附器，类似于树枝。每一根"树枝"（神经）都会连接到给定的肌肉中具有相似特点的肌纤维上。

我们来研究一下激活一个运动单位的过程。首先，在这个特定运动单位中，在这些"树枝"末端的所有慢肌纤维均匀地分布在整块肌肉中。即使它们彼此分开并遍布在肌肉的整个结构中，但它们还是被认为是一个"单位"。它们被视为一个单位的原因是，它们都通过这些"树枝"连接到同一根"树干"上，正如我们所见，这根"树干"就是单一运动神经。慢肌运动单位通常很小，每个慢肌运动单位大约有100根肌纤维。

　　快肌运动单位具有相似的结构特点，因为它们也沿一根"树干"（或单一运动神经）分布，也有"树枝"从"树干"上延伸出来，但这些"树枝"只连接到在给定肌肉的整个结构中均匀分布的快肌纤维上。和慢肌运动单位一样，所有这些快肌纤维都通过这些"树枝"连接到"树干"（即运动神经）上。与慢肌运动单位相比，快肌运动单位拥有更多的肌纤维。一个慢肌运动单位大约拥有100根肌纤维，而一个快肌运动单位大约拥有10,000根肌纤维。在激活一个运动单位时，无论它是慢肌运动单位还是快肌运动单位，当神经冲动沿着运动神经下行，在其分支之间传播并触达特定运动单位中的所有肌纤维时，所涉及的所有肌纤维都将使用其100%的力量同时收缩。

　　当一个慢肌运动单位被激活时，它的100根肌纤维同时收缩。（这在肌肉生理学上被称为"全或无"原则。）同样，当一个快肌运动单位被激活时，它的10,000根肌纤维都会以其100%的力量同时收缩。由于在任何给定的肌肉中，慢肌运动单位占用的空间都更少，因此每单位肌肉中的慢肌运动单位将比快肌运动单位多得多，这意味着有更多的"树干"伸出100根"树枝"。结果就是，当慢肌运动单位被激活时，将有约1,000个运动单位被激活。相比之下，快肌运动单位要大得多（每个快肌运动单位有10,000根肌纤维），所以在激活它们时，只有50～100个运动单位被激活，因为每个运动单位都非常大。

有序募集

　　运动单位可以同时收缩，例如，让肌肉收缩以对抗非常重的负荷的时候；也可以按顺序收缩，例如，你正在进行的活动只涉及中等负荷但需要持续一段时间，在这种情况下，某些较低序位的运动单位疲劳后会退出活动，由逐步募集到的更高序位的运动单位所取代。例如，在一组抗阻运动中，要求在60～90秒的时间范围内完成一系列收缩和伸展（重复多次）动作，直到不能够再完成下一次收缩为止，在此过程中就会发生有序募集。

　　在这种情况下，肌纤维逐渐疲劳的顺序与运动单位的大小顺序一致，因此也与运动单位类型的顺序一致。首先募集最小的运动单位，即慢肌运动单位，然后募集中肌运动单位，这是次大的。如果这些运动单位都疲劳了，最终就会募集快肌运动单位。尽管募集的快肌运动单位较少，但每募集一个快肌运动单位就会同时激活10,000根肌纤维。

　　时间也是募集过程中的一个重要因素，因为当慢肌运动单位疲劳时，就需要募集中肌运动单位。如果慢肌运动单位和中肌运动单位疲劳得特别快，没有时间恢复，这时候（并且只有这时候）才能继续募集快肌运动单位，从而确保所有可用的运动单位都被有序募集且产生疲劳。这会导致正在被训练的肌肉或肌群最彻底参与运动，从而得到刺激。

在给定的时间内的募集率由为训练选择的负荷决定。如果使用的重量太轻，负荷将没有足够的意义。首先被募集来提供服务的是慢肌运动纤维，但由于它们的疲劳速度非常慢，在中肌运动单位开始被募集时，有一部分慢肌运动单位已开始恢复。然后它们又回到收缩过程中，从而阻止更高序位的运动单位被募集。

相反，如果使用的负荷太重，比如只允许你重复一两次的负荷，身体就会同时募集所有可用的运动单位：慢肌运动单位、中肌运动单位和快肌运动单位。在这种情况下，一旦快肌运动单位离场（因为它们会最快疲劳），你就没有能力产生足够的力量来完成第3次重复。因此，在有机会让大部分慢肌运动单位和中肌运动单位充分参与运动和接受刺激之前，该组训练已终止。

这就是为什么需要使用中等重量的负荷，因为它能够让你以适当的时间完成锻炼，从而募集全部3种运动单位。完成锻炼的时间不能太短，否则只有快肌运动单位接受大部分刺激；也不能太长，否则慢肌和/或中肌运动单位有足够多的时间恢复，结果再次募集相同的低序位运动单位，这将使正在被训练的肌肉中的大部分肌纤维基本上不会受到刺激。

运动单位的恢复

我们需要区分恢复的两种类型，一种是运动单位（慢肌运动单位、中肌运动单位和快肌运动单位）的暂时恢复，另一种是恢复在锻炼期间消耗的能量和资源。这里指的是所涉及的运动单位恢复到能够再次收缩的程度。当神经递质沿着神经下行并进入神经和肌纤维的间隙，以激活肌肉时，只需要很短的时间就可以将该神经递质带回神经中，重新合成，并可再次用于运动单位募集和收缩。

为了说明这个过程，假设你正在进行的一项练习要求腿举160磅的重量。你可以完成10次该动作，但未能完成第11次。如果你在腿部快肌运动单位有时间完全恢复（假设快肌运动单位已经参与其中，则可能需要数周时间才能完全恢复）之前再次尝试进行腿举练习，当你的身体再次尝试募集同样的快肌运动运单位时，它们将是不可用的。

其原因是快肌运动单位可能只参与了收缩的最后2～20秒，通常只在真正的紧急情况下这些运动单位才会被利用，而在狩猎采集时代，这种情况相对很少发生。基于这个特点，这些运动单位一旦被利用，就可能需要4 ~ 10天（或更长时间）才能完全恢复。因此，如果你在上次锻炼后3天回到健身房并尝试再进行一组腿举练习，你就会发现自己这次锻炼比上一次锻炼早2 ~ 3次重复就达到了暂时性肌肉力竭的状态。这是因为快肌运动单位在休息3天后仍不能被募集。相比之下，恢复最快的慢肌运动单位一般在休息90秒后就可供再次募集。

这就解释了为什么一些人可以在一组腿举练习中达到肌肉力竭的程度，并且在完成一组后没有力气立即站起来，但在仅30 ~ 60秒的短暂休息后，他们就可以站起来，走出健身房，开车回家，没有任何问题。所以，90秒的喘息时间足以让低序位的运动单位恢复，但快肌运动单位距离其完全恢复还有几天的时间，因此必须经过足够的时间才可以再次被募集。

运动是作用于生物体（在这个例子中指你的身体）的一种有效刺激，能使其产生适应性反应，但前提是你要给它足够的时间来完成这个目标。理解了这一点，你就能明白，为了继续进步，你必须提高自己的身体所能接受的训练强度。

现在假设你没有选择力量训练作为锻炼方式，而是选择了步行。既然如此，为了提高这种体力活动模式的强度，随着时间的推移，你必须从步行过渡到快走，再到慢跑。然后，如果你想将强度提高至足以利用那些快肌运动单位并真正刺激腿部肌肉中的所有运动单位，你还必须从慢跑过渡到冲刺跑。请记住，如果我们要使用这种锻炼方式来实现目标，在每一个级别，我们都要增加强度才可以做到，这会成倍地增大身体所承受的作用力，因此，不论是从短期还是长期来看，我们的身体受损的风险都增加了。

既然可以选择锻炼方式，我们就不必在尝试增强体能的过程中损害健康。因此，力量训练作为一种有效的锻炼方式脱颖而出。一方面，通过合理的力量训练，我们将使用的动作能正确对应（或符合）肌肉和关节功能。因此，我们在增加强度时，几乎不会让任何关节或肌肉组织处于面临重大受伤风险的境地。

另一方面，我们将以系统、有序的方式募集运动单位。首先，我们将募集慢肌运动单位并使其疲劳，但我们募集这些运动单位的速度将足够快，以使其无法在我们的锻炼过程中恢复。其次，我们还将募集中肌运动单位并使其疲劳，然后按顺序募集快肌运动单位——而不是同时募集它们。当我们以有序募集的方式来募集肌肉中的运动单位并使其疲劳时，运动单位会因疲劳而退出。

结果是在这组练习中，我们的力量会逐渐变弱，因此在最终募集到那些快肌运动单位时，我们处于力量最弱的状态。在力量训练中，我们使用的强度让我们能够募集到那些快肌运动单位，但是当我们募集到它们时，已经让自己深度疲劳了，所以这时我们实际上"很弱",不可能对自己造成伤害。

力量训练是唯一一种可以为身体带来正向变化的有力刺激,在提高强度水平时,你的力量实际上在"变弱",因此对身体施加的作用力更小。这是力量训练的独特优势之一。应从较小的阻力开始,因为如果一开始使用100磅的重量,就要一直使用这一重量,在一组练习中,即使你的运动单位募集和疲劳率增加,你也要在进行最后一次重复时使用与开始时相同的力量来移动重量。

需要指出的是,肌肉或机械结构的所有损伤都是受到超过其承受限度的力造成的,而这在适当的力量训练中是不会发生的。力等于质量×加速度。加速度是一个有可能呈指数级增长的因素,它可能会带来危险。有很多方法可以募集快肌运动单位,但安全的募集方法很少。例如,可以通过冲刺跑或包括跳箱练习在内的快速伸缩复合训练等运动方式来募集快肌运动单位。在通过此类活动来募集快肌运动单位时,可以同时募集慢肌运动单位和中肌运动单位。在尝试单次举重(如力量举)时,也会出现相同的情况。

这种情况有可能导致两种不好的结果。对于初学者来说,它可能让肌肉组织产生的力量远远超过身体的结构所能承受的力。更可怕的是,一旦快肌运动单位因力竭而退出,你将无法继续运动,结果是,在达到这种疲劳程度时,低序位的运动单位仍然没有明显疲劳,你会因此损失2/3的训练效力。

适当的力量训练则恰恰相反。它不是同时募集所有运动单位,而是按顺序,以有序的方式募集它们,并在最后才利用快肌运动单位。这会对肌肉组织和代谢通路产生更彻底的刺激。不仅所有类型的运动单位都会受到刺激,而且由于代谢通路与机械运动的关系,我们可以将此方案用于生物体中与体能相关的一切过程。

剂量: 一组到力竭

确定了"必要药物的成分"后,还需要确定我们在任一时间间隔内需要用多少"药",即"剂量"。虽然许多运动权威声称应该进行多组(通常是3组,每组10次重复)特定练习,但科学文献表明,以我们提倡的方式进行1组练习即可。

1997年,生理学家对业余举重者进行了为期10周的训练研究,其间测试了各种组数的方案。他们得出的结论是,在改善肌肉大小、力量和上半身爆发力方面,每次进行1组练习与每次进行2组和4组练习具有同样的效果[2]。此外,生理学家R.N.卡尔皮内利

（R. N. Carpinelli）和R.M.奥托（R. M. Otto）在美国阿德尔菲大学进行了一项研究，调查了所有关于单组与多组力量训练的已知科学文献。他们发现，总体来说，与执行单组训练相比，执行多组训练绝对没有带来额外的结果增益。这些文献压倒性地支持执行1组训练就够了。在进行的47项研究中，只有2项表明执行多组训练会带来好处（并且是很微小的）[3]。

　　其他研究都支持这一结论。例如，研究人员检查了77名在10周训练期间分别执行1组、2组或3组上半身训练的受试者的力量增长情况，结果表明3个运动组在上半身肌肉力量方面的改善情况都相近[4]。另一项研究则比较了在14周内执行1组或3组下半身训练的38名受试者的力量增长情况，发现他们的下肢力量改善情况类似，并且膝屈曲和膝伸展的力量增加约15%[5]。

　　发表在《运动医学与科学》（Medicine and Science in Sports and Exercise）杂志上的一篇文章也表明，在之前未经训练的成年人中，1组高强度力量训练与3组高强度力量训练对于增加膝屈曲和膝伸展等长扭矩及肌肉厚度的效果相同[6]。

　　最重要的是，使身体达到积极的力竭状态的单组训练已经足以触发身体的生长和力量机制。额外的组数除了增加在健身房的时间之外，别无他用。

符合肌肉和关节功能的运动

　　我们已经讨论过这样一个事实，理想情况下，应该根据肌肉和关节功能的状态进行锻炼，这样才能有效、充分地刺激肌肉，而不会让身体承受过多的作用力。然而，大多数商业健身房中常见的各种“交叉训练”计划却反其道而行之，这些计划要求客户攀爬绳索、拖动负重雪橇、投掷药球等。

　　完成这些计划当然需要付出很多的努力，参与其中会变得疲劳，同时肌肉力量会减弱，并对体内的系统产生一些代谢影响，但这些计划通常没有根据肌肉和关节功能的状态来执行。因此，身体虽然可以通过这些运动进行大量的代谢工作并产生大量的代谢副产物，但不一定会实现有效肌肉负重和运动单位募集，并且会导致目标肌肉无力。所以，它们对于正向的适应或生长并不是特别有效的刺激。此外，在执行这些计划的过程中身体会受到较大的作用力，可能导致关节和结缔组织受伤（最明显的是膝和背）。

　　上述训练方法还有一个关键问题：训练效果会消散。对于身体可能产生的适应而言，你最终会将大量的代谢能量浪费在一项生产效率极低的活动上。身体更愿意让 5 个肌群为一项活动贡献其能量的 20%，而不是让任何一个肌群贡献 100%，这符合基因组"保存能量"的偏好。前者的能量消耗随着活动的完成而结束，但后者需要持续的能量消耗来产生你想要的适应性反应。因此，从长远来看，后者的能量成本对生物体来说要大得多。请记住，身体讨厌消耗能量，尤其是当受到刺激，要消耗更多能量、产生更多肌肉组织时，它会尽可能避免这样做。

我们的机构成功为客户带来了真正的体能益处和健康益处，其中一个原因是我们知道身体真正需要的刺激是什么，而且我们知道它不仅仅是体力活动。我们认识到，要在一定的强度阈值水平进行活动，在给定的时间范围内有序募集所有可用的运动单位，以确保肌纤维完全参与并产生疲劳。

我们进一步认识到刺激在某种程度上是受多因素影响的，但所有这些因素都与高水平的强度有关。如果强度水平很高，你将使用 3 种运动单位；并且会产生我们所说的高强度的"消耗"，即肌肉的暂时性疲劳或力量衰竭；你将以有意义的负荷进行训练，并使用足够重的负荷来对肌肉组织施加机械应力，这是刺激的组成部分之一。在募集模式从募集慢肌运动单位转向募集中肌运动单位，再到募集快肌运动单位时，代谢将转向无氧性质，这会导致葡萄糖代谢的速度允许乳酸及其他导致疲劳的代谢副产物的累积。这种情况似乎也有利于刺激过程。

是的，将汽车挂在空挡，然后去推车，这在某种程度上也可以实现让车移动这一目的，但是我们可以通过了解并利用肌肉和关节功能的相关知识来做得更好。让你足够强健地活到 47 岁（你的基因组表明应该死亡的时间）甚至更大的年纪，是知识渊博且负责任的教练的职责。如果我们选择其他的运动方式，你很

适当的训练能针对性地增强肌肉和关节功能。例如，肩部肌肉可以使手臂向前、向后或向两侧抬起。对该肌群的外侧头进行适当的力量训练，可以让肌肉在对抗阻力（可以由固定器械或自由重量器械提供阻力）情况下执行其功能

可能在运动过程中积累了太多的磨损，到50岁时身体就已经严重受损了。

时间对于最佳刺激的影响

　　为了使锻炼达到最佳效果，必须调动尽可能多的肌纤维并使其疲劳。此外，这种疲劳必须发生得足够快，这样恢复得最快的运动单位就没有时间来恢复和重新参与，否则它们会阻止身体对快肌运动单位的募集。因此，根据所使用的方案，以及移动阻力的节奏（相关讲解见后文），疲劳产生的时间应该为训练开始后的40 ～ 150秒。最理想的情况是，我们将45 ～ 90秒视为在一组特定练习中达到最高疲劳水平的预期时间范围，这将确保身体有序募集所有肌纤维，并利用拥有最多糖原的快肌运动单位。

频率：你应该多久锻炼一次

　　确定了合适的"药物"和合适的"剂量"后，我们现在需要确定最佳"给药频率"。我们已经注意到，运动的刺激有可能导致两种情况：它可以刺激身体产生正向的适应；如果在适应过程完成之前再次刺激身体，它会干扰适应过程（参见图3.1）。

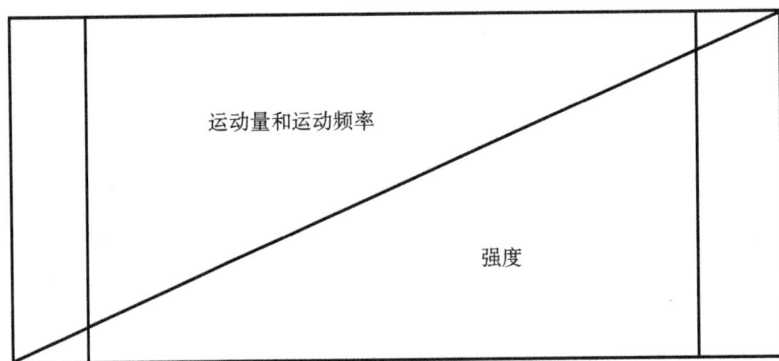

运动量和运动频率

强度

图 3.1

为了省时高效地锻炼，运动必须是高强度的。随着运动强度的增加，你必须同时减少运动量和降低运动频率。只有低强度的运动才能长时间、高频率地进行。从生物学的角度来看，你会希望有一种刺激能让身体更易产生适应

　　可以打个比方，每次锻炼时，你都是在自己的能量储备中挖洞，或者说是在消耗能

量储备。分解代谢状态的这种分解和削弱效果必须通过合成代谢状态的恢复和积累效果来平衡。所以，如果对肌肉施加运动刺激相当于在能量储备中挖洞，那么你必须留出足够的时间让这个洞重新填满（恢复过程），也必须留出足够的时间让一些额外的材料堆在这个洞上面（过度补偿），使其在上面形成一个土堆。如果在这个洞被填满之前再次开始挖掘，则土堆无法形成，你反而会挖出一个越来越深的洞。你应该多久挖一次洞，就相当于你应该多久锻炼一次（参见图3.2）。

　　显然，在前一次锻炼结束后，你在恢复和完全适应之前不应该再进行锻炼——但平均而言，这需要多长时间？我们可以与你分享最合适的平均时间，该数据来自我们自己30多年的锻炼，我们监督超过150,000次锻炼的经验，以及对该主题进行的多次非正式研究。也许更重要的是，我们还可以与你分享运动生理学研究的发现，包括用高强度的训练来刺激肌肉会产生什么效果，以及恢复过程和过度补偿过程通常需要多长时间。

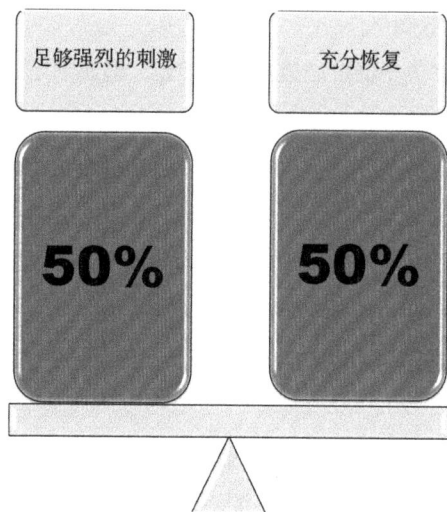

图 3.2

你必须给身体留出时间补充消耗的能量。如果你在身体完成适应性反应之前让它再次接受消耗性刺激，就会干扰之前的反应。提供足够强烈的刺激是适应方程的 50%，充分恢复是另外 50%，二者同等重要。这就是为什么你必须将自己锻炼的频率限制为**每周一次**

　　根据医学文献，肌肉收缩得越强烈，细胞层面发生的损伤或微创伤就越严重[7]。因此，锻炼强度越大，锻炼所刺激的组织就需要越长的时间来修复和生长。正是这个修复过程使肌纤维变得更粗、更强壮[8]。

锻炼本身会对肌纤维造成一定程度的暂时性损伤，其中大部分发生在将负荷向下放时（收缩的负向或离心部分），而不是将负荷举起时[9]。在锻炼后的24小时内，炎症开始出现，在此期间白细胞（中性粒细胞）增加并被动员到受伤部位[10]。溶酶体（分解和代谢受损组织的酶）正是在这24小时内产生的，它会使炎症加剧[11]。在接下来的几天里，帮助合成其他化学物质以应对炎症的其他细胞（巨噬细胞）会有助于溶酶体的积累。其中一种是PGE2，这种化学物质被认为可以使肌肉内的神经对疼痛更加敏感。这个过程在一定程度上解释了通常在锻炼后24 ~ 36小时后出现酸痛感，并且在某些情况下，这种酸痛感可以持续一周或更长时间的原因[12]。这种炎症反应会给肌肉带来进一步的损害，并且会在锻炼后持续数天[13]。

在这些炎症反应完成后，会出现组织重塑或肌肉构建的现象[14]。肌纤维恢复到锻炼前的大小，如果有更长的恢复时间，肌纤维将达到比锻炼前更高的水平。完成整个过程所需的时间长短取决于锻炼刺激的强度和肌纤维损伤的程度[15]，通常情况下，所需时间为5天（快的情况下）至6周[16]。

虽然上述内容反映了关于锻炼结果的微观观点，但如前所述，其他研究从宏观上研究了锻炼频率，探讨了以每周2次或更多次锻炼的方案来训练不同人群（从老年受试者到年轻受试者）的效果。这些研究还得出结论，每周锻炼1次可以产生锻炼计划预期的所有好处，而且更频繁的锻炼并不能产生额外的好处[17]。美国犹他州立大学的力量实验室进行的一项研究进一步验证了每周锻炼1次的效果，该研究专门为验证进行1组腿举锻炼的效果而设计，其中第一个小组每周进行1次锻炼，第二个小组每周进行2次锻炼。在研究结束时，研究人员得出的结论是"每周进行1次或2次单组腿举锻炼会产生相近的力量增益[18]"。

有些人可能倾向于认为每周锻炼1次就足够只适用于男性，男性的体形通常比女性更大、更强壮，因此男性的身体需要更强的消耗性刺激并积累更多代谢副产物，从而需要更长的时间来恢复。然而，犹他州立大学的研究对象都是女性受试者，该研究证明每周进行1次锻炼对两性而言都是足够的。

尽管这项研究很有启发性，但应该指出的是，其持续时间只有8周。我们相信，根据我们的经验，如果将研究延长至10周或12周，研究人员会发现被要求每周进行2次锻炼的受试者受到了更加明显的负面影响。事实上，在我们看来，迄今为止关于力量训练的大多数研究都没有进行足够长的时间，因此未发现我们作为私人教练已经意识到的问题。

这项研究表明，无论你每周锻炼 1 次还是 2 次，效果都是一样的——这对于周期只有 8 周的研究来说很可能是正确的（并且反对要进行的锻炼多了 100%，但时间和精力投资的额外回报为 0 的做法）。尽管如此，数据充其量也只是表明，如果你每周锻炼 2 次，第 2 次锻炼不会产生任何正向的效果，只会浪费你的时间。现实情况是，如果研究进行的时间足够长，到了第 12 周，受试者每周进行 2 次锻炼不仅是在浪费时间，还会开始退步，他们无法在相同的负荷时间（或重复次数）范围内举起相同的重量。

这种现象是经过两项相隔 8 年的研究证实的。在这些对照实验中，研究人员检查了两组受试者的进步速度——一组每周锻炼 3 天，另一组每周锻炼 2 天。研究人员随后降低了锻炼频率，将每周锻炼 3 次降低到每周锻炼 2 次，将每周锻炼 2 次降低到每周锻炼 1 次。研究人员指出，受试者的进步速度（以单位时间的绝对基准衡量）显著提高[19]。

其他涉及不同年龄段的受试者的研究也得出了类似的结论，其间研究人员降低了受试者的锻炼频率，并发现锻炼表现得到了显著提高。纽约骨科医学院的学术医疗保健中心与纽约理工学院的健康职业学院物理治疗系在纽约州旧韦斯特伯里市共同进行了一项关于老年人的研究，其比较了老年人每周锻炼 1 次与每周锻炼 2 次的效果。研究人员发现"每周训练 1 次组与每周训练 2 次组在 9 周后的力量变化没有差异[20]"。

- -

一位教练的看法

我从 18 岁起就开始向别人提供一对一的训练服务。我很早就明白，锻炼的持续效果取决于对刺激和恢复的正确控制。当我在新奥尔良大学学习运动生理学，同时在当地的诺德士俱乐部（Nautilus club）使用高强度的训练方法训练客户时，更加确信这一点。由于我已经训练客户好几年了，我经常在课堂论文和项目中使用从客户那里收集到的数据。在此期间，我的目标之一是确定大多数客户的力量达到其最高遗传水平所需的大致时间（年）。事实证明，只要适当地平衡刺激（S）变量和恢复（R）变量，大多数客户在大约 2 年内就接近了这个极限。

然而，在原始数据分析过程中，其他几个问题变得明显。如果等式不平衡（S ≠ R），客户就会进入人为的停滞期。这在经过数据筛选和对比之后就很明显了，数据来自每周锻炼 1 次或 2 次的客户，以及每周锻炼 1 次但以其他活动额外锻炼 1 次的客户，其他活动通常是某种耐力训练。

　　一般模式表明，与每周锻炼1次相比，大多数客户在执行每周锻炼2次的计划的情况下会表现出更大的初始进步（即力量增加），但他们会更快进入停滞期。虽然每周锻炼1次的客户最初并没有像每周锻炼2次的客户进步得那么快，但他们的进步速度相差不多，最终差异会变得明显，因为每周锻炼1次的客户从未停滞不前；与每周锻炼2次的客户相比，他们持续改善的时间要长得多（参见图3.3）。

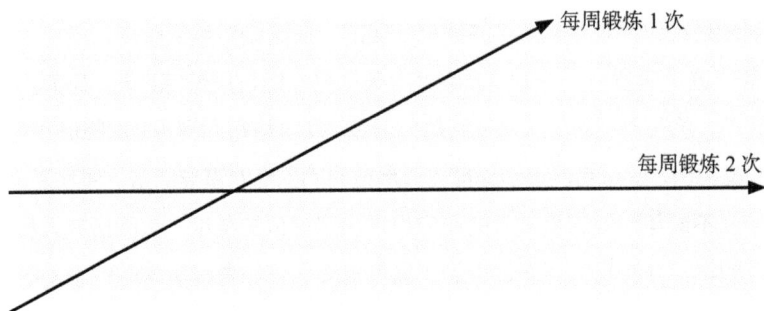

图3.3

每周锻炼1次与每周锻炼2次的效果

　　"线性适应"的线是虚构的，表明许多外行人相信一个人的遗传潜力发展是一个直接或线性的过程，而不是一个曲线过程。从两条线的对比中可以看出，事实并非如此。事实上，当某个特定的每周锻炼2次的客户将其锻炼频率降低到每周1次时，几乎可以立即实现力量增加，并且这种进步是持续的。根据我的记忆，这发生在大约97%的客户身上。相反的情况则很少发生，但的确有一小部分客户在过渡到每周锻炼1次时进步会较小，即使这部分客户大约只占3%，我也无法忽视这个数据，并且在随后的教练生涯中我一直在研究并试图了解个体对抗阻运动的这种反应差异。（作者注：第8章中的大部分研究是瑞安·霍尔针对影响训练量和训练频率等因素的遗传成分的努力成果。）我知道，指导高强度训练的大多数教练在训练客户方面都有类似的经验，绝大多数客户对每周锻炼1次的方案反应最好（并且有更长的反应持续期）。

——瑞安·霍尔，私人教练

一个生物学模型

长出新肌肉的过程可以比作烧伤或割伤后长出新皮肤的过程。损伤是一种刺激，会触发身体的生长机制和修复机制来治愈和修复受损组织。下次遭受这种类型的损伤时，请观察身体产生这种新组织需要多长时间。通常，这需要1 ~ 2周的时间，这个过程产生的组织与适当的训练刺激促使身体产生的组织（重0.66 ~ 1.1磅）相比要轻得多。

那么，如果施加了更有效的刺激来促使身体产生更多的组织，那么身体将需要更多时间来完成这个任务。长出新肌肉实际上比烧伤的伤口愈合要慢得多。烧伤的伤口从外胚层生殖细胞系开始愈合，愈合速度相对较快，因为上皮细胞更新得很快。例如，如果你刮伤了角膜，它通常会在8 ~ 12个小时内愈合。相比之下，肌肉组织从中胚层生殖细胞系开始愈合，愈合速度通常要慢得多。总而言之，当你从许多人的锻炼经历中去除所有的情感因素和正面反馈时，可靠的生物学数据就会表明，绝大多数人的最佳锻炼频率不超过每周1次。

第4章

4

"五大"锻炼

本章中的锻炼计划适合作为起始计划或基础计划，如果你最终决定对该计划进行各种各样的尝试性调整，你也可以不时地回到该计划。如果你确实选择在以后的训练中偏离该计划，采用本书后面介绍的一些方案，那么你也应该每隔一段时间就回到该计划，评估一下自己的进度，这一点很重要。这样做不仅可以帮助你准确衡量自己的表现，还可以为你提供一种有效的方式来刺激最多的肌肉。该计划具有广泛的适用性，所有人都可以通过执行该计划获得最大程度的提高和适应。

锻炼的共同基金

你可以将此锻炼计划视作一个初始金融投资项目。在投资领域，历史上实现最佳收益的投资者是那些购买了共同基金的人。相比之下，倾向于经常买进卖出、不断改变投资组合的投资者通常会遭受更大的损失。即使偶尔有几个人会大赚一笔，也很难确定为什么特定策略有效（回想一下前言中提到的"黑天鹅"因素），总体而言，这类投资者的收益不如那些买入并持有稳健的共同基金的投资者。

在众多可购买的共同基金中，跟踪整个市场的指数基金（如标准普尔500指数基金）的表现通常优于85%～95%的其他共同基金。这是事实，因为该基金只自动购买指数所覆盖的500只股票。由于买卖新股票所产生的变化相对较小，支付给市场分析师和基金经理的费用就相对较少。道琼斯5基金也是一个很好的例子，它只在道琼斯工业指数（Dow industrials）表现最好的10只股票中选择5只价值最高的股票购入。因此，如果你已经存下了第一笔投资资金，并且不想将其浪费在糟糕的产品上，那么一个好的开始是去购买信誉良好的共同基金。

经久不变的优秀锻炼计划可以被视为可靠的锻炼"指数基金"。本章列出的计划以85%～95%的受训者的恢复系统特征为基础，此外还利用了在两位作者的训练机构中通过监督超过15万次锻炼收集到的数据，其中包括过去11年间的一对一训练经验。

与投资一样，力量训练的新手并不适合将衍生对冲基金作为其第一个投资项目，更明智的做法是选择一个追踪标准普尔500指数的基金并坚持投资。随着时间的推移，即使是最老练的基金经理也会在一些通用和基本的投资项目上表现不佳，而锻炼也是如此。

我们的目的是为你提供一个具有广泛适用性且能带来巨大代谢收益的计划。我们并不打算让准备参加全国比赛的人以此为"终极健美训练方案"，尽管此锻炼计划也被证明在上述用途上具备一定的优越性。然而，从心理上讲，那些想要走这条路的人希望去健身房的频率要比我们建议的更高，那只是为了缓解他们的锻炼焦虑。由于我们不需要满足那群人的需求，而是更关注人体需要什么来刺激并优化维持健康和一定的体能水平所必需的所有代谢益处，因此，我们会使该锻炼计划尽可能简单。

器械

在开始锻炼之前，如果可以选择，最好先确定要使用的器械类型。自20世纪70年代后期以来，自由重量器械制造商（往往拥有大部分健美和健身出版物）发起的全面营销活动一直在进行，许多人认为自由重量器械比固定器械好得多。事实上，你的肌肉只应对产生力的需求，这反过来又取决于肌肉所承受的阻力——无论阻力的来源是自由重量器械、诺德士的器械，还是一袋石头。科学文献也支持这一点：根据以测量自由重量器械与固定器械的效果对比为目标的正确执行的研究，二者同样有效[1]。

考虑到几乎所有形式的力量训练在刺激肌肉组织变得更大、更强的效果方面都是相似的,并且训练的目标是让你无法再次产生足够的力量来对抗阻力,我们提倡使用固定器械。在卧推或深蹲等自由重量练习中,没有人愿意在肌肉力竭时被压在杠铃下。由于固定器械更安全,并且在刺激肌肉生长方面至少与自由重量器械一样有效,因此我们认为不必要的冒险是没有任何意义的。

在众多健身器械中,我们偏爱诺德士和迈德士(MedX)等品牌的器械,众所周知,它们具有正确的凸轮轮廓,可根据被训练肌肉的力量曲线改变阻力。为了进行适当的训练,训练机构应该至少有5种针对身体主要肌群的固定器械。

我们对诺德士的器械有好感,尤其偏爱较老型号(1970年至1985年生产的型号)的器械,因为这些器械是由一位具有丰富的肌肉生理学知识的人经过数十年的研究设计出来的产品。大量的时间、精力和金钱被投入这些器械的设计中,而且在这些器械被创造出来之后,还有更多的资金被投入到对器械的研究中。因此,我们很快就能确切地知道使用此类器械进行训练可以达到什么样的效果。

诺德士首次出现时,只有环球(Universal)和马西(Marcy)这两个品牌在生产多功能力量训练机,当然还在生产自由重量器械——杠铃和哑铃。随后出现的其他器械品牌基本上都在抄袭诺德士,它们只是想进入健身器械市场,而不是想"制造更好的产品"。第一台诺德士器械的开发花了将近40年的时间,可以斩钉截铁地说,除了诺德士之外,没有任何其他健身器械制造商在器械的设计中投入了同样多的精力和时间。

诺德士和阿瑟·琼斯(Arthur Jones)

诺德士器械的创造者阿瑟·琼斯是针对肌肉在其整个活动范围内具有不同力量水平这一事实来设计有效器械的先驱之一。这些变化可以用肌肉与骨骼的物理关系的函数来表示,这一关系一直在变化。

这条力量曲线实际上可以通过在肌肉活动范围内的每一个点进行测量得到。例如,在杠铃肱二头肌弯举中,人们可能会发现肱二头肌的力量曲线测量结果如下:当手臂完全伸直时产生了10磅的力(1磅力≈1.45牛),手臂屈曲45度时产生了25磅的力,手臂屈曲90度时产生了39磅的力,手臂屈曲135度时产生了21磅的力,最后,当手在肩部位置时,可能会产生12磅的力。如果将这些数字绘制在图表上,肱二头肌的力量曲线将显示当该肌肉在其活动范围内移动时所产生的或大或小的力。

每一块肌肉都有自己的力量曲线,每一条力量曲线都不同。例如,肱二头肌在收缩时表现出"弱-强-弱"的力量曲线,而腘绳肌则表现出"强-较弱-最弱"的力量曲线。如果在这些肌肉的训练中使用圆形滑轮(采用这种设计的是绳索训练机和一些品牌的器械），无论训练哪个肌群，受训者所经历的过程都是由沉重到轻松的。这对于腘绳肌等肌群虽然可能有很好的训练效果，但对于肱二头肌和胸肌等肌肉则并非如此。

由于肌肉在收缩过程中的力量会发生变化，因此适当的力量训练必须考虑这一因素，并需要与肌肉组织的负荷加载（和卸载）同步（或匹配）。在这种情况下，使用自由重量器械训练的效果更差。回到前面的例子，如果你在一组杠铃肱二头肌弯举开始时只能产生10磅的力，那么你将没有足够的力量来移动35磅的杠铃。但当你的手臂屈曲90度时，你就有足够的（甚至更多的）力量来对抗35磅的重量。可是，由于你无法以35磅的力开始做这个动作，你只好选择10磅的杠铃。然而，10磅的杠铃在手臂屈曲45度或90度时不会提供有效的超负荷，因此会降低训练刺激对增强力量的有效性。

这就是琼斯的偏置凸轮对运动科学的巨大贡献。由于力臂（从旋转轴到阻力点的距离）在肌肉的活动范围内会发生变化，因此即使同样是35磅的负荷，肌肉移动此负荷所需的力也会发生变化。例如，如果力臂为2英寸（1英寸 ≈ 2.5厘米），则所做的功将为70英寸磅（35磅 × 2英寸 =70英寸磅，1英寸磅 ≈ 0.11牛米）；如果力臂为10英寸，则所做的功为350英寸磅；如果力臂为0英寸，则所做的功也将为0。

诺德士凸轮的半径可根据实际需要或多或少地改变阻力，使阻力符合肌肉不断变化的力量曲线，完美地跟踪其峰值和谷值。琼斯的努力不仅使肌肉得到了更有效和彻底的训练，而且使肌肉的磨损也显著减少了。诺德士凸轮使肌肉可以承受与其实际力量输出相平衡的全范围阻力。

琼斯随后为他设计的凸轮申请了专利，这意味着作为其竞争对手的器械制造商不能简单地复制这些凸轮，他们必须生产不同的产品。因此，既然他的凸轮的力量曲线是正

在肱二头肌弯举刚开始时，诺德士凸轮的半径较小。

诺德士凸轮的半径随着肌肉收缩而增加，阻力也因此而增大，而且阻力的增大能够正确匹配肱二头肌力量的增加。

确的，那么其他凸轮在很大程度上就是不正确的。琼斯曾将他设计的器械称为"无须妥协的器械"——而他的原始器械体现了这一说法。出于这些原因，我们都对诺德士器械大为赞赏，将其作为锻炼的首选器械，尤其是诺德士在琼斯的管理下生产的旧款器械。同样，我们推荐琼斯参与开发的任何由迈德士制造的器械，因为其在这些器械的设计中投入了同样多的时间、精力和金钱。

器械的基础知识

我们所介绍的这些锻炼都应该在诺德士和迈德士生产的器械上进行，我们认为它们是市面上最好的健身器械。如前所述，这是因为其凸轮轮廓的准确性及其设计特点可准确匹配肌肉和关节功能。我们强烈建议你尽可能使用这些品牌的器械。此外，豪迈力量（Hammer Strength）等其他器械制造商也提供了一些出色的器械，这些器械在大多数情况下都符合生物力学，能够有效且安全地刺激腿部和上半身的肌肉。

至于受训者应该在一个好的健身房里寻找什么样的固定器械，我们的建议是，该健身房拥有的固定器械应足以帮助受训者完成以下锻炼：坐姿划船、胸推、下拉、过头推举和腿举。从更广泛的意义上讲，我们希望你使用经过精心设计的器械，这样你不仅可以准确解决生物力学和关节对齐方面的问题，还可以准确处理力量曲线的维度问题。基于关节角度，使施加的阻力与肌肉在活动范围内的特定点的力量输出相匹配是很重要的，因为训练目标是在规定的时间内因能量的深度消耗而达到积极的肌肉力竭状态。你应当确保肌肉力竭的发生是因为已达到疲劳水平的极限，而不是因为器械的力量曲线与肌肉的力量曲线不匹配。

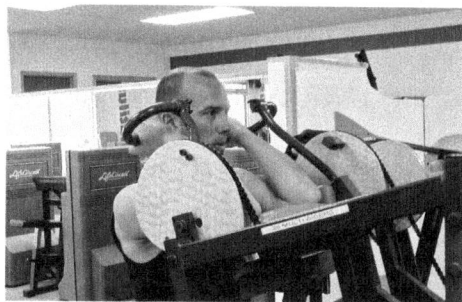

当受训者在诺德士多功能肱二头肌训练机上训练其肱二头肌时，凸轮的半径变化与受训者的肱二头肌产生的力量变化完美同步：当受训者力量较弱时，凸轮的半径变小；当受训者力量较强时，凸轮的半径变大。

　　这并不是说你在配备其他器械的商业健身房就无法进行有效的锻炼。相同的原则适用于不同的商业健身房：你应该使用相同的负荷时间（详细解释参见后文）标识值和以标准的姿势完成尽可能多的重复次数。如果商业健身房无法帮助你遵循此原则，请考虑购买一个深蹲架和一套奥林匹克杠铃，在家进行训练。你可以很容易地在基础器械上进行"五大"锻炼，而深蹲架可以在很大程度上保障你的安全，因为它可以防止你达到肌肉力竭状态时被压在杠铃下面。

"五大"锻炼

　　此计划完全由复合练习（涉及围绕多个关节轴旋转的练习）组成，因此每个练习均涉及多个肌群。由 3 个练习构成的"核心"将锻炼身体的所有主要肌肉，它们被称为"三大"锻炼，分别是腿举、下拉和胸推。除了这个核心以外，还有过头推举和坐姿（或复合）划船，从而组成"五大"锻炼。这些练习比较简单，且涉及多个肌群，普通人也很容易协调和执行。与其投入大部分注意力和精力去做复杂的动作，不如做一个简单自然的动作，专心致志地练习，这要好过你去尝试进行两个适得其反的动作练习。

　　本章后面的部分将解释如何重复练习并记录进度。下面将详细介绍每个练习。

坐姿划船

　　第一个练习是坐姿划船，它通常被称为上半身"拉力"练习。它主要针对躯干背面的肌肉，因此会锻炼到负责上肢屈曲的肌肉。

　　涉及的肌肉。 坐姿划船涉及背阔肌、菱形肌（位于肩胛骨之间，用于将两侧肩胛骨靠拢）和从骶骨底部延伸到头部后方的脊柱伸肌。参与此练习的还有用于屈曲手腕的前臂屈肌，以及用于屈肘的肱二头肌和肱桡肌。

　　执行练习。 在练习坐姿划船时，手臂的姿势将在某种程度上取决于器械的手柄相对于肩部的位置。理想情况下，这应该是一个"自然"的姿势：你不应该试图将肘部内收或外展；相反，你应当让双肘中立地落在其目标移动轨迹所在的自然平面上，即让其与手、腕和肩保持在同一平面内。

坐姿划船

胸推

坐姿划船之后的练习是胸推。胸推属于上半身"推力"练习，涉及躯干正面的肌肉，当这些肌肉发力时，可以将器械的手柄推离身体。

涉及的肌肉结构。胸推主要涉及上臂背面的肱三头肌和肩关节周围的三角肌。此外，胸肌（包括胸大肌和胸小肌）在练习中也会受到强烈刺激。

执行练习。练习胸推时，要将器械的手柄推离身体，同时随着双臂的伸展，将肱骨拉向身体的中线。练习开始时，手掌应在腋前线附近（或腋窝前面）。（没有必要也不应该尝试通过将手臂尽可能向后拉来增大活动范围，因为这样会过度拉伸肩关节囊，并对

胸推

附着在肱骨头的肱二头肌肌腱施加不必要的压力。)重要的是不要过度地夹紧或张开双臂，开始时应该正确握住手柄，使其成45度角。

现在，双臂平稳地向前推，并在肘部接近锁死时停止，这样肌肉就会持续承受负荷，并且不会将压力都放在关节上。肘部向后收回时，应在手掌与胸部大致齐平时停止。(我们通常不会让受训者将肱骨平面向后移动到超过躯干平面太多的位置，这样他们的肘部就不会固定在身后。)换句话说，肘部收回后的位置仅比躺在地板上使用杠铃执行练习时的肘部位置稍微靠后一点。

执行此练习时，应集中注意力下压肩部。有一种方法可以确保你做到这一点：首先肩部向着耳朵尽可能高地耸起，然后让教练将手放在你的肘部下方，同时下压肩部至肘部触碰教练的手。在进行胸推时，你需要通过将肩部下压的动作保持肩部的位置不变。如果你没有做到这一点，当你的力量变弱时，练习就会变得更难执行。当感到疲劳时，许多受训者会开始夹紧双臂并耸肩，试图将负荷从胸肌转移到斜方肌上。

即使是最优秀的健美选手，随着练习变得越来越难执行，也会不自主地耸肩，目的是利用斜方肌发力来完成动作，这是很常见的情况。有些人在执行胸推的垂直和水平变式练习时，背部中间或肩胛骨之间的位置会出现疼痛，耸肩正是原因之一，因为这样做会激活菱形肌将两侧肩胛骨拉拢，从而激活斜方肌来尝试承受负荷。

此外，如果受训者已经在执行胸推练习，我们不提倡执行上斜推举或下斜推举练习。一些想要练出厚实的"上胸"的受训者认为，上斜推举是对该区域的胸肌施加压力的最佳方式。然而，他们混淆了胸小肌和上胸肌。很多受训者都认为胸大肌的上部是胸小肌，实际上这个部分是胸大肌的锁骨部分。胸小肌位于胸大肌下方，并在几个不同的水平面与肋骨相连，在肩关节盂所在的水平面与肩胛骨喙突相连。在上臂向前伸展时，胸小肌有助于肱骨的内收。因此，胸小肌和胸大肌在练习胸推时都已经被充分激活。

下拉

下一个要执行的练习是下拉。将双臂放在身前，而不是向两侧伸出，使用反手握法握住器械的手柄，双手分开，间距比肩宽略窄。这种握法是首选，因为与大多数平行握法相比，它提供的活动范围稍大，此外还可以将肱骨放在身体前方的平面上，而不是使其外展和外旋。当肱骨外展和外旋时，它往往会紧靠肩峰下方，即肩关节盂所在的位置，使得肩袖更容易受到撞击。将手臂放在身前也会更好地让躯干前面的肌肉组织承受负荷。(肩部解剖图见图4.1。)

下拉

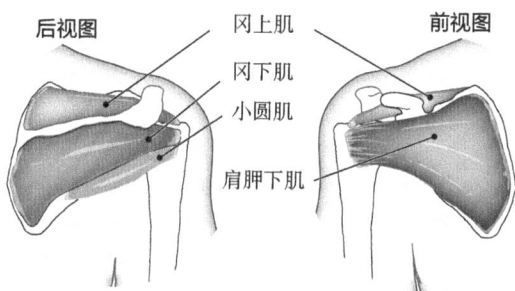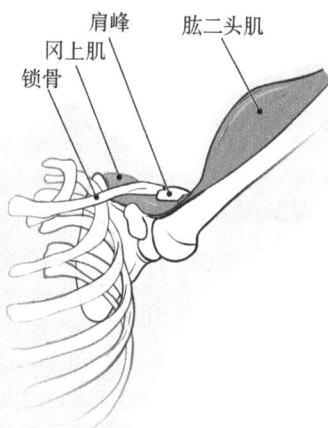

后视图 冈上肌 前视图 肩峰 肱二头肌
冈下肌 冈上肌
小圆肌 锁骨
肩胛下肌

图 4.1

肩部解剖图。注意在过头姿势中骨桥的狭小空间；在下拉（或过头推举）过程中握距过宽可能会导致肩袖受到骨桥的挤压

    涉及的肌肉。 在正确执行的情况下，下拉练习几乎可以彻底激活躯干的所有肌肉组织。最值得注意的是，抓握肌肉（即前臂屈肌）会受到强烈刺激。

    此外，肱二头肌也在很大程度上参与了下拉练习。虽然大多数训练肱二头肌的动作都是单关节动作，比如杠铃肱二头肌弯举，但肱二头肌跨过肘关节和肩关节，而下拉涉及肘关节和肩关节的旋转，因此执行下拉练习可以让肱二头肌的两端都参与。下拉可以进一步强烈地激活胸大肌的锁骨部分，最终这部分肌肉组织由拉长变为缩短，使得肱骨旋转。请注意，下拉过程中前 15 ~ 20 度的移动是由胸大肌的锁骨部分发起的。

用力拉动手柄并保持肱骨朝身体中线方向内收，可以让胸肌积极参与，甚至让肱三头肌也有很大程度的参与。当双手被下拉到与头顶齐平的位置时，就会激活肱三头肌的内侧头，从而使肱骨向下朝躯干所在的平面旋转。在这个过程中，还需要让背阔肌、菱形肌和斜方肌充分参与，它们有助于将手柄下拉。最后，要让腹部肌肉承受大量负荷，尤其是在做下沉运动时。

执行练习。从双臂在头顶上方伸展的姿势开始，将手柄（或杆）向下拉到靠近胸部的最高点的位置，保持此动作 3 ~ 5 秒，然后让双臂恢复为伸展的姿势。我们通常让受训者保持躯干挺直（在座位上坐直），在将手柄一直拉到靠近胸部的最高点的位置之后，我们就会指示他们下沉收缩。这里的"下沉"并不是躯干简单地向前倾，而是将肩部沿直线向臀部降低，类似于立式卷腹。通过腹部肌肉的收缩，此下沉动作略微缩短了胸骨和耻骨之间的距离。当受训者的腹部肌肉通过下沉完全收缩时，我们让他们静态地保持 3 ~ 5 秒，然后放松，不再保持下沉姿势，并逐渐使手柄回到起始的拉长位置。在手柄回到头部上方的过程中，我们告诉受训者想象自己在一个水平面上将双手向外推，这样往往会有效地使背阔肌承受负荷。

过头推举

在下拉之后，你应该立即执行过头推举。在正确执行的情况下，此练习涉及的肌肉与胸推涉及的肌肉相似。

涉及的肌肉。过头推举可以让肱三头肌（在上臂背面）和三角肌积极参与，胸肌的参与程度也相当高。该练习要求三角肌在疲劳过程中比胸肌更早、更积极地被募集；尽管如此，由于有序的募集和疲劳，胸大肌的参与程度仍然会很高。

执行练习。执行过头推举时，重要的是将手臂举过头顶的同时手臂不要向两侧伸出，最好采用平行握法（手掌相对）。特别是在做向上推的动作时，平行握法有助于保持上臂向身体中线内收，而不是外展和外旋。

如果你用于执行过头推举的器械要求将肘部在身体两侧向外张开（这个动作在用杠铃从颈后位置推举时也很常见），你的手臂会外展，而肩部则会外旋。这是不可取的，因为它会导致你旋转肱骨头，使其最宽的部分位于肩胛骨的肩峰下方，当你上下移动手臂时，可供肩袖肌腱移动的通道非常狭窄，从而增加了患上撞击综合征的风险。如果你执行过头推举时手臂在身体前方的平面上，手掌相对，你就可以使肱骨头和肩峰之间的空间最大化，这样肩袖肌腱就有足够的移动空间，不会受到撞击。

当受训者在执行一组过头推举的过程中感到疲劳时，他们可能会将下背部拱起，试图通过让肩胛骨靠在器械的背垫上来获得更多的支撑。我们更喜欢让受训者在执行过头推举时系好安全带，并专注于将骨盆推入安全带，就好像要让臀部离开座椅一样。这样做可以为他们提供所需的支撑，他们也无须拱起下背部或做出其他容易使下背部受伤的动作。

过头推举

腿举

本锻炼计划中的最后一个练习是腿举，它几乎涉及下半身的每一个肌群。

涉及的肌肉。腿举可以锻炼整个下半身，特别强调髋部肌肉和臀部肌肉的参与。大腿后侧的腘绳肌和大腿前侧的股四头肌也积极参与，而且该练习在某种程度上还涉及踝关节的旋转，可募集小腿的腓肠肌（小腿肚）并使其承受负荷。市面上有多款腿举机可供选择，腿举角度各不相同。使用任何一款腿举机都可以完成该练习，但是角度越偏离90度（沿直线上下移动），移动的阻力就越小（就像水平推车比向正上方推举车容易得多）。诺德士和迈德士的腿举机则是例外，它们都使用偏置凸轮来适当地改变阻力。

执行练习。腿举机应该预先设置好，以便当你以屈曲或团身的姿势坐在器械上时，大腿尽可能垂直于背垫。髋关节应该屈曲超过90度，而膝关节应该屈曲约90度。

现在慢慢地、平稳地将双腿举出去，到达膝关节接近锁紧的位置。你不会希望膝关节被锁紧，因为这样会在骨对骨的状态下造成肌肉张力的损失。然后慢慢地转换动作方向，屈曲双腿，直到它们回到起始位置。在双腿接近起始位置时，让配重片轻轻地接触配重架，使其几乎没有"撞击声"，然后双腿恢复直腿姿势。双脚的屈曲和伸展动作应流畅、连贯，中间不要停顿。请注意，最好用五指张开的方式握住支撑手柄，因为在腿举这个练习中，过度用力抓握没有任何好处，并且会导致血压水平不必要地升高。

腿举

使用自由重量器械进行的"五大"锻炼

由于不是每个人都可以使用上述固定器械，下面我们介绍使用自由重量器械也可以有效进行的"五大"锻炼。

俯身杠铃划船。屈髋，双手分开，略宽于肩，握住杠铃杆。稍微屈膝，以免拉伤下背部。手臂慢慢向上移动，直到杠铃杆触碰上腹部。在这个位置停顿一下，然后慢慢放下杠铃，回到起始位置。在负荷时间内重复。（注意：负荷时间英文缩写为TUL，是除重复次数外还应使用的一个时间标记值，在介绍完这些练习之后，我们会完整地解释它和重复速度的概念。）

俯身杠铃划船

站姿过头推举。双手分开，略宽于肩，握住杠铃杆，将其向上拉，直到将杠铃杆架在肩部前方，手掌朝前。保持背部挺直，缓慢地将杠铃举过头顶。与俯身杠铃划船不同的是，在这个练习中不要在肌肉完全收缩的位置停顿，因为手臂会被完全锁紧，从而将负荷从肌肉转移到关节结构上。缓慢地将杠铃杆降低至肩部前方。在负荷时间内重复。

站姿过头推举

硬拉。尽可能保持背部挺直，双腿屈曲，就像坐在椅子上一样。双臂在整个练习过程中应保持完全伸直。双手分开，与肩同宽，握住杠铃杆。在握住杠铃杆时可以双手掌心向后，也可以采用"上/下"握法，即其中一只手掌心向后，另一只手掌心向前。然后，利用腿部肌肉的力量，缓慢起身，使自己完全直立。不要在这个位置停顿，而要缓慢地转换动作方向，下蹲，同时尽可能确保背部挺直，抬头，直到杠铃回到起始位置。在负荷时间内重复。

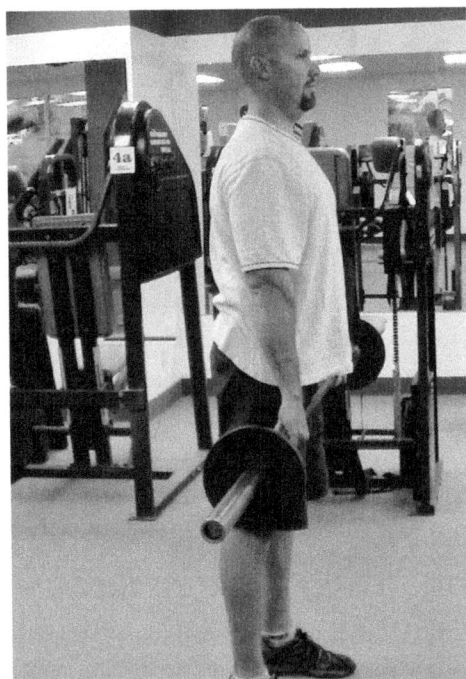

硬拉

卧推。执行此练习需要一个带支撑架（最好是配重架）的平板凳。使用配重架的好处是在调整好安全杆的情况下，当你达到肌肉力竭状态时，你就不会被压在杠铃下面。仰卧，将杠铃从配重架上推起，然后继续将其向上推，直到手臂伸直锁定。不要在这个位置停顿，如果你停顿了，那么就像过头推举那样，负荷将转移到由于锁定手

卧推

臂而产生的骨对骨结构上,而不在负责将杠铃移动到这个位置的肌肉组织上。慢慢放下杠铃,直到它落在配重架的安全杆上,然后再慢慢将其推回至手臂伸直。在负荷时间内重复。

深蹲。 借助杠铃进行深蹲是一个很好的下肢练习,但将杠铃杆放在颈背上会导致颈椎被压迫。此外,身体可能很难达到肌肉力竭状态,因为除非使用配重架或史密斯机(Smith machine),否则达到力竭状态很可能会使受训者被杠铃压住并受伤。

执行此练习时,将配重架的安全销固定在受训者膝盖屈曲大于90度时(动作的最低位置)颈背上的杠铃所在的高度。然后走到杠铃下面,将杠铃放在脖子底部的斜方肌上,而不是直接放在脖子上。慢慢站起来,将杠铃抬起,使其离开托住它的搁置架(在配重架的顶部),并后退一步。双脚分开,与肩同宽,背部挺直。慢慢屈曲膝盖,保持背部挺直,直到肩上的杠铃轻轻触碰你设定好的安全销(对应屈膝90度时杠铃的位置)。轻轻触碰安全销后,再慢慢站起来,直至回到起始位置。在负荷时间内重复。

深蹲

重复速度

我们提倡在这些练习中以较慢的速度执行。科学文献中的数据充分表明,较快的移动速度会减少力量的增长[2]。原因是,在执行速度较快时,帮助重物移动的是惯性,而不是肌纤维的参与[3]。生理学家韦恩·韦斯科特(Wayne Wescott,YMCA力量训练主管)在一项研究中,将25～82岁的受试者分为两组,一组进行慢速训练,另一组进行快速训练。在10周的时间里，在慢速训练组中，受试者的整体力量增加了59%，而快速训练组则增加了39%[4]。

你的目标不是简单地将重物从A点移到B点，而是肌肉力量的消耗或削弱。越有效地让肌肉承受负荷，就能越有效地消耗它的力量。除了增强力量之外，以更可控的节奏进行训练可以显著降低受伤的风险[5]。因此，就正向适应的有效性和为肌肉提供更好的刺激而言，较慢的训练速度会更好。

那么，你应该多慢地举起和放下重物呢？我们建议尽可能缓慢地移动重物，但不应出现动作停顿。节奏有多慢取决于所用器械的力量曲线的准确性、器械中的摩擦力大小及你自然的神经系统效率。有些受训者会发现，他们可以非常平稳地移动重物，并保持15秒上-15秒下的节奏，这很好。另外一些受训者则发现，他们不能使用任何慢于5秒上、5秒下的节奏，否则他们的动作会变得非常不平稳。

我们对动作节奏的经验法则是，无论你采用什么节奏，只要是能让你尽可能缓慢地移动，又不会让你的动作变得断断续续的节奏，就是适合你的节奏。你可能会发现，同一组练习中的节奏也会发生变化。例如，如果所使用的器械给你的感觉是开始动作比较困难但结束动作比较轻松，那么困难的开始动作就是你需要克服的重大障碍或黏滞点。因此，你也许一开始能够按8秒的节奏非常流畅地做动作，但由于黏滞点的存在和一些吃力感的出现，此时你也许只能按6秒或5秒的节奏才能保持动作流畅。所以，训练时请尽可能缓慢地对抗阻力，但不要让动作出现停顿。

负荷时间（TUL）

按照惯例，为了衡量表现并评估进步，在锻炼期间，受训者会专注于计算在给定负荷下所完成的重复次数。我们提倡的做法并不是这样的，而是记录从练习开始到肌肉达到力竭状态所经过的时间。我们将这段时间称为"负荷时间"，也有人称之为"向心力竭时间"或"张力下时间"。无论你选择如何称呼它，你都可以根据它来对锻炼计划进行微调。

例如，如果你最终的平均节奏是10秒上和10秒下，那么在一次重复的条件下，你的肌肉处于负荷状态的时间就是20秒。现在，如果在第一次锻炼中，你有一个练习经过6次重复后达到肌肉力竭状态，在第二次锻炼中也是如此，但是你在第一次锻炼中的负荷时间是1分30秒，而在第二次锻炼中是1分40秒，那么，如果仅仅以重复次数为判断标准，那10秒时间所展示的力量增强就被忽视了。负荷时间可以使受训者看到很容易被忽视的较小的进步，从而帮助受训者更精确地对负荷重量进行微调。

呼吸

在执行每个练习的整个过程中都应该连续和自然地呼吸，并且呼吸时应该张开嘴巴。随着练习变得更加困难，乳酸开始在肌肉中堆积，从而导致肌肉产生"灼热"感，此时你应该刻意加快呼吸或过度换气。这种做法将帮助你避免屏住呼吸并采用瓦氏呼吸法（Valsalva）（在用力时屏住呼吸，从技术上讲，该动作会促使你关闭声门或声带，或者将一口气吸入胸腔，使吸入的气体用力顶胸腔）。我们不希望你屏住呼吸并采用瓦氏呼吸法，原因如下。

1. 它会不必要地升高血压。
2. 它会增加静脉循环过程中的血管内压力。
3. 它会增加胸腔内的压力，从而减少回流到心脏的静脉血。
4. 在肌肉里，它可以提供内部力学辅助，这就是为什么力量举运动员在拼尽全力创造纪录时会屏住呼吸。然而，这样做不利于实现使肌肉疲劳和消耗肌肉力量的目标，因为本质上它会缩短练习过程。因此，这不仅是一件有潜在危险的事情，而且与我们正在努力实现的目标背道而驰。

肌肉生长

肌肉的正向适应性变化的刺激因素有很多。显然，心血管是一个很重要的组成部分，因为心肺系统为肌肉的机械功能服务。因此，肌肉工作的强度越高，对心血管和呼吸系统的刺激程度就越高。高强度的肌肉工作还会积累大量的代谢副产物，因为乳酸等代谢废物的积累速度超过了身体清除代谢废物的速度。在这样的环境中，某些生长因子被释放，肌肉生长的第一阶段受到刺激[6]。负荷也是这个过程的一个刺激因素。承受较重的负荷会导致轻微的细胞损伤，从而促使肌肉启动适应机制，而且这对于刺激肌肉生长和骨骼矿物质密度增加似乎至关重要[7]。

当采用消耗或削弱肌肉力量的机制时，所有这些因素都会促进刺激过程。高强度的肌肉工作是促使肌肉产生正向适应性变化的强大刺激，而在此过程中肌肉的力量会被削弱[8]。对于所有受训者来说，了解上述过程从而对自己在努力实现的目标有一个正确、充分的理解是至关重要的。图4.2对于解释这个过程很有帮助。

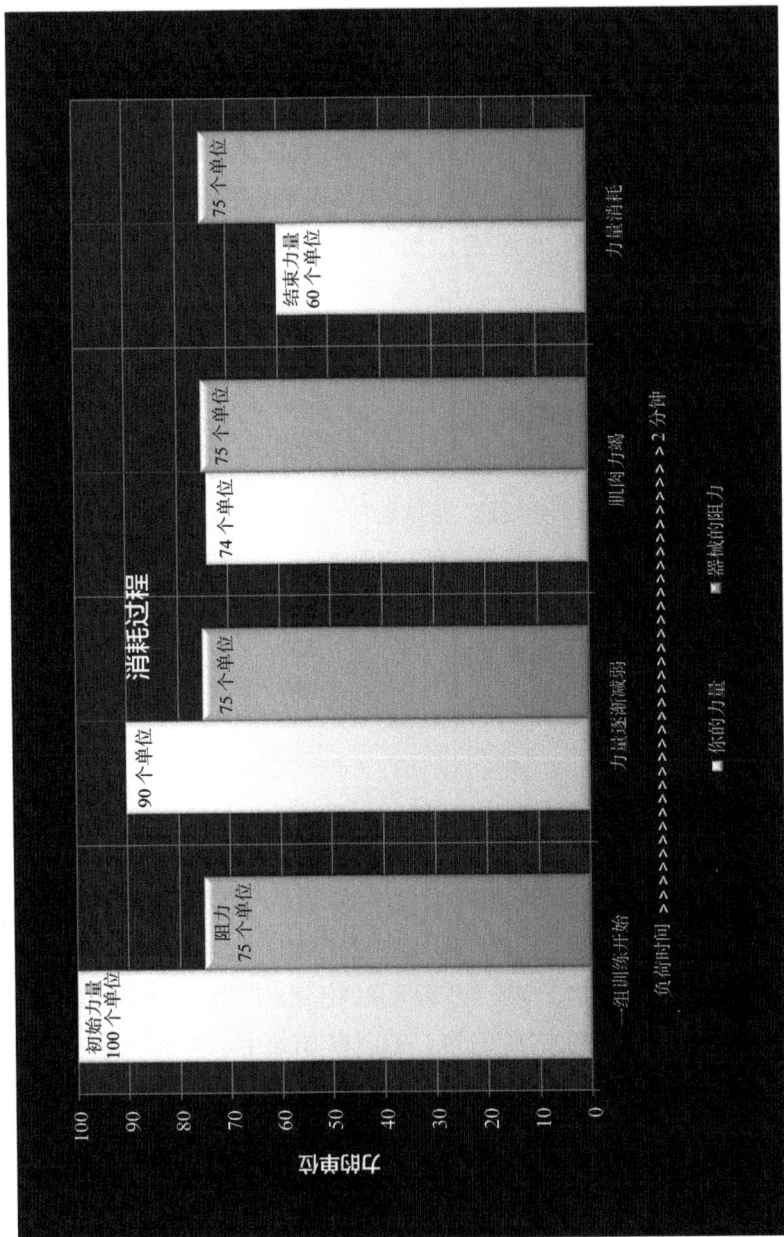

图 4.2

此图说明了你在执行一组练习时力量所发生的变化。x 轴表示时间，y 轴表示力的单位。灰色竖条表示器械的阻力，其稳定在 75 个单位；白色竖条表示你的力量，其不断减弱

在一组练习开始时，你的力量还未使用，我们将其看作 100 个单位的力。但是，你不会选择 100 个单位的阻力，而是选择 75 个单位来对抗自己的力量。为了消耗力量，肌肉所承受的阻力必须是有意义的，即阻力为起始力量的 75%~80%。如果你选择的阻力太小，肌肉恢复的速度会比疲劳的速度更快，因此不会消耗力量。此外，应使用慢速训练方案，继续重复练习，上下移动负荷。（假设器械的凸轮轮廓正确且摩擦力小，我们通常会让你在正向动作即举起阶段使用器械 10 秒，在负向动作即放下阶段使用器械 10 秒。）这种较慢的提升速度消除了惯性的影响，提高了安全性，并让肌肉在训练过程中持续承受负荷。

每过一秒，你的力量都会减弱一点儿，你的疲劳率和肌纤维参与率会上升。最初 100 个单位的力量现在已经损失了一部分，但你的力量仍然比你正在举起和放下的 75 个单位的阻力大。你会感觉到自己越来越难完成一次重复。身体本能地不喜欢这么快疲劳，并且你已经开始收到负面反馈，这通常表现为强烈希望停止运动。尽管如此，你还是要坚持下去，努力保持肌肉继续承受负荷并提高专注力，以免姿势变形，从而使肌肉承受的负荷变轻。随着难度上升，你在感觉到自己即将达到肌肉力竭状态时可能会变得焦虑（这种焦虑是正常反应）。

此时你将开始真正感到吃力，教练应该帮助你保持专注，鼓励你在练习过程中不要尝试加速、休息或停顿，这些做法都会减轻肌肉承受的负荷并为你提供休息的机会，这与你正在努力达到的效果恰恰相反。如果没有人监督你，你很可能在此时就放弃了，但我们鼓励你再试着重复一次。最后一次正向重复会非常困难，你可能需要 15 秒、20 秒，甚至 30 秒才能完成。当你慢慢开始做反向动作并使重物下降时，阻力开始超过你的力量。之后，你尝试再来一次正向的重复，但重物没有移动。你的教练现在告诉你，在他数到 10 之前，你仍要尝试收缩肌肉以对抗阻力（重物仍然不动）。你的疲劳率现在正在迅速上升，你的力量已远小于阻力水平，并且还在继续减弱。在教练数到 10 的时候，你卸下重物。当这一组练习完成时，你的力量已经减少到开始练习前的 60%，即消耗了 40%。

整个过程持续了大约 2 分钟，但在这段时间里，你的力量减弱了 40%。这种情况让你的身体感受到了严重的"威胁"，因为它没有意识到你只是在健身房里让重物上下移动。它可能认为你正在和一头美洲狮进行殊死搏斗。对身体来说，这是一次深刻的代谢体验，在体验结束时，它无法动弹。移动能力是一种保留下来的生物功能：如果你无法移动，你就无法获得食物或成为他人的食物。因此，无法动弹的体验代表了一种深刻的刺激，如果有足够的时间，身体会对此做出反应，扩大其力量储备，以便在下一次遇到这种刺激时能更好地应对。当然，既然你理解了这个过程，那么你在下一次练习时会使用稍微大一点的阻力来刺激身体产生新一轮的代谢适应。

请记住，当你在此过程中感到疲劳，并且力量减弱时，你会感觉到自己的力量已不足以应对所使用的阻力。你会近乎本能地产生一种恐慌感，一种你没有足够的力量来应对你所承受的阻力的感觉。这就是该组练习中的决定"成败"的关键点。如果你明白自己的目标是达到深度的肌肉疲劳，你就可以克服试图逃跑的本能。在这种情况下，逃跑的形式就是过早停止，或者试图晃动和猛推重物，以暂时摆脱负荷。

我们告诉受训者，"我们不在乎重物的移动是否受阻，也不在乎它是否停止移动。你只需要一直使用开始时的方式继续推，如果它停止移动，不要惊慌，继续推。最后是否能完成这一次重复并不重要。"达到上述程度的疲劳是违背本能的事情，并且你必须让理智超越本能才能做到，了解这一点至关重要。对你来说，最重要的是要掌握该过程的特性。为了让体力活动成为有效促进改变的刺激，我们要明白在练习中感到有点焦虑或恐慌是正常的，理解这一点确实是很有帮助的。毕竟，练习的目的并不是让重物上下移动，而是实现力量的深度消耗，让自己达到不能再移动重物但仍然继续尝试的地步。如果有这种程度的理解，你就能够克服本能，否则本能会阻止你刺激身体产生正向的适应性反应。

肌肉力竭

一个合乎逻辑的问题出现了：初学者应该以哪个疲劳点为目标？是不能再完成下一次重复的点？还是只是让你感到不舒服的点（至少在最初的几次锻炼中）？根据我们的经验，大多数受训者，即使是初学者，也应该从一开始就尝试到达正向失败的点。如果你发现自己错误判断了应该使用的阻力，并且练习时间过长（超过90秒），那么你可以继续练习到正向的失败出现，并将阻力增大5% ～ 10%（或增加任何必要的数量），以使负荷时间保持在90秒以内。

诚然，有一些受训者习惯了久坐不动的生活方式，因此不习惯让自己竭尽全力。对他们来说，消耗肌肉力量的概念完全是陌生的，以至于有时他们会在达到正向失败的程度之前就结束练习。在这种情况下，我们可以在最初一两次锻炼中将他们的自主停止点作为"正向失败"的实验性定义，直到他们提高了技能并且更能忍耐使其能够达到真正的肌肉力竭状态的劳累性不适。如果受训者有能力，我们会让他们从一开始就练习到肌肉力竭。

很多时候，肌肉力竭点将取决于受训者当前的运动能力和对劳累性不适的忍耐度。一旦受训者适应了这种情况，我们就会鼓励其练习至短暂肌肉力竭（正向的失败）的程度。我们相信这样做是安全的，因为受训者可以让自己达到的劳累水平在很大程度上受限于其当前的运动能力,并且这种劳累永远不会超过其承受能力。

频率

体能相对较好并且能达到真正的肌肉力竭状态的受训者应该每7天进行1次"五大"锻炼。当然,恢复时间需要根据个人在初次锻炼时的强度水平和基线肌肉质量水平来确定。对于一位身材娇小、体重为100磅的女性来说,如果她的强度水平由她对不适的忍耐度决定,那么她可以轻松地每周锻炼2次而不必担心过度训练。类似地,一位运动能力相对较强、体重为170磅且能够达到真正的肌肉力竭状态的年轻男性,可能只需要每7 ~ 10天锻炼1次。即使是那位体重为100磅的女性,随着身体变得更强壮,最终也必须增加恢复时间,直到每周只锻炼1次或采用更低的锻炼频率。

是否采用7天恢复时间取决于一个人所做的绝对机械工作:重量是否有意义?代谢成本高不高?有些人最初无法完成足够的机械工作,以至于他们没必要采用7天的时间来恢复,他们开始时可能会从频率稍高一点的锻炼中受益,但除此之外,如果一切正常,每7天锻炼1次是一个很好的起始频率。

如果你每件事都做到位(足够努力,将锻炼量保持在身体可以充分恢复的范围内,并正确跟踪自己的表现),你使用的阻力应该循序渐进地增大,并且在阻力增大的情况下,你在每次锻炼中的负荷时间应该得以保持或延长。一旦这种情况不再继续发生,并且你开始难以增大阻力,这就是你需要开始增加恢复时间的早期标志,因为你的身体现在已经积累了足够的力量,所产生的工作量让你难以按原来的频率完成恢复。

根据我们的观察,总体来说,来到私人训练机构的人希望开始一项训练计划并形成一项日程。如果你让他们足够频繁地进行这项日程,他们就会习惯于"今天的这个时段我有一项日程,这是我锻炼的时间",从而建立起长期的依从性。在大多数商业健身房中,绝大多数会员在不到12周的时间内就会离开,而在我们的机构中,受训者一般会坚持4 ~ 7年,其中一些人已经坚持了10年,因为可管理的锻炼量、频率和规律性提高了他们的依从性,而这种规律已成为他们生活中一个使人愉快的组成部分。

练习之间的休息期

我们鼓励受训者在结束一个练习后快速开始下一个练习。他们更换并调整器械所需的时间通常是30 ~ 60秒。通过快速继续下一个练习可以获得代谢调节的好处:当你的代谢副产物开始积累时,你可以对抗的阻力会减小,你在锻炼中可以达到的力量相对消耗程度会上升。

理想情况下,你应该在每个练习后快速开始下一个练习,以使自己气喘吁吁,甚至不想与教练或伙伴继续讲话。开始下一个练习的速度应快至能够让你产生相当深刻的代谢效应。但这个速度不应该过快,以免感到头晕或恶心;也不应该慢至让你的力量完全恢复,以至于你在每组练习中的表现都与第一组相近。

锻炼记录

锻炼记录表应标准化,应该有不同的空格用于记录锻炼日期、锻炼时间、执行的练习、使用多大的阻力、座椅位置(如果适用)和使用的节奏(或负荷时间)。最好也记录从第一个练习开始到在计划中最后一个练习中达到肌肉力竭状态时的时间。

如果你在跟踪负荷时间,你就会发现记录总负荷时间与锻炼所用时间之间的差异也很有帮助,这样可以保持相当恒定的休息时间。首先记录锻炼所用时间,然后将锻炼中的所有负荷时间相加,并用前者减去后者,计算结果将等于当次锻炼的总休息时间。该结果不应大幅度增加。例如,如果锻炼记录显示你有很大的进步,但是当你用锻炼所用时间减去总负荷时间后,你发现当次锻炼的总休息时间增加了5分钟,那么也许你的表现并没有如想象中的提高那么多。

何时更改计划

我们建议在4 ~ 12周的时间内继续执行该计划,具体时间取决于你的进阶情况。如果你发现自己的进步放缓,那么我们建议你将计划缩减为一个上半身拉类练习、一个上半身推类练习和一个腿举练习。或者,你可以选择进行"三大"锻炼中的一个练习(选择下拉、胸推和腿举中的一个;你如果使用自由重量,则可以选择俯身杠铃划船、卧推和深蹲中的一个),再加上两个配合练习。这两个配合练习可以是动作幅度较小的旋转类动作,因为它们对恢复影响较小。如果你不会对只做3个练习产生任何焦虑情绪,那么可以直接将包含5个练习的锻炼计划更改为只包含3个练习的锻炼计划,其中应包括上半身推、拉类练习和腿举练习。

这样的锻炼计划将有效地刺激所有的主要肌肉。它不会包含几十个极耗时间的练习,只专注于全方位增强身体力量的最佳练习。如果你需要省时且高效地锻炼,我们发现这是最有效的计划。它提供的刺激能帮助受训者在健康和体能方面均获得显著且有意义的效果。

5

有效锻炼计划的好处

经设计好的有效锻炼计划究竟可以帮助你完成什么目标呢？答案很简单，如果你对计划的执行得当，有效锻炼计划就能帮助你增肌，你的身体能获得的最终收益是多方面的。

支持增加肌肉组织的代谢子系统不仅能使肌肉变大，还能增强肌肉的功能性能力。实现肌肉潜力有助于优化代谢系统或"支持系统"的潜力。肌肉组织可以帮助你清理废物、提高血液含氧量、控制胰岛素水平、优化骨矿物质密度、提高代谢率、降低体脂水平、增强柔韧性和减少受伤机会，同时让你能够在执行日常任务时承受更少的磨损和更小的压力。所有这些健康益处都来自肌肉的建立和强化。

肌肉质量的增加使你的健康状况能够从目前的水平提升到你的遗传潜力所对应的水平。你的健康状况越接近自己的遗传潜力所对应的水平，你就可以享受越多的健康益处。但是，相对于目前的肌肉潜力，个体的健康水平只能低于、等于或略高于基线。"超级健康"是不存在的，基因不同的两个人没有机会体验到对方的体能或健康水平。然而，对于健康水平低于基线的人来说，实现自己的肌肉潜力（可能略高于基线）可能代表着原本沮丧、痛苦和慢性焦虑的沉闷生活转变为愉快、选择自由、压力小、没有痛苦的生活。正确执行的锻炼就是帮助你更接近这种潜力的工具。

43 岁的维·弗格森（Vee Ferguson）是博·雷利教练的高强度训练客户。在 3 年的训练过程中，他每 7 天进行 1 次锻炼，每次执行 4 或 5 个练习，他减掉了 70 多磅的体脂

当我们说适当的锻炼可以增强柔韧性、心血管功能和力量时，我们实际上是在说它可以让你的这些功能性能力达到你的潜力水平，从而优化肌肉的各种支持系统的工作。考虑到这一目标，本章会介绍适当的锻炼将以何种方式优化健康人体的不同组成部分。

增加肌肉量可以挽救你的生命

医学文献肯定了增加肌肉量在危及生命的情况下的绝对有利作用。力量训练的许多有益效果来自这样一个事实，即身体器官的功能性能力会随着肌肉量的增加而提高。举个例子，如果你遭遇严重的交通事故，不得不住进重症监护室，你所有器官萎缩的"起点"在很大程度上取决于你的肌肉量。换句话说，你多长时间才会面临多系统器官衰竭和死亡与你的肌肉量直接相关，因为器官的重量与你的肌肉量成正比。

通过高强度训练提升生活质量

我的一位同事患有严重的肺气肿。一天晚上，他被带到医院的急诊室，我正在那里值班。尽管他呼吸衰竭，但他不想使用呼吸机。作为同事和朋友，我陪着他坐下来，并说："看，如果我们不给你使用呼吸机，你就会死，而且你今晚就会死。我知道你不想使用呼吸机，也知道你担心连续受苦数周，终日靠机器维持生命，最终还是会

死去，但如果你能渡过这一难关，我认为你还可以享受很多年的高质量生活。"

他不情愿地同意了，有一段时间，我为说服他这样做而感到难过，因为他确实使用了两周的呼吸机，而且当他最终摆脱呼吸机时，由于肺气肿，他大部分时间都需要在轮椅上度过。他可以在自己家里走一小段路，天气好的时候，也可以出门走到邮箱旁或车道上取报纸，但他的身体状况很差，而且越来越糟。

然而，出乎意料地，他决定来我的训练机构。他说他想锻炼，所以我让他进行由下拉、胸推和腿举组成的"三大"锻炼。这个训练计划使他的力量逐渐增强。随着他肌肉力量的增加，他完成一定强度的肌肉运动所需的呼吸支持量开始下降——因为他更强壮了。他每周锻炼一次，我们对他的训练使他的力量增加了一倍。结果，在他需要肌肉来执行工作时，对于以前要募集所有可用运动单位并让他筋疲力尽的工作，他现在只需要募集一半的运动单位就可以完成。他的心脏和肺部现在只需要支持相当于以前一半的运动单位的工作，因此呼吸系统的工作量大大减少。

我的同事那天晚上没有死在急诊室里，而是又活了 6 年，经过锻炼，他过着功能齐全、可以走动的生活，再也不需要轮椅了。他后来与妻子乘坐邮轮环游世界，不是一次，而是两次，而且他不必带着轮椅上船。尽管那天晚上他几乎快要死了，但他后来还能够看到所有的风景，体验其他人经历的所有冒险，这都是因为他更强壮了。

肌肉是人体最丰富的线粒体来源，线粒体是所有细胞中的产氧场所。肌肉绝对是你最有机会产生代谢适应的地方，而通过适当的力量训练增加身体的肌肉量会带来更多这样的机会。

————道格·麦高夫

- -

力量

帮助肌肉变大的锻炼也会使它们更有力。当你更加强壮时，你就能更轻松、自如地完成你在日常生活中必须做的任何体力活动。拥有更强大的力量会有益于你执行所有的活动，它不仅能使你更轻松地完成所有任务，还能拓宽你可以做的事情的范围。

我们的大多数客户在镜子中看到自己的变化之前就注意到的第一件事是，他们现在能够完成一些以前无法完成的事情。例如，一位中年女士说："我在杂货店里用一只手就拎起了一袋50磅重的狗粮，并将它从购物车中拎到了我的汽车后备厢里。然后我突然意识到'天啊！我刚刚做了什么？'。"类似地，有些人会报告他们在日常活动中每天都有所进步，例如整理花园、清洁、维修房屋，甚至仅仅是爬楼梯。一位和我们一起训练的绅士住在一个漂亮的湖边，他喜欢划船，但他要走两段楼梯才能到达码头。为了给他的船加油，他必须提着两个沉重的油箱走下楼梯，而且以往他在第一段楼梯后就不得不停下来休息。在开始力量训练后不久，他就能够一路走到他的船上，中间无须停下来，也不会感到疲倦或吃力。

胃肠道转运速度

胃肠道转运速度过慢与患结肠癌的风险增加有一定关联，此外，已有数据证明在仅仅3个月的力量训练后，胃肠道转运速度加快了56%[1]。因此，肌肉量增多有助于提升胃肠道转运速度，从而降低患结肠癌的风险。

静息代谢

肌肉是代谢活动非常活跃的组织。随着年龄的增长，肌肉的任何损失都会导致人体能量需求减少和静息代谢率降低。如果没有进行适当的力量训练，静息代谢率将每10年下降2%～5%[2]。在塔夫茨大学进行的一项研究中，大学四年级学生参加了为期12周的基本力量训练，结果受试者的肌肉重量平均增加了3磅，体脂重量平均减少了4磅，静息代谢率平均上升了7%，这相当于他们每天会多消耗108千卡的热量，即每周多消耗756千卡的热量。这项研究的结果表明，每增加1磅肌肉，身体每天多消耗至少35千卡的热量。即使受试者处于静息状态，新增加的肌肉也会消耗更多热量。相比之下，身体每天需要大约2千卡的热量就能维持1磅脂肪[3]。

提升葡萄糖代谢能力

高效代谢葡萄糖的能力对健康至关重要。糖尿病与葡萄糖代谢不良有关，力量训练已被证明可以改善这种情况，受试者仅经过 4 个月的力量训练，其葡萄糖消耗量就增加了23%[4]。

恢复胰岛素敏感性

　　人类需要进行周期性的高强度肌肉运动。如果没有这种运动，从肌肉中排出的糖原数量就无法达到任何有意义的水平。当身体处于上述状态时，再加上日常摄入的大量精制碳水化合物，它们分解产生的葡萄糖就会达到无法再储存在肌肉中的水平。因为只有很少的快速糖酵解型肌纤维被利用，肌肉中的糖原储存量已达到极限。因此，葡萄糖开始在血液中堆积，身体的胰岛素水平上升。因为葡萄糖不能进入肌纤维，所以这些细胞表面的受体对胰岛素变得不敏感。然后身体会产生更多胰岛素，从而形成大量的循环葡萄糖和大量的循环胰岛素。葡萄糖会被输送到肝脏，而肝脏内的胰岛素水平很高，这使得葡萄糖与甘油三酯结合。未来摄入的所有碳水化合物都只能用于脂肪储存。

　　在肌纤维对胰岛素变得不敏感之后的很长一段时间内，脂肪细胞仍然对胰岛素敏感。因此，一个人如果没有进行高强度的肌肉运动，其体内会有大量的甘油三酯，这些甘油三酯会转移到脂肪细胞中，最终以体脂的形式储存下来。

　　扭转这一过程的最重要的方法之一是进行强度足够大的肌肉运动，以充分利用糖原储存量最大的高序位肌纤维。这种情况会导致肾上腺素的释放，从而产生级联放大效应，将大量糖原从细胞中释放出来。糖原被储存在肌肉中的原因是要在会引发战斗或逃跑反应的紧急情况下供储存其的肌肉使用。高强度的肌肉运动以一种其他形式的体力活动无法比拟的方式触发肾上腺素的释放，将数万个糖原分子从细胞中释放出来，供肌肉组织立即使用。这个过程为糖原进入肌纤维创造了机会。

　　现在，之前在血液中堆积的葡萄糖可以转移到肌纤维中，肌纤维上的胰岛素受体可以开始运作并变得更加敏感。随着它们对胰岛素变得更加敏感，血液中的葡萄糖水平会下降，同时血液中的胰岛素水平也会下降。

释放存储的体脂

　　减少体脂是适当的力量训练为受训者提供的另一个好处，原因如下。首先，肌肉量的增加会提高身体的静息代谢率，因此身体在 24 小时内会消耗更多的热量。其次，身体在力量训练中会消耗热量，并且在力量训练结束之后会以更快的速度消耗热量，因为此时身体需要补充之前耗尽的能量储备并修复受损的组织。最后，如前所述，当肌肉排空自身的糖原时，葡萄糖会从血液进入肌肉，从而降低血液中的胰岛素水平。当这种情况发生时，肝脏和血液循环中的甘油三酯量就会下降。而胰岛素水平降低，意味着体脂的合成量会减少。最后一部分是一个双向过程，几乎不受热量平衡的影响。这也就是为什么当病态肥胖的人采用低热量饮食但不进行高强度运动，并且其碳水化合物的摄入量限制不足以影响其胰岛素水平时，他们**根本不可能**减掉体脂。

负责动员体脂的物质是激素敏感性脂肪酶，它对肾上腺素和胰岛素特别敏感。遇到肾上腺素时，激素敏感性脂肪酶会将脂肪酸动员出脂肪细胞，以提供紧急情况下所需的能量，但胰岛素会抑制激素敏感性脂肪酶的作用。当你执行高强度力量训练时，肾上腺素的刺激会导致激素敏感性脂肪酶产生级联放大效应，将脂肪细胞中的脂肪酸释放出来，从而开始脂肪动员过程。无论热量平衡如何，这种结果都是高强度运动本身的红利。

调节胆固醇水平

高强度力量训练已被证明对调节胆固醇水平有积极影响[5]。在很大程度上，胰岛素在这个过程中也发挥了作用，因为它是一种促炎激素，与高水平的葡萄糖结合，会对人体组织造成更多的氧化损伤。一种广泛的炎症状态因此而形成，其标志就是血管壁上的大量炎症。胆固醇在人体内广泛存在，血管壁出现炎症时，就需要胆固醇来修复。

低密度脂蛋白（LDL）和*高密度脂蛋白*（HDL）主要是指携带胆固醇和蛋白质的比例不同、整体密度不同的脂蛋白。要了解这两种脂蛋白是如何运作的，我们必须探讨血液是如何流动的。血管中央部分的血液流速略高于其边缘部分的血液流速。就像河流中央的树叶往往会漂到河流两边一样，血液中密度较低的代谢物往往也是这样移动的。因此，当身体需要将胆固醇排到血管壁以修复发炎区域时，它会部署低密度脂蛋白胆固醇。

如果身体需要将胆固醇带回肝脏进行处理，最好通过中央循环来完成，这样它就不会粘在血管壁上。因此，在这种情况下要部署高密度脂蛋白胆固醇将所有循环胰岛素带入中央循环，以将其处理成其他元素，包括合成激素。在这种情况下，身体需要高密度脂蛋白来携带胆固醇通过血管的中央部分。因此，高密度脂蛋白与低密度脂蛋白的比率在很大程度上是全身炎症状态的间接标志。恢复胰岛素敏感性会使这种全身炎症状态得以缓解，从而普遍减轻血管壁的炎症，因此利用低密度脂蛋白运输胆固醇的需求也会减少。

从这个角度来看，高胆固醇水平实际上是心血管疾病的一种症状，而不是其原因。由于不了解这个事实，很多人试图通过服用药物降低其低密度脂蛋白胆固醇水平。试图通过药物控制使胆固醇水平升高的酶，类似于用绳子打台球。应通过缓解潜在的细胞炎症来从根本上解决胆固醇水平升高的问题，即缓解潜在的细胞炎症，使产生低密度脂蛋白的刺激更弱，产生高密度脂蛋白的刺激更强。这些物质的水平基本上是全身炎症状态的间接标志或下游效应，在很大程度上与体内循环葡萄糖和循环胰岛素的量有关。

当然，饮食也起着重要作用。控制饮食是代谢综合征的整个治疗过程的第一步。狩猎采集型饮食中的碳水化合物相对较少，且导致葡萄糖和胰岛素水平出现高峰值的精制碳水化合物极少，这种饮食方式会对这些参数产生深远的影响。这种效果源于你偏向胰高血糖素多于胰岛素，但仅靠控制饮食是不够的，因为胰高血糖素的工作采用非放大机制，即一个胰高血糖素分子只影响一个葡萄糖分子。

真正的补救方法是高强度运动。只有它对胰岛素敏感性有显著影响，因为它导致的级联放大效应会积极地将糖原从肌肉中排出，从而使身体必须增强胰岛素敏感性。你必须以足够大的强度进行锻炼，以促使快速糖酵解型肌纤维清空其糖原储备。仅靠控制饮食、在跑步机上行走或稳态慢跑都无法做到这一点，这是因为采取以上措施后，对于任何给定的葡萄糖摄入量，身体为调控葡萄糖代谢而必须分泌的胰岛素量还是远远不够。

降低血压

血压升高是许多中年人日益关注的健康问题。长期以来，人们一直认为，患有高血压的人可能无法承受力量训练所涉及的运动量。然而，医学文献表明，在轻度高血压成人患者中，正确执行力量训练可以降低其静息血压，而不会带来使其血压升高至危险水平的风险[6]。

增加骨矿物质密度

医学文献中有不少数据表明，力量训练可以显著增加骨矿物质密度[7]。适当的力量训练不仅会让你变得更强壮，还有助于保护你不会像骨质疏松症患者那样因跌倒而出现各种骨折。此外，万一你经历了可怕的跌倒，如果你很强壮并且肌肉量很大，那么大量的肌肉就会充当一张力量缓冲垫来保护你的骨骼。因此，适当的力量训练可以成为一种有效的锻炼方式，对于老年人尤其如此。慢跑、步行、打高尔夫球等锻炼所提供的有意义的负荷并不足以使身体长出更多的保护性肌肉，轻量级的锻炼亦是如此。在一项研究中，56 名受试者被随机分配为接受重负荷训练和轻负荷训练两组，只有在较重负荷下进行力量训练的组获得了骨矿物质密度增加的效果[8]。

虽然力量训练可能是对抗骨质疏松症的有益活动，但也有一些研究表明随着年龄的增长而出现的骨矿物质密度损失完全是激素介导的特征，因此可能不受运动的影响。即便如此，如果你能适当地增强肌肉力量，那么这些关键区域的实际骨矿物质密度的下降将几乎不会对你的生活产生负面影响。因为如果骨骼周围的支撑性肌肉组织足够强壮，即使骨矿物质密度大量损失，这种情况也不会带来太严重的后果。证据来自美国的耶鲁大学医学院和日本的北海道医学院进行的一项联合研究，该研究的主导者马诺哈尔·帕贾比（Manohar Pahjabi）得出的结论如下。

> 没有肌肉组织的人体脊柱无法承受施加于其上的生理负荷。实验表明，从新尸体上取下脊柱的第一胸椎到骶骨段，将骶骨固定在测试台上，使该段脊柱处于自然中立位，不超过 20 牛的负荷就快要使其变得弯曲且不稳定。因此，脊柱必须靠肌肉来稳定，以便执行正常的生理功能[9]。

阿瑟·琼斯花了数年时间研究下背部的力学机制和肌肉组织，证实了这一结论，他声称没有肌肉组织支撑的 20 岁人类脊柱会在相当于一罐汽水的重量下折断。因此，许多髋部骨折可能是因为其周围的支撑性肌肉组织力量太弱而无法发挥其减震功能，从而无法有效地分散导致骨折的作用力。

缓解关节炎的症状

针对关节炎患者的力量训练研究表明，力量训练可以缓解骨关节炎和类风湿性关节炎带来的不适[10]。在一项研究中，研究人员得出结论："高强度的力量训练在某些病情控制良好的类风湿性关节炎患者中是可行且安全的，可明显增强其力量，改善疼痛和疲劳状况，而不会加重病情[11]。"

缓解下背部疼痛

在当代社会更常见的一种情况是下背部疼痛。幸运的是，大量医学证据表明，如果力量训练计划中包含直接针对腰部肌肉的练习，那么正确执行该练习将有助于缓解下背部不适并增强腰部肌肉的力量。在一项涉及根性或牵涉性腿痛患者的研究中，超过一半的受试者对力量训练的反应与孤立性下背部疼痛患者对力量训练的反应一样好。这项研究对我们很有意义，因为这些患者在颈背部医师诊所（PNBC）接受治疗之前，平均看过3名医生，并且尝试过的6种不同的治疗方案均告失败。在PNBC完成治疗的患者在出院后一年内的再就医率比在其他地方接受治疗的病情相近的对照组患者低67%[12]。

在PNBC与加州大学圣迭戈分校的一项仅要求患者进行力量训练的联合研究中，病情相近的脊柱患者获得了类似的优异治疗效果。此外，两个机构的再就医率均大幅降低到几乎相同的水平，这进一步验证了他们上述研究的成果。在完成力量训练治疗后的一年中，只有12%的PNBC患者因脊柱问题需要重新接受治疗[13]。此外，还有一项研究对下背部不适的患者进行了为期12周的下背部肌肉专项力量训练，该研究发现，经过力量训练，这些患者的下背部不适感明显减轻[14]。

增强柔韧性

在大多数情况下，人们认为柔韧性是体能三脚架的第三条腿，另外两条是心血管刺激和力量建设。虽然增强柔韧性是有必要的，但你不必经常拉伸也可以安全地增强柔韧性。很多人误认为只有拉伸才能增强柔韧性，一些健身权威人士也不例外。你想要的并不是*增强*柔韧性，而是*提升*柔韧性。这个目标是通过在肌肉的安全活动范围的极限处对抗阻力实现的。

在对执行力量训练计划的青少年进行的一项研究中，研究人员得出结论，接受过力量训练的受试者改善其活动范围的能力强于对照组[15]。在另一项研究中，48名受试者利用诺德士的器械进行了为期 8 周的力量训练，并且没有进行任何拉伸练习，结果其髋部柔韧性测试的结果增加了 2.5 英寸，同时其肌肉力量增强了 50%[16]。

在制订适当的力量训练计划时，所选练习应与肌肉和关节功能匹配，并且在从完全屈曲到完全伸展的全过程中施加阻力。适当的力量训练包括在肌肉（或肌群）的安全活动范围的极限处施加作用力。对于某些关节，增强柔韧性可能意味着扩大其活动范围；但对于另一些关节，增强柔韧性实际上可能会导致该关节的活动范围缩小。例如，肩关节出现的大多数问题不是因为柔韧性不足，而是因为柔韧性过强。增强包围肩关节的肩袖肌群及三角肌的力量和尺寸可能会缩小肩关节的活动范围，但在某种程度上，这有助于保护肩关节。因此，在全活动范围内进行适当的力量训练应该（并且可能）就是足以增强柔韧性的手段。拉伸运动不会增强柔韧性，相反，它要么会导致一种足量状态，即肌肉出现拉扯感，因为你将肌肉置于无法收缩的境地（如在跨栏拉伸时股四头肌的状态）；要么实际上是试图通过结缔组织将关节拉开，但这不是健康的做法。

虽然许多人可能会怀念年轻的日子，认为自己当时"更柔韧"，因为可以"完成标准的劈叉"，但这种观点背后的逻辑是错误的。我们不再能够完成年轻时可以做到的令人印象深刻的动作是因为髋关节囊已经成熟，我们的股骨（大腿骨）变得更大了。由于骨骼更大，髋关节囊的运动潜力现在会受到更多限制，因为它要容纳成人尺寸的骨骼。请注意，随着年龄的增长，许多疯狂拉伸的武术家也无法避免髋关节置换术和膝关节置换术，这是他们试图迫使其关节进入脆弱位置的直接后果。同样，运动队的孩子们被教练告知要一直拉伸，结果许多人拉伤了腹股沟肌肉。

成年人通常认为自己失去了柔韧性，但其实他们失去的是功能性能力。如果他们尝试进行标准劈叉，他们不会因此变得更强壮，但是他们通过练习可能会提高完成此动作的能力，但同时也会对关节造成损伤，才能让关节达到可以完成标准劈叉的那种松弛程度。就增强柔韧性而言，这样做既不可取，也没有必要。

刺激心血管

几乎每一项评估适当的力量训练对心血管的影响的研究都得出了同样的结论：力量训练至少与传统的训练（如跑步或其他稳态活动）的影响相当[17]。这是有道理的，因为有氧系统是全天候运作的，而不仅仅是在你参加每周的有氧运动课程时才工作。每当肌肉要完成困难的工作时，有氧系统的参与度就会更高。

心血管系统的作用是提供肌肉所需的某些营养素，并帮助清除因摄入和利用这些营养素所产生的废物。心血管健康状况经常与有氧体能相混淆，但后者总是与特定活动相关，例如跑步或骑固定自行车。相比之下，心血管健康状况应等同于心脏、肺和血液满足肌肉需求的能力。根据大量研究，心血管系统可从力量训练中受到强烈刺激并获得好处。

力量训练：最佳锻炼方式

查阅相关文献可发现，力量训练可能是对心血管系统的最佳锻炼方式。毕竟，影响心血管系统的唯一方法就是让肌肉执行机械工作。肌肉锻炼的强度和质量越高，对必须支持肌肉锻炼的系统的影响才越大。从生物学角度来看，运动是一种作用于身体的刺激，如果刺激足够强烈，并且身体有可用资源（休息时间和营养），它将产生适应性反应。因此，增强刺激将使身体产生更明显且保留完好的适应性反应。

我们是怎么知道力量训练会产生强烈的心血管效应的？一个常见的误解是较大的肌肉张力会增大外周血管受到的阻力并使静脉血滞留，从而抑制静脉回流。然后，这些假定的效应会降低心输出量。这个理论并不合理。静脉回流在很大程度上依赖肌肉收缩来使血液向身体中心流动（参见图5.1）。有力的肌肉收缩只会增强而不会抑制静脉回流。此外，剧烈运动期间释放的儿茶酚胺会导致肠道血管收缩，但会刺激肌肉血管舒张，其最终效果是减小外周血管阻力。外周血管阻力减小与静脉回流增加相结合，可提高心输出量。此外，更大的舒张末期压力会增强冠状动脉灌注，因此即使是冠状动脉狭窄的人也可以进行有意义的运动。

这种关联的证据来自1999年6月出版的《美国心脏病学杂志》（American Journal of Cardiology）中的一篇文章，该文章报道了一组研究人员使用右心导管插入术测量病情稳定的充血性心力衰竭患者在高强度腿举练习过程中的血流动力学变化情况。测量结果表明患者的心率、平均动脉血压、舒张期肺动脉压和心脏指数均显著升高。此外，患者的外周血管阻力明显减小，并且心脏做功指数和左心室做功指数增加，这表明左心室功能增强[18]。

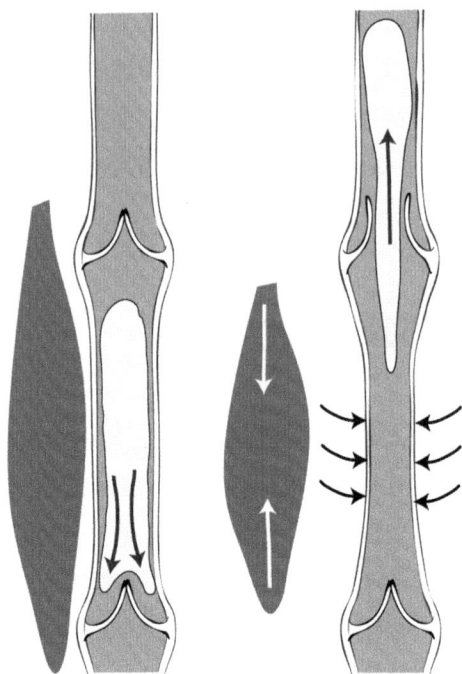

图 5.1

肌肉收缩将静脉血挤过单向瓣膜，使静脉血回到心脏右侧

　　以前人们认为力量训练对心脏有害，该研究表明这种观点是错误的。我们一直被告知，在力量训练期间，全身血管阻力会急剧增大，因此心脏不得不承受更大的阻力，并且血液会滞留在工作的肌肉中。我们还被告知，力量训练会减少心脏回流（回流到心脏的血液量）。

　　我们后来发现情况恰恰相反：在高强度力量训练期间，外周肌肉组织中的血管扩张，导致全身血管阻力减小。肌肉收缩实际上会将静脉血挤回心脏（参见图 5.2）。回到心脏右侧的血量决定了从心脏左侧射出的血量，心脏收缩期间从心脏左侧射出的血量决定了在心脏舒张期间反冲到主动脉根部的血量，即被动涌入源于主动脉根部的冠状动脉的血量。冠状动脉血量与静脉回流（返回心脏右侧的血量）成正比，因为静脉回流决定了从心脏左侧射出的血量，进而决定了冲到主动脉根部的血量（参见图 5.3）。因此，力量训练可以被定义为一种增加冠状动脉血量的锻炼方式，它通过一种可以减小全身血管阻力的手段来发挥该作用。

　　力量训练是一种增加冠状动脉血量，同时减小心脏泵血阻力的锻炼方式。从心血管的角度来看，力量训练是一种较为安全和有效的锻炼方式。美国心脏协会（American Heart Association）甚至将力量训练列为心脏康复训练的主要组成部分之一。美国心脏协会的这一做法有力地支持了力量训练。只有大量客观的数据才能让并不支持力量训练的一方改变其立场，就像以前从未支持过力量训练的美国心脏协会在其支持力量训练的科学声明中提供了大量数据，详见其于 2007 年 8 月 2 日在其期刊《循环》（*Circulation*）中发表的科学声明。

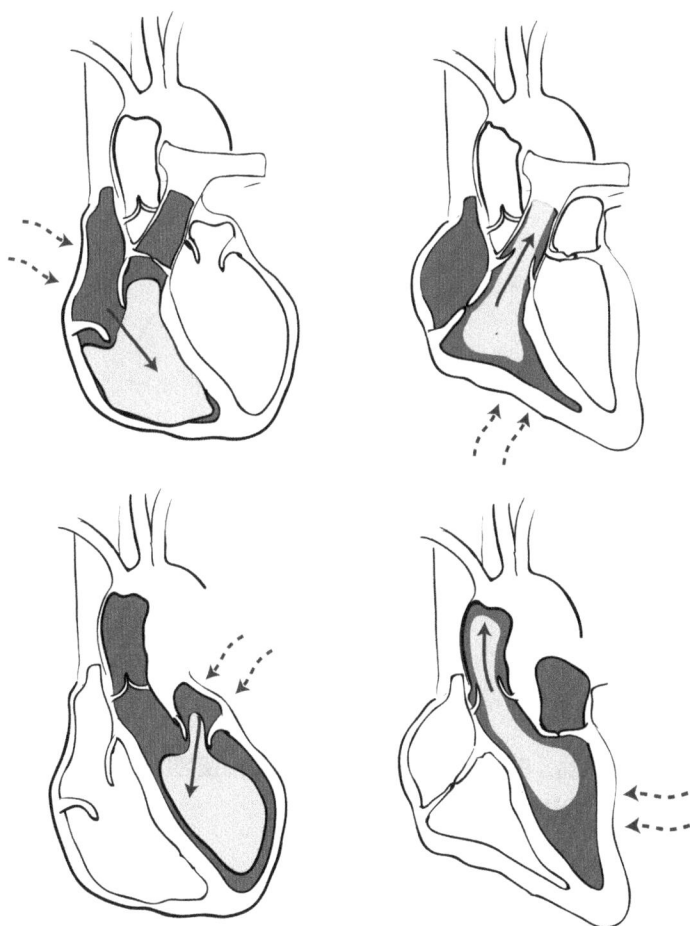

图 5.2

剧烈的肌肉收缩使静脉回流增加，导致流经心脏的血量增加

外周适应性变化

除了对心血管系统有不可否认的影响之外，力量训练还通过多种外周适应性变化对身体产生重大影响，这主要体现在肌肉力量方面。医生经常告诉患者，仅进行日常活动就有助于保持心血管健康，例如步行、爬楼梯、园艺和庭院工作。不幸的是，因年老而出现的肌少症会削弱人们执行这些活动的能力，但力量训练可以预防甚至逆转肌少症[19]。此外，随着肌肉变得更强壮，为执行给定任务而必须募集的运动单位将减少，对心血管系统的要求也将降低。正确执行力量训练计划不仅会对肌肉组织施加高水平负荷，从而对心血管产生强烈的刺激，还会促使身体产生血流动力学变化，从而最大限度地降低心脏缺血的风险，使身体产生最深刻的外周适应性变化，其主要体现为肌肉力量的强化[20]。

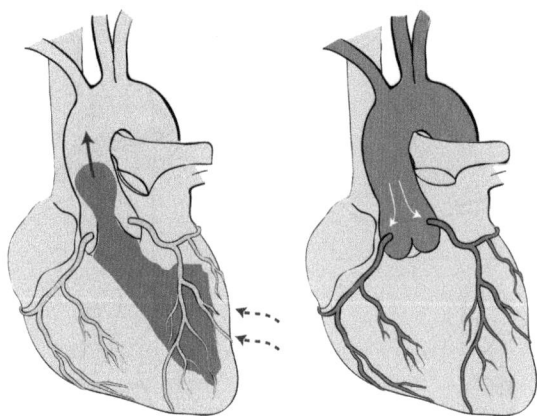

图5.3

从主动脉射出的血量增加，导致心脏舒张期间的血液反冲量增加。血液反冲量的增加导致流入源于主动脉根部的冠状动脉的血量增加

最佳力量训练计划

最佳力量训练计划应该是强度高但作用力小的训练计划，这样受训者才能在没有受伤风险的情况下获得有益的锻炼效果。提高强度的好处在于它使得锻炼的持续时间必须

缩短，这意味着锻炼之间的恢复时间可以更长。简短且频率较低的计划已被证明对提高长期依从性大有帮助。

在我们的机构中，我们使用较慢的速度来举起和放下重物，在某些情况下，我们使用超慢速™（SuperSlow™）方案，其要求在10秒内举起重物，并在10秒内放下重物。超慢的移动速度会产生两种有益的效果。首先，在缓慢移动的情况下，重物不能依靠其自身的惯性移动，因此缓慢移动增加了肌肉负荷并提高了锻炼强度。其次，缓慢移动可减小加速度。由于力是质量和加速度的乘积，因此我们可以大大减小受训者将承受的作用力。

超慢速方案™最初是针对骨质疏松症患者设计的[21]。它在提高锻炼强度方面非常有效，对于大多数受试者来说，最佳组合已被证明是大约12分钟的锻炼加上7天的恢复时间。我们已经能够在12 ~ 20周内帮助受试者将力量增强一倍。韦恩·韦斯科特博士在一项研究中对超慢速™方案与标准重复速度方案进行了比较，发现超慢速™方案组的力量增益比标准重复速度方案组的力量增益高50%[22]。研究人员非常震惊，他们后来重复了这项研究并得到了同样的结果[23]。

第4章介绍的锻炼以其他计划无法比拟的方式满足了我们所列出的一切要求。它也是一个最具广泛适用性的计划。这并不是说仅靠力量训练你就能成为一名出色的田径运动员。如果你想产生某种特定的代谢适应，你只能通过能产生那种特定的代谢适应的练习来达成目标。例如，如果你想提升100米跑的成绩，并且你希望自己的代谢系统适应这项运动，那么你需要做的就是练习100米跑。如果6个月后有一场你想要参加的10千米跑步比赛，那么你必须专门培养适应该比赛所需的技能。

然而，重要的是要认识到，改善心血管系统的健康状况不一定要跑10千米或参加瑜伽课，也不一定每天都要在跑步机、固定自行车或椭圆机上训练，并且进行这些活动不会让你更加健康或让你活得更久。除了适当的力量训练之外，几乎所有形式的运动都有可能损害健康，这是在运动中累积的作用力造成的。

显然，适当的力量训练可以显著提高健康和体能水平，而且它永远不会不利于这些目标的实现。当然，你可以继续进行传统的训练，我们希望你可以更快地跑完10千米或能够参加马拉松比赛，并希望你的关节和结缔组织能够保持健康。你可以练习特定的代谢适应，以在这些运动中表现得更好，但是，毫无疑问，这些代谢适应将在*肌肉*中进行。

6

增强身体对锻炼的反应

人们常常惊讶地发现，再多的补剂（如蛋白粉、维生素和矿物质）都无法"刺激"肌肉生长。在哈佛医学院的教授艾尔弗雷德·戈德堡（Alfred Goldberg）于1975年进行的一项研究中，没有被喂食任何食物的老鼠出现了不寻常的肌肉生长，前提是它们的肌肉事先得到了高强度锻炼[1]。虽然上述研究的对象是老鼠，但事实仍然是，在饥饿条件下，哺乳动物的肌肉组织在接受高强度刺激时会生长。

因此，尽一切努力优化锻炼结果的首要条件不是跑到最近的健康食品商店购买最新的流行补剂，而是要确保你以足够的强度进行锻炼，以保证身体产生所需的适应性变化。通常，无论受试者是啮齿动物还是人类，只要以足够的强度进行锻炼，肌肉生长自然就会发生。

"五大"锻炼这一运动模式对身体产生了惊人的刺激，这些刺激不仅会启动肌肉的生长机制，还会使身体产生适应性变化，其表现为肌肉变得更大、更强壮，以及支持这些肌肉的代谢系统的功能增强。这是一个生物过程，所有生物过程都需要时间，而这个过程平均需要长达7天的时间。对于许多人来说，这个"等待期"可能会令人泄气，尤其是那些寻求"即时"效果的人。肌肉的生长并不是一个瞬间完成的过程，它不是应用适当的锻炼刺激后立即产生的结果，而是应用适当的锻炼刺激并且经过足够长的恢复时间后所产生的结果。如果没有留出足够长的时间，那么身体就无法对高强度锻炼刺激产生反应。同样，如果锻炼的强度太低，无法触发身体的生长机制，等待再长的时间，也不会产生任何结果。

留意需求

作为一名要轮班的急诊医生，我知道自己对锻炼的反应以及每次锻炼后的恢复能力在很大程度上取决于我的轮班安排。如果 1 周内我有 2 个白班，2 个从下午 5 点到次日凌晨 1 点的值班，1 个从下午 3 点到晚上 11 点的值班，然后又有 1 个白班，接着上夜班，那么我的恢复能力会很差。这种导致自己恢复得不好的因素是需要予以考虑的。

每晚睡 7 ~ 8 个小时的规律睡眠周期对于促进身体恢复和增强身体对锻炼刺激的反应均有很大帮助。我认为这是因为我们用来应对压力的激素会在特定的昼夜循环中释放出来，尤其是皮质醇，它大约在下午 2 点到下午 3 点达到峰值水平，然后在凌晨再次达到峰值水平。正是因为下午 2 点到下午 3 点的这一次皮质醇释放高潮，欧洲的一些国家（地区）在每天的这个时段都会安排午休，很多店铺在这段时间里都会关闭。当你能够注意到身体的这些自然需求时，你在接受锻炼刺激后的恢复能力将会增强。

——道格·麦高夫

然而，许多受训者担心自己在下一次锻炼之前的必要等待期"做得不够好"。他们的这种烦恼是毫无必要的，因为受训者在休息时间要做的就是满足身体的自然需求，确保身体完全有能力提供所要求的响应。

充足的睡眠

为了使身体产生所需的反应，重要的是确保它得到充分的恢复，而在高强度锻炼后对身体恢复帮助最大的方式之一就是保证充足的睡眠[2]。身体正是在睡眠中恢复的，因为此时它可以放松，其恢复过程可以不间断地进行。

充分水合

充分水合对身体有很大的帮助。肌肉大约含有76%的水，除此之外，充分水合还可以最大限度地提高循环中的血量，因此，血液可以最大限度地将营养物质输送到正在恢复的肌肉中，同时排出肌肉因剧烈收缩产生的废物。多项研究根据接受过力量训练的普通受训者和运动员的情况得出结论：充分水合有助于恢复并增强肌肉功能[3]。

在世界各地的急诊室中，我们每天都能看到充分水合的重要性，尤其是老年患者，他们的口渴机制往往受阻。他们生病的一个常见原因是水合不充分，这会阻碍血液向人体组织输送足够的氧气。脱水会导致血量减少到无法再向人体组织输送足够的氧气，从而导致酸中毒。一旦发生这种情况，代谢过程几乎只有糖酵解，从而导致乳酸开始堆积。同时，酸中毒的后果是血压下降，进而导致急性疾病。许多被当地疗养院送到急诊室的老年患者看起来状态非常差，但他们会在输了2 ~ 3个小时液后醒来，并且意识完全恢复，看起来也非常健康。

充分水合的另一个重要好处是，身体对力量训练的适应在一定程度上会对激素适应产生正面影响[4]。任何激素适应都在很大程度上依赖于该激素循环到适当的受体位点。

人体内任何细胞的细胞膜都包含磷脂双分子层，如图6.1所示。该双分子层主要由磷脂组成，每个磷脂分子均具有亲水性头部和疏水性尾部。细胞膜包裹着细胞的内容物。细胞的内部和外部都是水基的。亲水性头部既面向细胞外液，也面向细胞内液。这是因为两个磷脂分子的疏水性尾部在细胞膜内部彼此相对。因此，激素的受体位点位于细胞膜内部，它们向细胞内部和外部凸出（具体的方向取决于与其相互作用的激素）。

如果水合充分，激素就会循环到必要的受体位点，产生最佳反应。此外，细胞质（细胞内部的含水物质）会最大限度地水合，这意味着这些受体就像在细胞膜表面一样，最大限度地延伸到有激素循环的环境中，从而最大限度地与相应的激素相互作用。但是，如果你脱水，这些细胞就会变得有些凹陷，因为细胞质没有充分水合。许多位于细胞膜边缘的受体逐渐内卷，离开激素可以与其相互作用的外部环境，从而阻止对刺激产生最佳合成代谢反应所需的所有激素反应。

可以看出，水合作用会增强身体在受到训练刺激后的激素反应。水合作用不仅让身体可以更有效地循环激素，而且可使细胞内液丰盈起来，从而将受体推向细胞膜的外部，它们可以在那里更好地与循环的激素相互作用。

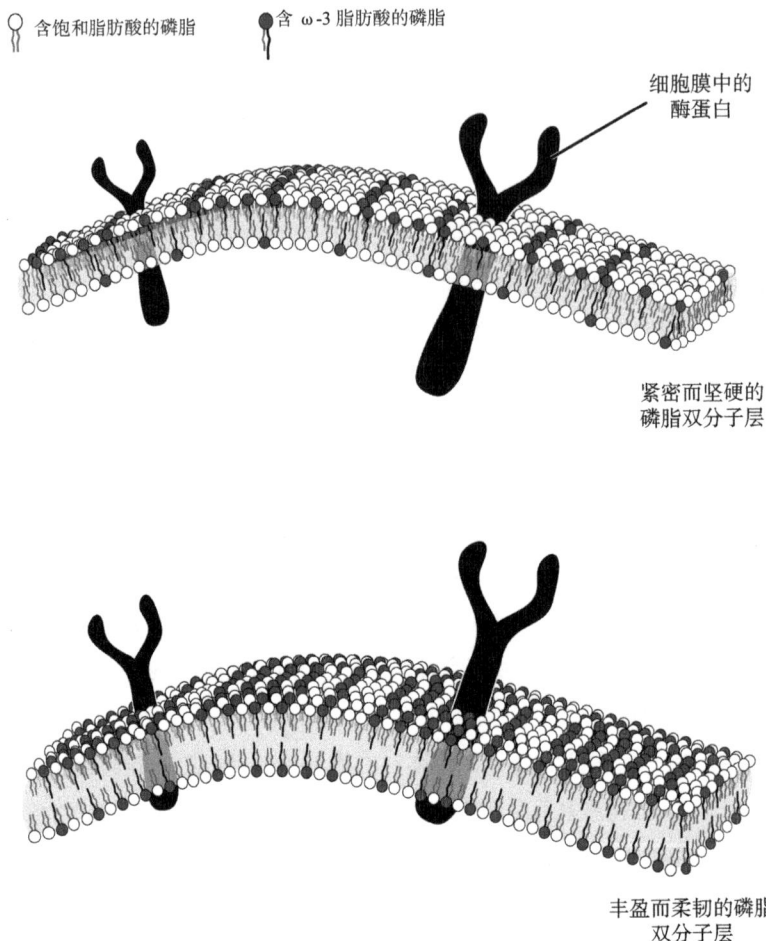

含饱和脂肪酸的磷脂　　含 ω-3 脂肪酸的磷脂

细胞膜中的
酶蛋白

紧密而坚硬的
磷脂双分子层

丰盈而柔韧的磷脂
双分子层

图6.1

更大限度的水合将细胞膜向外推，从而增大激素与细胞膜上的受体的接触面积；ω-3 脂肪酸的增加促使细胞膜变得丰盈，从而进一步增大接触面积

如前所述，锻炼刺激使得一种激素被大量释放到全身循环中，它就是皮质醇。身体的恢复过程需要皮质醇来调节，而恢复期则由非炎症性激素和化学信使主导。（这是分解代谢与合成代谢的另一个例子。）皮质醇产生于肾上腺的中间层。肾上腺的三层组织结构产生的激素：盐皮质激素、皮质类固醇、性激素。

醛固酮和抗利尿激素产生于肾上腺的最外层，皮质醇就在下一层产生，但这两层之间的界限不一定很明显。如果脱水，你就需要激活肾上腺产生更多的激素，从而促进体液潴留。然后你的身体会受到刺激，从而分泌更多的醛固酮和抗利尿激素，随着这两种激素一起分泌出来的是皮质醇。也就是说，这些物质在肾上腺中距离非常近，如果你水合程度不足够，皮质醇会更积极地被释放出来。因此，充分水合在恢复过程的激素部分起主导作用。

　　一个人应该喝多少水来促进恢复过程？有一个很好的法则：每天摄取大约3升水即可实现充分水合。

充足的营养

　　为了优化身体对训练刺激的反应，另一个要考虑的因素是充足但不过量的营养。过量营养体现为食物中的热量只会让你发胖。补剂中所含的热量也存在同样的情况，并且还有一个问题是，许多补剂已被证明会给身体带来压力。重要的并不是补剂，而是均衡的饮食，因为它可以让你获得必要的营养成分，以帮助身体在锻炼后恢复，并且这些营养成分可以在随后的生长过程中提供锻炼出更多肌肉所需的元素。更重要的是，只需摄入包含营养素的各类天然食物即可实现均衡的饮食。

　　我们或许能够分离出某些维生素，分离后，它们也许能独自起到有益的作用，但最好还是通过食用作为其来源的食物来摄入它们，因为有无数潜在的辅助因子促使这些维生素对健康产生益处，而这些辅助因子可能会在分离过程中丢失。将某种维生素或矿物质从同时包含其他有益健康的辅助因子的环境（如含有维生素C的苹果）中分离出来，单独摄入这一维生素或矿物质，这可能根本没有帮助，甚至可能会对身体造成负担，使得身体必须先减轻这种负担，从而在一定程度上增加了恢复时间。人们尚未完全了解营养科学的这一方面，营养补剂的制造商亦是如此。

客观看待压力因素

　　为了创造更好的代谢环境来实现增肌，对于受训者而言，一个最重要的手段就是将其生活压力尽量降到最低。这方面通常不受人们控制，尽管如此，我们还是建议大家选择压力较小的生活方式。在现代社会，生活在城市的人通常不会适当地调整自己的反应。小的压力因素（"我去冰球训练馆接孩子要迟到了"）往往被夸大，使得身体产生过于激烈的反应，甚至是战斗或逃跑反应。从进化的角度来看，这种反应通常只会在身体受到攻击或有生命危险的情况下才会被唤起。还有很多原因让我们应该学会将普通的压力因素视为平凡小事，并对它们做出适当的反应，而不要反应过度。

不要焦虑

在"休息"的日子里，请始终记住训练目的是提高功能性能力。这要求你在每次锻炼后充分恢复，以使自己的力量水平最终高于基线（锻炼前的力量水平）的时间比低于基线的时间多。为了更好地享受通过力量训练获得的进步，你会希望这些进步持续几天，而不只是一天内的几个小时。否则，力量训练有什么意义呢？不要让力量训练变得像为了向前迈出1步而后退6步一样没有意义。

接受适当的力量训练后，即时出现的结果是力量减弱，并且这种情况会持续几天，直至身体完成对因训练而产生的能量债务的补偿。只有在完成这个过程后，身体才会开始产生适应性反应（即肌肉生长）。在锻炼后的4 ~ 6天内，你的状态实际上低于基线。理想的训练方式应允许身体充分恢复，以便身体状态在一周内高于基线的时间比低于基线的时间多。

你想必会希望通过执行锻炼计划获得尽可能大的提高，而这意味着你希望身体状态高于基线的时间至少与低于基线的时间一样，这样你才会感觉到至少收支平衡了。请记住，将恢复期延长至8天、9天、10天，甚至14天，你不会"失去"任何东西。锻炼本身会让你变得更虚弱，它会使你的生理机能低于基线。所以，除了必需的锻炼之外，额外的运动量只会加剧这种负面效果。

对此心中有数之后，尝试保持完全放松的心态，这样你就不必为锻炼和恢复过程而忧心。有些健身杂志的存在目的就是向你推销补剂，并让你确信自己运动得不够，从而向你灌输训练焦虑感，忽略它们吧。

本章的所有建议都为你提供了关于身体的最佳条件，帮助你积累必要的资源，并在接受锻炼的刺激后做出适应性反应。请记住，你是在要求自己的身体投资于它认为代谢成本高昂的肌肉组织。如果本章所述的关键问题中有任何一个得不到解决，用于构建更多肌肉组织的资源将不可避免地被抑制。

总之，要增强身体对锻炼的反应，就必须关注本章所讨论的基本要素，并且永远不要低估关注基本要素的重要性，恢复的效果就取决于这些基本要素。

调整运动刺激

肌肉生长是受到多个因素影响的过程，它由肌肉收缩对抗随时间逐渐增加的负荷而引起。以消耗能量为例，有几个促成因素参与了该过程，包括暂时的肌肉力量减弱、代谢副产物（如乳酸）累积、导致肌肉收缩的负荷增加，以及促进修复和生长过程的组织微创伤。所有这些因素都对肌肉生长过程有所贡献，并且在消耗模式下，它们的贡献程度基本是一样的。结果是各种因素的完美平衡，它们有效地发挥综合作用，刺激身体发生正向的变化。

正如前文所讨论的，想要训练取得一定成效，训练时必须对肌肉要求苛刻（高强度），但在执行动作时要控制力量，将肌肉力量削弱到正向失败点。这种锻炼可以比喻为一个轮毂，向外延伸的不同辐条则代表刺激的各个组成部分。然而，在尝试这种锻炼时，受训者必须慎之又慎。经过这么多年对客户的训练，我们学到的一件事是，冒险去过分追求其中一个"辐条"似乎会对恢复造成严重的负面影响，使得前者带来的收益与后者造成的损失不成比例。在执行超慢速™等强调深度消耗的方案时尤其要谨慎，因为在这种方案中，训练量和频率要大幅降低，使恢复期足够长，以便身体能够补充能量储备并产生适应性反应。

肌肉生长是若干个复杂过程的最终结果，我们不能将这些过程无限地缩减为只需要考虑单一元素。多年来，许多人试图缩减锻炼的各个组成部分，现在我们已经认识到，这些组成部分都只是同一个多元过程的产物，该过程总体上会对身体产生正向的刺激。虽然微创伤或肌肉组织损伤是这种刺激过程的已知组成部分，但这并不意味着损伤本身应该成为锻炼的目标。这就好比，你不会用锤子敲击自己的股四头肌并期望从这个动作中获益。锻炼的好处是在特定的环境中产生的，而且这个环境总是会受到多个因素的影响，这些因素极其复杂，并非每个因素都会产生适当的效果。

第 4 章介绍的"五大"锻炼可以作为一个可靠的基础计划，在你的整个训练生涯中用于增加肌肉的整体尺寸和力量。它如此有效的原因是，它所产生的刺激使所有因素都能作用于身体。它的检验标准就是重负荷与高强度。在这两个因素的配合下，受训者的肌肉持续收缩和伸展，以对抗负荷，直至无法继续下去。

众多因素同时作用于身体并对其产生强烈刺激，其中有一个是消耗过程，这个过程会积累大量的代谢副产物，并对肌肉组织造成微损伤。此外，血量和氧气输送量会在这个过程中出现短暂的损失，随后血量和氧气输送量会增加（称为"主动性充血"）。这个过程也会产生某些激素反应，但相对于结合了重负荷与高强度的主要组成部分而言，这些反应是次要的，因为重负荷与高强度这两个因素已促使受训者的身体产生了其希望从运动中获得的所有刺激的副产物。

"五大"锻炼取得的成功已经过科学验证，并且有记录可循。然而，随着力量的进步，这个基础的全身锻炼计划将在某个时候无法再刺激身体产生正向适应性反应。这种情况出现的原因有两个。首先，你最终会遇到器械中的某些机械限制，它们会阻碍你到达下一个触发点，无法刺激力量和肌肉量的下一轮增加。其次，现有计划的累计负荷最终会增长到你无法在锻炼后的 7 天内完全恢复的程度。本章将研究未来前进路上的这些障碍，以及可以采取哪些措施来克服它们。

我们避免制订任何具体的力量训练方案，因为刺激有多个组成部分，并且随着你的进步，不同组成部分的重要程度可能会发生变化。有时，为了提高对一个组成部分的刺激水平，将不得不在某种程度上牺牲另一个组成部分。因此，需要采用不同的方案来实现整体的平衡，这些方案分别强调刺激的不同组成部分，以使你在训练生涯中通过锻炼获得最大收益。

例如，如果你的意图是对有氧系统施加更大的压力，通过达到更疲劳的程度而积累乳酸，那么你可能必须牺牲一定程度的负荷，稍微多用一点时间来对抗轻一点的阻力。与其相对的方案是强调负荷（如仅负向方案或最大收缩方案），即采用更大的重量，每次重复的持续时间低至 5 秒，以在一定程度上牺牲代谢副产物的累积。请注意，这些变化并不是永久性的变化。它们只是实际效果与基础计划的效果的偏差，将用于优化或调整训练刺激，并基于你的基因，影响你对锻炼的反应。

障碍——强度过高

很多受训者（尤其是高强度训练圈内的）会推断，既然高强度的肌肉收缩是刺激身体生长的关键因素，那么如果有人能设计出一种"超强度"的训练技术，就能刺激身体产生"超级"生长效果。事实上，这就是所有所谓的"高级"训练技术背后的逻辑。这种推论并非完全错误，但肯定是不够缜密的。

一方面，可能并没有这样做的必要。随着受训者变得更强壮，其肌肉收缩的强度自然会增加，因为他们现在收缩肌肉可以对抗更大的重量。另一方面，"超强度"的训练技术大幅增加了施加于肌肉组织的压力，这对身体的能量恢复系统提出了更高的要求。因此，本可以在 7 ~ 12 天内完成的恢复和超额补偿过程现在也许需要几个月的时间[1]。

有一句古老的谚语告诫众人："完美是优秀的破坏者。"有些受训者希望其肌肉受到"终极"刺激，他们相信这样可以迫使其肌肉发展至极限水平，而这句谚语恰恰适用于他们。当产生这种信念时，必须确保在追求完美身材时不会抛弃科学。受训者的沮丧情绪是可以理解的，他们可能会说："我已经练得如此辛苦，我已经高强度训练了几个月，但我的身体并没有发生我期望的肌肉量增长。"他们发现自己的目标与身体能够达到的效果之间存在鸿沟，前者由欲望决定，而后者由遗传基因决定。

由于遗传基因总是对欲望"泼冷水"，所以受训者在冒险去追求完美身材时，总是不重视它，甚至忽略它。然后，受训者会将训练强度调高至惊人的水平，以消耗更多的能量，从而导致更多的肌肉组织微创伤。当这种强度没有产生预期效果时，训练的频率就会增加，所有这些做法都源于受训者相信身体可以被迫做出反应。事实上，被迫发生的只有一件事情，那就是分解代谢状态达到更深的程度，身体可能需要几个月的时间才能恢复。

当然，对于受训者来说，将训练的强度与所追求的效果关联起来可以说是一种自然的倾向，因为肌肉的工作必须达到一定的强度，才可以刺激身体并产生效果。但上述倾向的错误之处在于，远远超出足以刺激身体并产生效果强度的训练几乎不可能带来任何额外的好处。"狭窄的治疗窗口"这个概念始终有效，它提醒我们物极必反，强度如此，训练量亦如此。

同样错误的逻辑导致人们过量服用药物："说明书上说每4小时服用2片，但因为我非常希望这种头痛尽快消失，所以我每2小时服用4 ~ 5片。"将这种想法付诸行动并不会激发更多期望的正向反应，相反，它会引发一种危机：身体无法承受所服用的药物。这类似于"要使皮肤变得更黑，就必须将皮肤暴露在尽可能强的紫外线辐射下"的策略。这种策略不会产生更好的肤色，但它会让你因三度烧伤而去医院急诊室接受治疗。

训练信息的典型来源总是宣扬一种观念：超常刺激（超出当前水平的刺激）总是会导致更强烈的补偿反应。和训练量和训练频率一样，训练强度也有一个阈值，超越阈值并不一定会给你带来更好的效果，而且结果很容易会适得其反。

越多不代表越好

值得重申的是，在高强度训练圈中有一个观点：强度是是否会产生效果的衡量标准，因此强度越高，效果越好。这个观点是错误的。这和某种做法是正确的，重复更多次就会使它更正确是不一样的。你不能有"强度越高，效果越好"这种错误的观念。

例如，有一个名为"超级重复次数"的高强度训练方案，它要求全力举起重物，然后立即全力放下重物。这一过程通常会一直持续到受训者无力抬起器械的移动臂。这是一个高强度训练方案，在某些情况下（如果有节制地使用），它可以对一些反应不佳的人产生效果。然而，普遍而言，尤其是对我而言，在经历了这种程度的消耗、疲劳和损伤后，身体无法充分恢复。如果我只是达到正向失败的程度，就会得到更好的效果。类似地，超慢速™方案非常推崇"深度消耗技术"，其要求受训者继续推移动臂，直到根本无法推动移动臂。（例如，你会在最低的位置继续推，直到你甚至无法让手保持与机械装置接触。）我发现，如果我在达到正向失败的程度时就停下来，并且不再推10秒或15秒（甚至30秒），效果总是更好。额外的努力并没有带来额外的好处，甚至还严重影响了我的恢复，这不值得。

——道格·麦高夫

训练时，你必须清楚地了解本章所介绍的方案的目的及内容，更重要的是，要了解它们不包括什么内容。你在使用这些方案的过程中必须注意自己的恢复能力。这些方案并不是增加刺激的一种手段，其假设前提是，增加刺激肯定会使身体反应成比例增加。根据我们的经验，事实并非如此。如果使用这些方案时不注意降低训练量和训练频率，则不可能有任何反应。

障碍一: 机械黏滞点

某些机械障碍可能会导致身体无法实现足够的深度消耗，从而无法激发最佳反应，具体障碍因受训者所使用的器械而异。我们在自主训练和监督他人训练的过程中注意到，很多所谓的"高级"技术的执行并不是为了调整刺激以获得更好的效果，而是为了解决受训者的力量水平与所用器械不兼容的问题。这个问题通常涉及力量曲线和/或扭转力矩的不相称，这使得持续进步变得困难。

举例来说，假设你正在腿举机上锻炼，器械的凸轮轮廓与腿部肌肉的力量输出不匹配，此时，机械黏滞点（以下简称黏滞点）出现。在这里，黏滞点的出现可归因于两个因素：一是器械的凸轮轮廓（正如我们在第 4 章中所讨论的，许多器械的凸轮轮廓根本不准确，从而导致其对肌肉施加的阻力大于肌肉当时的处理能力），二是离开腿举机的底部位置时你的关节角度（此时的杠杆力最小）。我们必须在活动范围内克服这个机械"减速带"。当受训者第一次尝试锻炼并且力量系数为 X 时，克服这个机械"减速带"可以看作必须将一辆尤格（Yugo）（译者注：前南斯拉夫生产的汽车品牌）汽车推过减速带。如果在一段时间内，同一受训者的力量在同一器械上增长到了 X^2 或 X^3，那么现在必须将更大的重量推过那个减速带，尤格小汽车变成了麦克（Mack）大货车。

一旦受训者达到这种力量水平，仅仅继续执行相同的锻炼方案实际上可能会导致力量水平无法再得到任何提升。相反，受训者此时需要的是持续的刺激，以克服利用器械进行锻炼所存在的低效问题，从而成功越过"减速带"并恢复进步。下面介绍的方案可以为你在此发展阶段提供帮助。

分段人工辅助（强迫重复）

在陷入僵局后的早期，受训者可以使用分段人工辅助方案来克服"减速带"，从而再完成一次完整的重复，并让负荷时间仍保持在可以产生最佳刺激的范围内。在一项测试分段人工辅助方案有效性的研究中，研究人员得出以下结论。

分段人工辅助运动体系比传统的最大重复运动体系更能引起激素和神经肌

肉的急性反应，因此可用于控制运动员的急性抗阻练习变量[2]。

在执行分段人工辅助方案时，一旦你无法移动重物，训练伙伴或教练就会减轻一部分负荷，比如抬起器械的移动臂或者推你的身体，以提供刚好足够的力帮助你克服黏滞点，然后他们就会松手，这样你就可以自行完成该训练剩下的部分了。执行一两次这样的分段人工辅助方案就够了。

部分重复

在克服减速带前后执行部分重复方案均可以取得良好效果。如果你选择在肌肉完全收缩这一位置（在腿举中是指双膝接近完全锁定的位置）的前后执行练习，你可以并且也应该使用更大的重量，因为你在部分活动范围内执行练习，不再受限于全活动范围内力量最弱处（黏滞点）可以使用的重量。这种策略将使肌肉习惯更强烈的肌肉收缩并产生更大的力量，这样才有能力对抗更大的重量。这正是帮你在恢复全活动范围训练时越过"减速带"的方法。部分重复方案也可以在力量最弱的位置执行，这可以让你集中精力加强在接近黏滞点时的力量，也可以使你在非常需要力量时获得更大的力量。

不要担心在有限的活动范围内执行练习会损害在全活动范围内执行练习的力量。在南密西西比大学进行的一项研究中，研究人员比较了全活动范围练习和部分活动范围练习并发现，通过在部分活动范围内举重物所获得的力量增长与通过全活动范围练习锻炼所得到的效果相当。他们得出结论："这些发现似乎表明，部分活动范围练习可以对最大力量的发展产生积极的影响[3]。"

在这项研究之前，人们一直认为肌肉力量的提高只与训练时的关节角度有关，如果没有进行全关节活动范围的训练，在训练时未使用过的关节角度处就会出现肌肉力量较弱的情况。也有人认为，只进行举重的后半段（从黏滞点到锁定位置，不完全回到位于最低点的起始位置）不会提高受训者在举重开始时的力量。这项研究表明，这是一种毫无根据的观点，因为部分活动范围组的力量增长与全活动范围组的力量增长相同。

这一发现是合理的，因为在全活动范围内训练从未被证实是保持关节健康的必要条件。只要没有遇到对其造成损害的交叉重复作用力（慢性、反复的破坏力会导致关节软骨磨损或骨刺生长），关节基本上就是健康的。如果没有出现上述情况，只要关节周围的支撑性肌肉组织足够强壮，可以继续围绕关节移动四肢，受训者就可以保持关节健康。

定时静态保持

在"减速带"位置（这通常也是发生正向失败的位置）执行定时静态保持方案可以

更多地消耗起始力量。你可以根据需要选择即将到达"减速带"位置时执行定时静态保持方案。你也可以在完成最大重复次数（你在每次重复中都克服了黏滞点）后执行该方案。当你无法完成下一次完整的重复时，你只需尽可能长时间地在此位置执行定时静态保持方案，直到你开始被下拉至动作的离心部分。你只需要执行一次这样的定时静态保持方案，它应该持续大约 10 秒。

休息–暂停

还有一种有助于克服黏滞点的方案是休息–暂停方案。20 世纪 70 年代后期，美国前健美冠军迈克·门策重新应用并在很大程度上改进了这个历史悠久的力量训练方案。在执行这个方案时，我们提倡的方式是在一组练习中达到正向失败的程度（即不可能再完成一次完整的重复），然后暂停片刻（5 ~ 10 秒），直到你能够再完成一次完整的重复。

进行休息–暂停的次数取决于具体的动作以及在该动作中所动员的肌纤维类型。例如，如果你在 70 秒或 75 秒内达到失败状态，则表明你正在训练的肌群主要是快肌群。在这种情况下，休息–暂停的时间必须更长，因为快肌运动单位需要更长的时间来恢复。你可能需要等待 15 ~ 30 秒再尝试，才能完成下一次重复。

通常，进行一次休息–暂停就够了。然而，如果在你失败之前，一组练习的负荷时间为 90 ~ 120 秒，那么只需短至 5 秒的休息–暂停时间就可以让你准备好进行下一次重复。这个时间范围表明你正在训练的肌群主要是慢肌群，而这些是恢复较快的肌纤维。因此，在训练这类肌纤维时，可进行 3 次休息–暂停而不会出现过度训练的风险。

休息–暂停方案使你能够对高序位运动单位发起第二轮募集，而无须经历失败之前的所有机械工作。

仅负向训练

克服黏滞点的另一种方法是执行仅负向训练方案。此处取消了动作的实际提升（即正向）部分，因此受训者只关注降低（即负向）部分。研究表明，受训者使用这个方案可以激发出巨大的力量[4]。这种方案还有一个好处，负荷和刺激中会造成微损伤的部分将获得更多的关注。

在执行仅负向训练方案时，"达到失败状态"是指形式失败（降低重物所用的时间不能再达到 5 秒），而不是在一组练习中无法再以可控的方式降低重物。你应当尽可能缓慢地降低重物，但是当你降低重物所用的时间不能再达到 5 秒时，这组练习就算完成了（因为你已经变得非常虚弱，现在只能用 4 秒或更短的时间完成降低重物这一动作）。

曾经有一段时间，受训者被告知要在"达到失败状态"之后继续尝试降低重物，直到无法控制降低的动作，重物此时会直接坠落下去。我们认为这种做法是非常危险的。你必须采取安全的力竭形式，如果仅负向训练方案的好处在于可以使用更重的负荷，那么你必须以合理的力竭形式获得这种好处。

请记住，有些练习可能会因为机械限制而不再是促使身体产生正向适应性变化的有效刺激，而上述方案都可以用来保持此类练习的有效性。

障碍二：狭窄的治疗窗口

第 3 章介绍了"狭窄的治疗窗口"这个概念，这是一种现象：某项锻炼计划的正面效果趋于平稳，但其负面作用继续加剧。与健身圈流行的观点相反，发生这种情况并不是因为锻炼计划不再有效，而是因为它现在非常有效，以至于每 7 天锻炼一次的频率不再能使身体得以恢复和适应。无论运动刺激多么强烈，锻炼计划执行得多么完美，身体如果没有得到充分的恢复，就不会做出适应性反应。

削弱恢复能力的主要因素是在一次锻炼中累积的总负荷。刚开始锻炼时，你的力量太弱，无法对抗超过自己恢复能力的负荷，但在经过 6 ~ 12 周的锻炼后，你会变得足够强壮，可以对抗的负荷会超过自己的恢复能力，此时你的进步就会停止。

假设在理想情况下，你的恢复能力让你可以在一周内做 12 000 英尺磅（1 英尺磅≈1.36 牛米）的功。最初，你每次锻炼可能会做大约 8 000 英尺磅的功，因此你可以轻松地从每周一次的锻炼中受益。但是，随着你变得更加强壮，你可以在与开始时相同次数的练习中做 13 000 英尺磅的功。因此，你现在做的功超出了你在 7 天内的恢复能力。

我们的两家健身机构也一直兼作研究实验室。我们从接受训练的每一位客户那里都学到了一些东西，并且我们对一些问题有了具体的了解，例如，在训练中断之前的训练频率能达到多低（低于该极限频率被视为训练中断），运动刺激需要多强，以及高级受训者是否能从强度提高的训练中受益更多（或更少）。我们尝试过增加和减少锻炼量，也注意到锻炼刺激和训练频率对日常生活压力越来越大的客户的影响。所有这些数据都具有教育意义，其中一些数据很值得研究。

例如，我们了解到，有些受训者可以在长达 3 个月的时间内完全停止训练，但他们仍能保持从最后一次训练中获得的正向适应性反应（他们在恢复训练时实际上比 3 个月前停止训练时更强壮）。尽管我们了解了这些事实，但在训练频率方面仍然存在很多疑问。我们知道每周训练一次足以让身体从锻炼中获得理想的益处，但我们还不知道每 2 周训练一次（随着受试者变得更强壮）或每周只进行一组练习是否会让身体获得更好的效果。也就是说，我们尚未确切地知道对普通客户而言，从益处出现到益处消失的机会窗口可持续多长时间，但我们收集到的证据表明，在很多情况下，该时长并不固定。

肯定存在一个最短的锻炼间隔，但是在此最短的恢复间隔结束之后，受训者过多长时间才再次锻炼则可能因个人实际情况的不同而存在很大差异，并且受训者在这段时间内未必会遭受负面影响。有时一个人会在很长一段时间内每 7 ～ 10 天锻炼一次，但随后这个人因生活中的变化而将其锻炼频率降低至平均每 2 ～ 3 周才锻炼一次，在持续几个月后，又恢复到每 7 ～ 10 天锻炼一次的频率，这样不会对其产生任何不良影响。这种不规则性甚至可能是产生最大锻炼益处和保持身体健康所必需的，因为人类早期的生活方式就是混乱的、不规则的，而这种混乱与不规则性决定了人体的适应能力。

有时，将这种适应性生物过程简化为简单的代数计算过程并不可行。只要确定了某个最短恢复间隔，锻炼计划就必然要有一些变化，可能还要有一些波动，因为虽然某些组成部分可能恢复得很快，但另一些组成部分可能恢复得没有那么快，那么在训练后延长休息时间可以使其受益。

例如，最大的糖原储存在快肌运动单位中，但那些高序位快肌运动单位的进化是为了适应高强度紧急事件，而这些事件发生的频率相对较低。当紧急情况发生时（例如，当汽车千斤顶掉下来，老奶奶需要抬起汽车解救车下的老爷爷时），这些运动单位就会被利用。一旦它们被利用过，其恢复时间是很长的。如第 3 章所述，还有比 IIA、IIAB 和 IIB 型更快的运动单位。还有一种 IIx 型运动单位，它在缺乏 α - 肌动蛋白 -3 基因的短跑运动员中占据主导地位（下一章将详细介绍），并且这类运动单位的恢复时间非常长。

杰斯珀·L. 安德森（Jesper L. Anderson）、彼得·施杰林（Peter Schjerling）和本特·萨尔廷（Bengt Saltin）在 2000 年 9 月出版的《科学美国人》（*Scientific American*）杂志上发表的一篇题为"肌肉基因和运动表现（Muscle Genes and Athletic Performance）"的文章指出，许多短跑冠军打破世界纪录的时候正是他们因为受伤而不得不停止高强度训练长达 3 个月之后。在此停训期间，他们为维持其技能需要做少量的练习，但因伤病而没有进行任何高强度训练，这时恰恰就是这些短跑冠军打破世界纪录的时候，因为高序位的运动单位终于有时间恢复了。该文章的作者得出如下结论。

在力量训练期间，IIx 型快肌运动单位的肌球蛋白数量如预期下降。但是当训练停止后，IIx 型快肌运动单位的相对数量不仅恢复到了训练前的水平，而且在停止训练3个月后几乎翻了一番。这对短跑运动员来说意味着什么？Ⅱx型快肌运动单位对谁来说至关重要？建议在比赛前安排一段减量训练期。

随着你变得更强壮，我们要关注的问题就变成了在不超过身体恢复能力的情况下为所有主要肌群提供足够的锻炼。通常，可以在计划中加入额外的恢复时间，或将一两个复合练习改为单关节练习（孤立练习），这些方法都可以使训练安排与身体的恢复能力更加相符。

将"五大"锻炼缩减为"三大"锻炼

改变锻炼计划的一种方法是制订"训练1"和"训练2"2个锻炼计划，将"五大"锻炼缩减为"三大"锻炼，同时加入一些单关节练习，本节稍后将介绍这些单关节练习。例如，可以制订如下训练计划。

训练1

1. 下拉
2. 胸推
3. 腿举

训练2

1. 坐姿划船
2. 过头推举
3. 站立提踵

各锻炼计划交替执行，2次锻炼之间应有7天的休息时间。如果进步速度再次放缓，受训者只需在2次锻炼之间延长休息时间即可。即使将锻炼之间的休息时间延长至10 ～ 14天，也无须担心。如前所述，这些并不是真正的休息日，在这些日子中，身体需要补充前一次锻炼耗尽的能量储备，并完成因锻炼刺激带来的生长。

分项训练法

还有另一种方法可以达到相同的目的，就是将"五大"锻炼划分成轮流进行的3次独立训练，即局部肌群训练法，这样就可以在计划中加入更多的单关节练习，并且不会有过度训练的风险。可以按照以下模式设计此类训练。

训练 1（胸部、肩部和肱三头肌）

1. 胸推
2. 侧平举
3. 肱三头肌下压

训练 2（腿部和腹部）

1. 腿举
2. 站立提踵
3. 腹肌训练机练习

训练 3（背部和肱二头肌）

1. 下拉
2. 坐姿划船
3. 耸肩或下背部训练机练习
4. 肱二头肌弯举

各锻炼计划交替执行，2 次锻炼之间应有 7 天的休息时间。每个主要肌群每 21 天只接受一次直接刺激，同样不需要担心休息时间太长。2 次直接锻炼针对的肌群的重叠程度足够高，使得肌肉能在 2 次直接锻炼间保持增长。身体的能量输出和恢复能力（特别是快肌运动单位的恢复）决定了这样长的恢复时间是必要的。

为了尝试量化基线锻炼的能量输出，我们将其能量值定为 100 个单位。随着受训者变得更加强壮，全身将输出大约 120 个单位的能量，这是因为锻炼迫使肌肉过度补偿并储存更多单位的能量备用。因此，之前证明 7 天已足够让身体恢复 100 个单位的能量，但现在 7 天的时间并不足以恢复 120 个单位的能量。采用三分式分项训练法将提供一个额外的机会窗口，以使身体的能量系统可以完全恢复和过度补偿。

单关节（孤立）练习

如果需要修改计划，使其与恢复能力相匹配，则可以将以下练习纳入计划。

站立提踵。 站立提踵时可以使用站立提踵机，也可以使用足够高的垫块，使得脚跟在完全伸展（即小腿肌肉拉伸到最大程度）时不会碰到地板。如果使用站立提踵机，请先站上平台，将肩部放在垫子下方，然后将双手放在手柄上。确保背部挺直，伸直双腿，直至身体直立（这样腓肠肌就必须充分参与）。保持双腿伸直，慢慢将脚跟尽可能抬高。

暂停片刻，然后慢慢将脚跟尽可能降低，直到小腿肌肉拉伸到最大限度。不要停留在这个底部位置，而是要慢慢踮脚，使脚跟再次上升到肌肉完全收缩的位置。在负荷时间内重复。

站立提踵

如果使用自由重量器械，请用一只手握住哑铃，然后踏上垫块。务必确保垫块保持稳定，不会倒塌。如果用右手握住哑铃，重心则落在左腿上，移开右腿（可以把右脚靠在左脚脚跟处），并用左腿支撑身体，以保持平衡。确保左腿伸直，收缩左小腿以尽可能抬高左脚脚跟。稍做停顿，然后放低左脚脚跟，尽可能伸展左小腿。然后再次缓慢抬高左脚脚跟至左小腿完全收缩的位置。在负荷时间内重复。

完成左腿训练后，将哑铃转移到左手，同时使左脚离开垫块，然后用右腿重复该过程。同样，在负荷时间内重复。

侧平举。侧平举时可以使用固定器械或哑铃。如果使用固定器械，则需要坐下，并将背部靠在垫子上，确保肩关节的中心与凸轮的中心对齐。抓住手柄，肘部稍微向后拉，

侧平举

上臂靠在臂垫上。慢慢将上臂向两侧抬起，直到它们与躯干的角度略大于 90 度。在这个位置停顿一下，然后慢慢放下双臂，回到起始位置。不要在底部位置停顿，而是慢慢地进行反向动作，慢慢反转方向，再次将手臂抬起至三角肌（特别是三角肌的外侧头）完全收缩的位置。在负荷时间内重复。

如果使用哑铃，则双手各拿一个哑铃，站直。肘部稍微弯曲（以免拉伤肘关节），慢慢将上臂抬起至其与躯干的角度略大于 90 度的位置。在这个位置停顿一下，然后慢慢放下双臂，回到起始位置。同样，不要在这个位置停顿，而是要再次慢慢地进行反向动作，直到上臂与躯干的角度等于或大于 90 度。在负荷时间内重复。

耸肩。 耸肩时可以使用多种器械，如诺德士和豪迈（这两个品牌提供了特定器械让你在执行此练习时可采用坐姿）的器械或环球的卧推器械。使用哑铃或杠铃也可以有效地执行此练习，使用前者应采用坐姿，使用后者则应该采用站姿。

在通过耸肩来训练斜方肌时，不要做主动屈肘的动作（像肱二头肌弯举那样）。上臂必须垂在身体两侧，肘部的屈曲程度保持不变，只通过收缩斜方肌（导致耸肩动作）来移动重物。无论使用的是自由重量器械还是固定器械，都要慢慢耸起肩部，尽可能将肩膀向上拉。在肌肉完全收缩的位置暂停片刻，然后慢慢将肩部尽可能降低，至底部位置后，再慢慢耸起肩部。在负荷时间内重复。

下背部训练机练习。 进入下背部训练机，上背部靠着垫子，双脚放在平台上。系好安全带，以防止练习过程中身体在座椅上移动。将双手放在肩上或腹部前方。慢慢向后靠，直到下背部肌肉完全收缩。在这个位置稍做停顿，然后慢慢回到起始位置。在负荷时间内重复。

耸肩

如果使用的是自由重量器械，硬拉或俯身杠铃俯身划船都足以刺激下背部肌肉组织。

下背部训练
机练习

肱二头肌弯举。如果使用固定器械，请坐在肱二头肌弯举机的座位上，然后将肘部放在垫子上。肘关节应与凸轮的中心对齐。抓住手柄，慢慢收缩肱二头肌，直到它完全收缩，前臂肌肉从完全伸展的位置移动到完全收缩的位置，在这个位置停顿一下，然后慢慢恢复到起始位置。在负荷时间内重复。

肱二头肌弯举

如果使用自由重量器械，握住杠铃杆，握距与肩同宽，手掌朝前。站直，指关节靠在大腿上。保持肘部紧贴肋骨，慢慢弯举杠铃，直到双手几乎接触到肩部。无须停顿，慢慢地将杠铃降低，回到起始位置。在负荷时间内重复。

肱三头肌下压。 执行此练习时需使用高架滑轮机。手掌朝下，握住手柄，肘部紧贴身体两侧。慢慢向下压手柄，直到手臂完全伸直并且手柄几乎接触到大腿。在这个位置稍做停顿，然后慢慢地让手柄回到起始位置。在负荷时间内重复。

如果没有高架滑轮机，或者想使用自由重量器械，那么卧推或过头推举可为肱三头肌提供足够的刺激。

肱三头肌下压

腹肌训练机练习。这确实是一个可选的练习。如果已按照第 4 章介绍的方法完成了下拉练习，则无须进行额外的腹部锻炼。然而，如果你不能完成下拉练习，直接锻炼腹部也是一个不错的选择。如果使用固定器械，请坐好，胸部靠在垫子上。（有些器械在略高于头顶的位置装有手柄，在这种情况下，请抓住手柄，务必让背部靠着垫子。）慢慢收缩腹肌。不要用肩部"推"垫子，这样会导致躯干向前和向下移动。腹肌的活动范围不大，所以你要移动的距离很小。继续，直到腹肌完全收缩。在这个位置稍做停顿，然后反方向移动，慢慢回到起始位置。不要让配重片完全掉落在其他配重片或配重架上，否则会减轻腹肌所承受的负荷。在负荷时间内重复。

如果没有腹肌训练机，可以执行卷腹练习。直接仰卧在地板上，脚跟尽可能地靠近臀部，打开双膝。双手放在腹部，慢慢收缩腹肌至完全收缩。在这个位置停顿一下，然后慢慢回到起始位置。在返回起始位置的过程中，要保持腹部的紧张度。在负荷时间内重复。

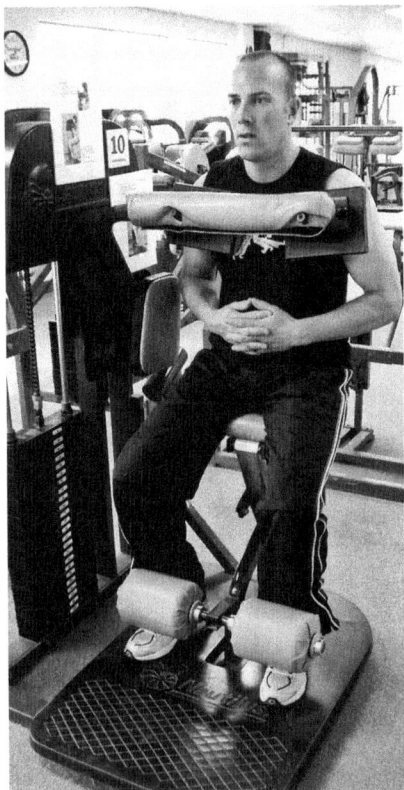

腹肌训练
机练习

卷腹

有关分项训练法的进一步说明

我有一段时间在做"三大"锻炼，而我的进步速度，尤其是腿举的进步速度已经放缓。当时发生了两件事，这两件事促使我重新评估自己每周通过"三大"锻炼进行的一次全身训练。

第一件事与我的教练布莱尔·威尔逊有关，他是一个聪明的人，精通高强度训练理论。有一天，我说："我想我今天要改变一下，也许做腿屈伸或其他练习。"他说："不，你不要改变。"我问："什么意思？"他说："你要么做腿举，要么继续恢复。"我想："他说的有道理。"从我的角度来看，过度训练的第一个指标是没有刻苦训练的意愿，而腿举代表了我愿意并且能够接受的巨大能量输出。此外，我在该练习上的进步微乎其微：在某一周我可能完成了某个重量和重复次数，在下一周我可能会增加一次重复，但之所以增加一次可能是因为我的姿势稍微变形了。

第二件事是，我的儿子赖利正在使用迈克·门策的三分式分项训练计划，每周执行一次。赖利当时 16 岁，他的激素水平非常适合增肌，而且他的进步很大。我想："我也要这么做：将腿部训练推迟 3 周，现在忍住冲动，先别练。" 3 周后，当我再去练习腿举时，我每条腿的成绩都超过了之前的最好成绩，并且多重复了 15 次。这件事让我明白，至少对于腿部而言，其恢复时间要比 7 天长得多。在三分式分项训练计划中，每个身体部位每 21 天训练一次，因此，这样的计划非常完美。

——约翰·利特尔

何时使用分项训练法

受训者一旦发现进步速度放缓，就应立即改用分项训练法。例如，如果在完成"五大"锻炼或"三大"锻炼两次后，举起的重量或完成的重复次数（或二者）都没有进步，就该采用三分式分项训练法了。在每个人的训练生涯中，总会有一段时间让受训者直面其遗传潜力的极限。在这个阶段，可以使用三分式分项训练法，使训练的强度更大、时间更短、频率更低，这将使受训者能够踏上阶梯的最后一级。

上述方法都可以帮助受训者克服机械障碍，使其达到刺激肌肉持续进步所需的阈值。但这并不意味着这些方法会带来更好的结果，也不意味着通过基础方法（即正向的失败）无法实现增大肌肉体积和力量的目标。关于仅负向训练方案的文献表明，该方案可有效刺激肌肉量和力量增加，但也有文献表明，传统训练方法会增大肌肉的体积和力量，而静止（静态）训练同样会产生这种效果。尽管如此，目前还没有任何研究表明某种方法可以使一个人的能力超出其遗传潜力。

我的分项训练法使用体验

对我而言，在医学院任教和担任住院医师的时候，甚至在目前的工作中，精疲力竭是常态，而坚持下去是习惯。所以，如果我的情绪不佳，我会提前去训练。然而，从心理上讲，我却认为"无论我感觉如何，我都必须坚持按计划训练"。为了消除这种想要提前训练的想法并使自己坚持按计划训练，我必须故意制造一个阻止自己的场景。

我现在按照迈克·门策的建议进行循环，每周训练一次，每次训练1/3的身体部位。我将按此建议执行2个循环，然后我将身体分成两半进行训练，在一次训练中用3个练习训练一半肌肉，在下一次训练中用3个练习训练另一半肌肉。所以，我会进行2个循环的三分式分项训练，然后进行1个循环的2次半身训练，然后再回到三分式分项训练。

我并没有因为将针对每个身体部位的训练分散执行而出现代偿失调。如果有任何效果，那就是每个肌群都变得更大、更强壮、更饱满。在某项特定锻炼结束时，我会根据自己的表现预测下一次在循环中再次执行该特定锻炼时所用的重量。我一直在这样做，每当再次执行同一项锻炼时，我都会使用在上次锻炼后预测的重量，而且每次都太轻了，无一例外。

——道格·麦高夫

最大收缩

还有一种锻炼方案也已被证明能帮助受训者有效克服黏滞点和刺激肌肉生长，它就是最大收缩方案。使用这种锻炼方案时，肌肉处于完全收缩的状态，然后保持该状态直到无法坚持下去（其负荷时间通常与常规的全活动范围练习的负荷时间相同）。该方案最好采用单关节练习。

由于该方案是在肌肉活动范围内的力量最强点（完全收缩位置）执行的，所以不存在减速带，并且刺激被施加到肌肉上，几乎不会产生磨损问题。这一点非常重要，因为你在整个锻炼生涯中积累的磨损越少，你的状态就越好。使用最大收缩方案可以刺激肌肉的力量和体积增大，其效果至少等同于通过全方位训练获得的效果，并且由于该方案以增肌为目标，如果可以几乎不造成磨损，它就是一个理想的选择。

最大收缩方案最重要的作用是让你可以收缩肌肉对抗更重的负荷。这不仅会消耗能量，还会产生代谢副产物，而且该方案无须移动即可执行（因此该方案很安全），你也不必担心黏滞点或机械限制问题。

练习拆分示例

在一个有效的最大收缩方案中，受训者应选择12个练习，并确定3个训练计划，每个计划包含4个练习，每7天执行一个训练计划。拆分后的训练计划可能如下。

训练1
1. 腿屈伸
2. 腿弯举
3. 站立提踵
4. 卷腹

训练2
1. 下拉
2. 下背部训练机练习
3. 耸肩
4. 前臂交叉

训练 3

1. 侧平举
2. 后三角肌练习
3. 肱二头肌弯举
4. 肱三头肌伸展

练习的负荷时间应为 60 ~ 90 秒（或任何适合受训者的理想节奏），受训者应尽量将负荷时间保持在该范围内。如果教练或训练伙伴帮助举起负荷并将其转移到正在训练的肌群上，则受训者可以使用更重的负荷来获得良好的效果。最大收缩方案能极好地调整刺激，因为它消除了所有动量，不需要学习曲线，能彻底地让肌肉承受负荷，并提供充足的能量消耗、疲劳、代谢副产物累积和肌肉生长刺激。科学文献中的大量数据支持这样一种假设，即最大收缩或恒定张力的静止方案会产生显著的力量增强效果[5]。

复合练习和最大收缩

上述好处也可以通过复合练习获得，如构成"五大"锻炼的那些练习，但是在这些练习中，你必须注意不要完全锁定四肢。在复合练习中，肌肉完全收缩的位置通常也是活动范围内力臂最短的点。为了克服这个障碍，从而对肌肉组织施加更高水平的刺激，最好的方法是在活动范围内找到一个固定点，并在该点感受执行完成练习时的最大力量输出，然后在该点执行一组练习。例如，在腿举练习中上升过程中的 2/3 高度处，以及胸推中刚过中间点的位置，都是保持固定姿势的好位置。这样做将确保你进行合理的最大收缩，并且输出的力量是最大的。需要权衡的可能是有一部分肌纤维在这些位置不会输出最大力量，但这是有积极意义的权衡，因为你将减少全活动范围练习所导致的磨损。

上述方案强度更高，因此我们建议你在执行这一方案时，在一次锻炼中进行的练习不超过 3 或 4 个，例如腿举、下拉、胸推和坐姿划船。与往常一样，在使用这种方案时，每周的锻炼次数不应超过一次，如果你的锻炼记录表明你进步缓慢，请立即延长恢复时间并将频率降低至每 10 天左右锻炼一次。

不进则退

在训练时，任何时候都不应认为自己的进步已经"足够大"并选择降低强度以"保持"目前的肌肉大小和力量水平。我们发现，每当这样做时，退步是不可避免的结果。

我们不确定为什么会这样，但已经多次看到这种现象，这足以让我们得出结论，身体需要不断的挑战。

我们曾经听到客户说过这样的话："我不需要变得更强壮，我也不想再增强力量了。"那么，如果我们试图将强度保持为 200 磅下拉、90 秒负荷时间（假设这是他们在之前的锻炼中表现出来的能力），在 3 ～ 4 次训练后，我们就会发现，他们甚至难以用同样的重量完成 70 秒的练习。如果我们没有试图将强度保持在这个水平，而是每次锻炼将受训者要做的功提高哪怕 1/4 英尺磅，那么受训者的水平就会保持稳定或略有进步。同样，如果我们采用的方案（如本章详述的方案）使他们在解决黏滞点问题的同时能承受更重的负荷，他们将继续体验到力量增长。然而，试图通过相同的重量和负荷时间来使其力量水平保持稳定是根本行不通的。

许多受训者不喜欢全力以赴锻炼的感觉（尤其是在自己变强壮后），为了安抚自己，他们希望做一些练习，但又不想练得"太辛苦"。他们只想在锻炼中用一下肌肉，但并不热衷于让强度大到足以刺激身体继续进步的水平。遇到这种情况时，我们通常会在其每次锻炼后安排更长的休息时间，或者按照本章介绍的方法修改他们的锻炼方案。这种变化提供了做一些"新"练习的心理刺激。如果我们将方案改为超慢速™等强调累积代谢副产物的方案，他们会感到满意，因为他们的肌肉仍在努力工作，但他们没有举起很重的负荷。

我们意识到，有些人明显害怕更大的重量，这会造成巨大的心理障碍，因此我们会使用不同的方案来帮助他们逐渐进步。例如，我们在大约一年之内不会对锻炼方案做任何修改，之后会采用渐进式技术和方案来使其保持进步。

谨慎使用超强度方案

本章介绍的所有方案都必须系统地、谨慎地使用，尽管前文已明确说明过度训练的危害，但能提升到更高水平是非常诱人的，对于那些积极性很高的人尤其如此。这些方案代表了对身体提出要求的巨大飞跃，因此你的身体可能会在不知不觉中已过度训练，而进步将停滞不前。

过度训练是一个过程，而不是一个事件，并且我们通常很难识别它何时开始发生，但受害者的力量已经逐渐减弱。过度训练的最佳解决措施是一开始就要防止它发生，即有意识地提前规划何时使用这些方案，并规定在短时间内保守地使用，随后的锻炼计划应减少运动量和降低运动频率。

例如，假设你从9月开始训练。你将在5个月里执行"五大"锻炼——9月、10月、11月、12月和次年1月。然后，从2月开始，你可能会进行某些修改。这一整年的训练结构如下。

1月——"五大"锻炼基础计划（仅达到正向失败的程度）。

2月——"五大"锻炼，增加腿举、胸推和下拉练习的分段人工辅助方案。

3月——3个练习的仅负向训练方案（如下拉、过头推举、腿举）。

4月——"五大"锻炼基础计划（仅达到正向失败的程度）。

5月——三分式分项训练（在正向的失败后执行一次休息暂停方案）。

6月——三分式分项训练（执行最大收缩方案）。

7月——"三大"锻炼（下拉、胸推、腿举），仅达到正向失败的程度。

8月——三分式分项训练（在正向的失败组结束时执行定时静态保持方案）。

9月——三分式分项训练（每个练习都采用仅负向训练方案）。

10月——"三大"锻炼（仅达到正向失败的程度）。

11月——三分式分项训练（采用部分重复方案，在腿举和过头推举中执行黏滞点之后的部分，并在下拉中执行黏滞点之前的部分）。

12月——三分式分项训练（每个练习均采用分段人工辅助方案）。

能量守恒和增加负荷

受训者在进行单关节练习（例如三分式分项训练法）的过程中，必须小心谨慎。身体不仅可以学会通过一些方法来上下移动更大的重量，从而完成既定目标，而且有时动作的力学机制也使得单关节练习无法实现。出于这些原因，我们更喜欢锻炼计划中的大多数练习是复合练习。

我们发现，在某些肱二头肌训练机上，随着重量的增加，机械杠杆效应会突然介入，器械上的重量会使得受训者的身体离开座位。因此，受训者开始使用辅助肌肉来使自己在器械中保持稳定，并继续以更大的重量执行练习。由于在移动臂上施加的作用力如此之大，该练习的力学机制迫使受训者通过在器械中移动来作弊。许多其他单关节练习也是如此。例如，你会发现在腿部伸展练习中就会发生这种情况：一旦使用较高的阻力水平进行练习，你几乎不可能让臀部一直保持在器械的座椅上。

　　为了应对这种情况，许多受训者会非常用力地握住器械的手柄（他们不应该这样做，因为这样会使血压升高）或用安全带将自己固定在器械上，这样会影响肌肉参与训练的程度，因为当安全带勒住股四头肌时，该肌群会被压紧而无法完全收缩。简而言之，一旦在这些单关节练习中将阻力提升到更有意义的水平，受训者几乎不可能完全不作弊。

　　不要因此认为在整个训练生涯中应该避免单关节练习，但也要牢记锻炼（不考虑最大收缩方案）的核心需要是复合练习。此外，在判断进步情况时，需要以将作弊保持在最低限度的器械为依据。

　　总之，重要的是，不应将本章中的调整方法视为使用强度更高的技术来使身体产生超出其能力的效果的方法，而应将其视为保持进步，并解决器械局限性和人体有限恢复能力的机制。实际上，它们是一些可以将你的遗传潜力的实现程度从98%提高到100%的方法。

遗传因素

特别感谢瑞安·霍尔研究并整理了本章中的大部分材料。

虽然适当的锻炼可以带来卓越的效果，但如果你的愿望不切合实际，你就很可能会失望。毫无疑问，力量训练是最有成效的活动之一，但许多女性不愿意进行力量训练，因为她们害怕自己最终看起来会像阿诺德·施瓦辛格（Arnold Schwarzenegger）一样强壮，而许多男性曾经在进行过力量训练后沮丧地放弃了，因为他们的身材并没有变得更像阿诺德·施瓦辛格的身材。一般来说，女性的这种恐惧并没有依据，但对于男性来说，他们的失望是正常的，因为大块肌肉在人类中是较为稀有的，这种稀有性可使其更具吸引力，而这种稀有性在健美和健身出版物中被宣传为"任何人都有可能拥有"，这让许多女性感到恐惧。

来自经济学的经验

在经济学领域，给定对象的价值并不总是与其重要性直接相关。很多时候，价值是由供应与需求的关系决定的，这就是通常的定价方式。例如，价值更高的是钻石还是水？从人类生存和健康的角度来看，很明显，水更有价值，但是，钻石却比水贵得多。原因何在？现代科技使得水的供应与需求在总体来说达到了平衡。所以，水的价格低。然而，如果你被困在一个缺水的荒岛上，你肯定会选择一瓶水，而不是一颗钻石。同样，高度发达的肌肉是较为稀有的。它们之所以具有吸引力，正是因为其稀有性，而这种稀有性产生的原因是遗传基因。

过去 100 多年中形成的三大理论对了解人类生物学和身体的"内部"世界做出了重要贡献：1839 年马蒂亚斯·施莱登（Matthias Schleiden）和特奥多尔·施万（Theodor Schwann）提出的细胞理论，19 世纪 50 年代查尔斯·达尔文（Charles Darwin）提出的进化论，以及 19 世纪 60 年代路易斯·巴斯德（Louis Pasteur）提出的疾病理论。这些理论为生命科学领域最重要的突破——DNA（脱氧核糖核酸）的发现奠定了基础。DNA 构成了所有生命的基础。从单细胞生物到人类，DNA 在进化阶段决定了每个生物体的性质。

存在于 DNA 中的基因"携带"了一个人从父母那里继承的特征，这些特征是父母从他们的父母那里继承的，以此类推。你的一切（你的头发颜色、脚的大小，甚至肌肉的形状和大小）几乎都是由你的祖先传递下来的基因决定的。虽然任何人都可以通过适当的训练和合理的营养来挖掘其在肌肉力量和大小等方面的遗传潜力，但这一过程仍然存在限制，而这些限制也是由基因决定的[1]。

锻炼出大小超出正常水平的肌肉也需要基因结构的配合，而事实是大多数人没有这种基因结构。进化生物学证实了这一点，因为对上述特征的需求相对稀少，因此选中这种肌肉组织的过程很少发生，但该过程并没有完全消除。

决定因素

在 20 世纪 70 年代后期，迈克·门策提出，在 10 万名男性的样本中，也许有 20 人具有成为健美冠军并可以锻炼出这种水平的肌肉量的基因。在这 20 个人中，也许有 10 个人对这样做感兴趣，而在这 10 个人中，也许只有 1 个人知道如何正确训练和摄入饮食才可以将其肌肉潜力充分发挥出来。这表示，你锻炼出水平如此之高的肌肉量的概率为 1/100,000。

虽然很难准确评估一个人发展肌肉的遗传潜力，但知识渊博的观察者发现某些身体特征可能会反映出一个人的这种潜力。下面会介绍这些可见的特征，它们可以为可能的训练方向提供指导，并反映出哪些人有可能因训练而发挥出高于平均水平的肌肉增长潜力。

体形

虽然可能有无数种体形，但权威人士得出结论，有3种体形最常见。20世纪40年代，美国心理学家威廉·谢尔登（William Sheldon）通过分析这3种体形的存在率将人类身体分为内胚型、中胚型和外胚型。

内胚型是指身体趋于柔软、圆润，典型的内胚型身体是圆圆的，躯干圆润，脖子粗，双腿和手臂又短又胖。中胚型是指身体趋于肌肉发达，真正的中胚型身体方正而结实，肩部宽阔且肌肉发达，胸部和四肢强壮，脂肪很少。外胚型是指身体趋于瘦弱，外胚型身体通常很高，躯干和四肢总是很瘦，脂肪或肌肉很少。

肌肉长度

其他因素也可以影响一个人的肌肉的最终尺寸。其中的关键因素是肌肉的长度。肌肉由肌腹和两端的肌腱组成，这就是肌肉被称为肌肉肌腱单位（Musculotendinous unit）的原因。肌肉肌腱单位的质量越大，可用于生长的材料就越多。肌肉的长度取决于其肌腱将其固定在骨骼上的位置，因此是无法增加的。由于肌肉的宽度通常不会超过其长度（因为如果超过了，收缩不会发生），对于任何肌肉，其体积（长度 × 宽度 × 高度）的限制因素就是由遗传基因决定的长度。

然而，上述公式并不是绝对的。如果一个人的肱二头肌的肌腹较短，这并不意味着其身体其余部位的肌肉一定都较短。对于某一个人来说，任何一块肌肉的长度似乎都是随机的，身体两侧及不同身体部位之间的肌肉长度通常均存在差异。全身肌肉的长度、大小一致的人极为罕见。

骨骼形成

在评估一个人是否有锻炼出巨大肌肉的可能时，必须考虑骨骼的形成，这是由身体骨骼的长度、厚度和结构决定的。健美运动员的身体特点通常是宽肩、窄臀和中等长度的手臂和腿。

脂肪细胞的分布

正如人们的基因决定了某些肌肉的体积一样，他们也继承了一定数量的脂肪细胞。这些脂肪细胞的分布情况也是由基因决定的。平均而言，非肥胖者拥有250亿至300亿个脂肪细胞，中度肥胖者大约有 500 亿个脂肪细胞，而极度肥胖者则有多达 2400 亿个脂肪细胞。这些数据可能有助于解释为什么一些极度肥胖者永久保持减脂效果几乎是不可能的。

神经肌肉效率

神经肌肉效率是指神经系统和肌肉之间的关系。肌肉受神经支配和被大脑激活的方式决定了肌肉力量可达到的水平，以及为对抗特定阻力而产生特定动作所需的肌纤维数量。神经肌肉效率较高的人能够在进行极量运动（尽最大努力）时收缩更多的肌纤维。在全力以赴的情况下，普通人可能会收缩特定肌肉内 30% 的肌纤维，少数人可能有能力收缩 40% 的肌纤维，而更少的人可以收缩 50% 的肌纤维。收缩更多的肌纤维能产生更大的力量，从而使身体能够进行更剧烈的运动。在耐力方面，这种天赋是劣势，但对于刺激肌肉生长、冲刺和单次尝试的运动来说，它是明显的优势。

肌纤维密度

肌纤维密度是每立方厘米单条肌纤维的数量。每立方厘米的肌纤维越多，肌肉就越有可能增大。由于你无法刺激不存在的肌纤维生长，因此任何特定肌肉的肌纤维越多，其生长潜力就越大。

肌肉的形状和大小

肌肉有梭形和羽状两种不同的形状，肌肉内的肌纤维排列方式决定了该特定肌肉是否有可能增大。

梭形肌的形状像橄榄球，如上臂的肱二头肌，这种肌肉具有相当强的体积增大能力。

在羽状肌中，肌纤维的排列方式更像羽毛。这种排列方式创造了一个拉力角，使羽状肌与梭形肌相比具有非常大的力量优势。然而，羽状肌中的肌纤维是分层的，而不是像梭形肌中的肌纤维那样像果冻卷一样层层叠叠，因此它们的厚度只相当于几根肌纤维的厚度。这些肌纤维以这种方式排列是因为它们位于狭小的空间内，如果它们以梭形排列，那么由于肌肉横截面积的增加，每一次力量输出的增加都会导致肌肉功能性能力的下降。

手掌的骨间肌就是一种羽状肌。每当需要抓握时，这种肌肉就会发挥作用。如果它具有梭形肌的特征，你的手很快就会变成气球状，从而丧失抓握能力。同样，小腿侧面的比目鱼肌必须被夹在腓肠肌和胫骨后缘之间。如果这块肌肉显著增大，它会将腓肠肌向后推，破坏其拉力角度，那么它的力量也会丧失。很明显，某些肌纤维需要以羽状方式排列才可以*避免*肌肉体积明显增大。那么结果自然是，有些肌肉的体积受限于其形状而永远不会明显增大，这与遗传基因无关。

肌肉生长抑制素

正如一些文献所记载的，绝大多数人不具备发展超常大小的肌肉所需的身体特征，生物学可以对此提供很好的解释。从我们祖先进化的角度来看，容易发展出大块肌肉的能力在当时食物短缺环境中是一个主要的生存劣势。肌肉是代谢活动非常活跃的组织，当能量稀缺时，即使只需维持和支持正常大小的肌肉组织对身体来说也是一种考验，因此肌肉水平超常的人几乎不可能生存，因为其能量需求非常高。

受训者也许不愿意接受这个事实，但拥有过多肌肉的确会明显阻碍进化，并且需要一种相关的内部机制来限制肌肉生长。肌肉生长抑制素满足了这一需求。

一种名为生长及分化因子8（GDF-8）的特定基因会产生肌肉生长抵制素，其功能是阻止肌肉干细胞或卫星细胞变大。GDF-8实际上控制着肌肉大小的极限。大多数人的GDF-8基因表达较多，因此有大量的肌肉生长抑制素在其身体中循环，这对他们身体肌肉的生长施加了适度的限制。

肌肉生长抑制素最早是在比利时牛群中发现的。尽管比利时没有多少开阔的平原，但该国的养牛者仍然能够培育出一种肌肉量比普通牛高30%的公牛。随着时间的推移，他们通过选择性育种培育了一种被称为比利时蓝牛的品种，其独特之处在于其肌肉量是标准肉牛的2 ~ 3倍。

由于活牛的体重越大就意味着肉产量越高，每头牛就可以卖更多的钱，因此研究人员开始研究为什么比利时蓝牛肌肉大得如此出奇。令他们惊讶的是，他们发现这种牛缺乏编码肌肉生长抑制素蛋白的基因（GDF-8），他们认为这是这些牛的肌肉如此发达的原因。

约翰斯·霍普金斯大学的研究人员李希敬（Se-Jin Lee）和亚历山德拉·麦克弗伦（Alexandra McPherron）对同窝小鼠（基本上是双胞胎小鼠）进行了一项试验，导致其在出生后缺失GDF-8，以此来验证该推测。他们观察到，这些小鼠的肌肉大得惊人。该试验证实，缺乏GDF-8就是导致肌肉组织过多的原因[2]。

这一结果引起了科学界的极大关注，并推动了更多涉及对其他动物进行类似基因敲除的研究，这些研究都得出了相同的结果。一旦科学家们意识到他们可以敲除这个基因并产生可预测的结果，他们就知道自己已经成功地确定了一种基因（及其表达蛋白）可以产生前所未有的增肌效果。对这项研究的兴趣迅速蔓延到人类领域，使得肌肉萎缩症、艾滋病、饥饿和癌症等肌肉消瘦类疾病都可以受益于在人类中操纵该基因。

在这些研究中，研究人员想确定是否有一种方法可以在不敲除GDF-8的情况下实现增肌效果。很多基因编码可以产生多种蛋白质或信号，如果你敲除一个完整的基因，在获得有益效果的过程中可能会产生一些负面影响。考虑到这一点，研究人员并未尝试开发一种可以敲除该基因的药物，而是开始将注意力转向寻找一种方法来结合该基因表达的产物蛋白质，以抑制其表达。他们研究的第一种化合物是卵泡抑素，它通常用于治疗下丘脑垂体轴激素分泌紊乱。

1997年，他们高兴地发现，卵泡抑素实际上可以在某些激素的受体表面结合这些激素，从而抵制这些激素发挥作用。为了理解这个过程，最好的方法就是将肌肉生长抑制素视为一把钥匙，将其受体视为钥匙孔，而卵泡抑素则是覆盖在钥匙锯齿部分的一种药剂，它使钥匙不再适合其钥匙孔。另一种药剂同样可以抑制肌肉生长抑制素发挥作用，但采用了不同的方法，它没有覆盖钥匙的锯齿部分，而可能覆盖了钥匙的手柄部分。卵泡抑素被发现在这方面的效果良好，可有效结合肌肉生长抑制素并抑制其功能。因此，研究人员能够在肌肉生长抑制素与其受体表面的结合处覆盖它，而不是完全敲除GDF-8，从而产生双重肌肉效应。

有一个问题阻碍了最后的成功，因为这种方法产生的效果并不是孤立的：虽然卵泡抑素确实结合了肌肉生长抑制素，但它也结合了其他激素。于是，研究人员另起炉灶，开始致力于开发一种更具针对性的单克隆抗体。他们需要找到一些特定于肌肉生长抑制素的东西来阻止其在体内发挥作用。这一尝试取得了成功，并且一家名为美他摩菲（Metamorphix）的公司申请了药物专利，这是一家以风险投资资金创办的企业，其负责人是李和麦克弗伦。美他摩菲持有将该药物用于畜牧业等动物领域的专利权，而该药物的人用版本的专利权已出售给惠氏制药（Wyeth Pharmaceuticals）。

为了实现从动物研究到人类研究的飞跃，重要的一步是发现一个人类自发性肌肉生长抑制素缺失的例子。研究人员需要证明肌肉生长抑制素缺失会在人类中自然地发生（尽管很少），否则，人类研究咨询委员会（Human Research Advisory Committee）将拒绝批准对人类进行此项研究。因此，在1998年至2004年的这几年里，这些研究人员进行了一场超大规模的寻人活动，以寻找人类肌肉生长抑制素缺失的例子。

李和麦克弗伦开始在健美运动员中采集血液样本，作者道格·麦高夫也收到了采血工具包，试图从他心目中的候选人那里获取样本。然而，采用这种方法的结果却是竹篮打水一场空。原因与害怕针头无关，而是钱在作怪。获取血液样本需要受试者签订知情同意书，表明已充分了解研究人员试图用该样本证明的结果——拥有这种令人印象深刻的极度发达的肌肉是天赋，而不是进行训练、服用药物或补剂的结果。事实很快就清楚了，许多拥有这种天赋的人不仅能够利用它来赢得体育比赛的胜利，而且能够利用它来代言一系列商品，以获取丰厚的收入，其中最突出的商品就是他们自己的训练计划或膳食补剂，因此，向公众承认他们实际上缺失肌肉生长抑制素无疑会极大地损害这些商品的销量。

虽然研究人员在健美运动员这边屡屡碰壁，但突破性进展出现了，在 2004 年 6 月 24 日的《新英格兰医学杂志》（New England Journal of Medicine）上，一篇文章宣布在德国的一名幼儿的样本中发现了肌肉生长抑制素突变[3]。这个消息为研究人员进行人体研究打开了一扇门，研究人员由此开启了一项人体研究。该研究被命名为 Myo-O29，完成了第一阶段的试验，但从那以后就很可疑地消失无踪了。

在这一系列研究正在进行的同时，也出现了可以通过选择性育种造成肌肉生长抑制素缺失的其他动物物种。举一个典型的例子，在赛犬界，许多优秀的赛犬都是惠比特犬，而且人们一次又一次地看到，赢得最多比赛的惠比特犬似乎肌肉都非常发达。这种情况引起研究人员的注意后，他们开始对这些惠比特犬进行测试，并发现通过选择性育种，这些惠比特犬（现在称为"勇猛型"惠比特犬）都存在肌肉生长抑制素缺失的情况[4]。如果你在搜索引擎中搜索"肌肉发达的惠比特犬温迪"，你会惊讶于通常极瘦的惠比特犬竟能拥有如此发达的肌肉。

肌肉生长抑制素缺乏的表现不仅是肌肉过大，还包括体脂水平较低，而且这两种效果似乎是同时产生的，它们使生物体在外观上具有非常清晰的肌肉线条，这就是健美运动员喜欢说的"肌肉线条清晰（Ripped）"[5]。

有许多女性担心自己在力量训练后可能会看起来肌肉极度发达，而这正是许多男性所渴望的。那些拥有更大肌肉和最有可能发展出巨大肌肉的人，不管你信不信，他们都是在进化中侥幸逃过一劫的人。让肌肉快速增加的事件对于生存而言没有太大的价值，因为维持这些肌肉会消耗大量的能量，从而迅速降低体脂（我们在饥荒时期的能量储备）水平。

除了肌肉生长抑制素之外，还有其他遗传因素也会影响身体对训练的反应，并且我们在对训练方案进行具体修改时，也要考虑这些因素，这样才有助于充分表现这些遗传特征。这些遗传因素包括睫状神经营养因子（CNTF）、白细胞介素-15、α-肌动蛋白-3、肌球蛋白轻链激酶和血管紧张素转换酶[6]。

睫状神经营养因子（CNTF）

睫状神经营养因子是一种促进运动单位存活的物质。睫状神经营养因子的数量会随着年龄的增长而下降，但研究已证明将睫状神经营养因子注射到老年实验动物体内可以显著增加它们的力量和肌肉量。身体内存在的睫状神经营养因子的量也会影响肌肉尺寸的上限。

白细胞介素-15

白细胞介素-15的基因组合与力量训练的正向反应密切相关。白细胞介素-15的表达有3种不同的基因可能性（称为"基因型"）：AA、CA和CC。就进行力量训练后的肌肉大小反应而言，与CC基因型相比，AA基因型产生的增长反应要强烈得多，CC基因型在这方面几乎没有效果，而CA基因型产生的增长反应介于二者之间，也可以说是中等反应。然而，在肌肉力量对力量训练的反应方面，则存在相反的情况：AA基因型产生的力量增长最少（但质量增加最多），而CC基因型产生最大的力量增长最多（但它产生的质量增长最少）。CA基因型再次产生介于二者之间的中等反应。综上所述，白细胞介素-15基因型可以决定一个人的肌肉大小和力量对力量训练的反应。

α-肌动蛋白-3

α-肌动蛋白-3是快肌肌原纤维的肌动蛋白纤维的组成成分。在一般人群中，大约有18%的人完全缺乏这种蛋白质。然而，在运动员中则呈现出了完全不同的结果：迄今为止，没有任何世界短跑冠军被证明缺乏 α-肌动蛋白-3，而有1/3的耐力运动冠军缺乏它[7]。如果你想成为一名力量型或速度型运动员，那么你的基因组似乎应该拥有 α-肌动蛋白-3的相关基因。至于在对力量训练的反应方面，一些研究初步表明，缺乏 α-肌动蛋白-3的人往往比拥有它的人从力量训练中受益更多。需要注意的是，其中一些研究受到了批评，因为在用于验证该假设的方案中，运动量相对较高，运动强度相对较低。据推测，如果采用较低运动量、较高强度的训练计划，拥有 α-肌动蛋白-3的受试者会表现得更好。

肌球蛋白轻链激酶

肌球蛋白轻链激酶是一种在肌球蛋白轻链上参与肌球蛋白和肌动蛋白纤维的偶联反应的酶。你拥有的肌球蛋白轻链激酶越多，你的身体就可以建立越多的横桥，因此可以输出的力量就越大。此外，肌球蛋白轻链激酶的相关基因的表达水平越高，通过运动消耗的能量就越多，运动造成的肌肉损伤也越多，两次锻炼之间需要的恢复时间就越长。所以，如果你碰巧有高水平的肌球蛋白轻链激酶，你会变得更强壮，但你也会更多地消耗能量，因此需要比较低的训练频率来使效果最大化。

阿瑟·琼斯发明了诺德士器械，并花费了数百万美元和数千小时对各种肌群进行了力量测试。他在西点军校（West Point Military Academy）发表演讲时提到，他遇到过一个接受其力量输出测试的受试者，此人在开始时的力量水平非常高，但仅仅重复了几次之后，他的力量就下降到接近于0的水平。琼斯认为该受试者没有付出足够的努力，于是便让他离开。经过多年的研究，琼斯沮丧地意识到，他仓促否定的那个人可能是他所见过的最强壮的力量举运动员，而该受试者的力量水平的变化也许可直接归因于他的肌球蛋白轻链激酶的相关基因的表达水平。

血管紧张素转换酶

血管紧张素转换酶在决定血管张力方面有很大作用。就发挥作用的方式而言，基因可以分为插入基因（"i"基因）或缺失基因（"d"基因）。拥有血管紧张素转换酶的双重插入基因（"ii"基因）版本的人往往拥有高水平的慢肌纤维，因此特别擅长耐力运动；而拥有双重缺失基因（"dd"基因）版本的人往往拥有高水平的快肌纤维，因此特别擅长爆发力运动和冲刺。拥有插入/缺失基因（"i/d"基因）的人则耐力运动、爆发力运动和冲刺的能力较为均衡。这种酶的双重插入基因版本是抑制性的：它会减弱身体对力量训练的反应。拥有双重插入基因版本的人可能对更多重复次数、更长负荷时间，甚至多组练习会反应更好，而拥有双重缺失基因版本的人似乎通过任何训练方案都能够变得更强壮。

高强度反应者

实际上，基因研究表明，对于强度特别高、训练量特别小的训练方案，反应最好的受训者是拥有 α-肌动蛋白-3 的人。由此可推测，这类受训者更像是短跑运动员而不是长跑运动员。最优反应者也可能拥有从父母那里遗传的肌球蛋白轻链激酶。这类受训者通过力量训练可以获得更多的力量增长，但也会提高肌肉损伤和能量消耗的程度，因此在训练之间需要更长的恢复时间。

此外，这类受训者拥有血管紧张素转换酶的双重缺失基因版本，以及相对较多的快肌纤维，因此在力量方面对较少重复次数和较少练习组数的训练会有更好的反应。

中等强度反应者

缺乏 α - 肌动蛋白 -3，肌球蛋白轻链激酶水平较低，并且拥有双重插入基因版本的血管紧张素转换酶的受训者将对强度略低的训练做出更好的反应。对于这类受训者，可以安排略高的训练量。没有任何证据表明你不可能拥有这 3 个元素的任意组合，因而你有可能处于该范围内的任意位置。

研究证明，遗传因素将决定你对适当训练的反应会有多好，以及你对哪种训练方案的反应最好。目前，测量个人这些遗传因素水平的最佳方法是肌肉活检，但这可能有点不切实际。此外，大多数肌肉活检都是从股四头肌的股外侧肌中取样的，但并没有证据表明这些遗传因素的表达在全身每个肌群中都是同质的。就我们所知，这些遗传因素在胸肌中的组合可能完全不同。

在这方面的好消息是，为了优化对训练的反应，你实际上不必知道这些遗传因素的特定表达是什么。重要的是你知道它们存在，并且认真记录自己的训练数据，以便衡量自己的进步并确定哪些方案可以降低或提高你的表现。有了这些知识，你就可以自行进行必要的微调，从每次训练中获得最优效果。只要你变得更强壮，并且力量增长不是以训练过程中的动作变形为代价的，你就可以放心，你正在以适合自己的基因型的正确（或最佳）强度、运动量和运动频率进行训练。

表观遗传学

不同的基因可能会导致人对训练的反应不同，但这并不意味着要遗传到很多好的基因才可以通过训练获得可观的回报。无论基因如何，你都可以通过做一些事情来改善运动对自己身体的影响（尽管改善程度不高）。这一惊人的发现属于表观遗传学的范畴。

表观遗传学被认为是分子生物学中的一个新领域，它的起源可以追溯到 20 世纪初。当前对表观遗传学的讨论源自其希腊语 epigenetics 中的前缀"epi-"，其意思是"在上面"或"在上方"。在引入这门学科之前，人们认为遗传学严格基于 DNA 碱基对的测序，这些碱基对通过编码形成由体内某些基因表达的特定蛋白质。人们认为可能发生的任何变化都是基于实际 DNA 序列的变化而产生的，而且这种变化只能通过自发突变或科学家故意操纵某个基因（如敲除肌肉生长抑制素基因）来实现。然而，现在已经表明，DNA 可以发生不涉及 DNA 序列变化的其他改变，而这些改变会显著影响一个人的基因表达方式。

大多数表观遗传变化涉及连接DNA的化学键。例如，甲基化，它是甲基的连接；乙酰化，它是乙酰基的连接；磷酸化，它是磷酸基的连接；以及染色质重塑。染色质重塑特别值得注意，因为它会在DNA上产生蛋白质复合物，这将决定细胞核内的DNA的形状。某些类型的染色质可能会使DNA变得更紧密；当这种情况发生时，在这些区域中的基因往往不会被表达。表观遗传变化会对这种染色质及DNA的紧密程度产生影响，因此可以确定该特定基因是被表达还是被忽略。

这些不同的小改变的迷人之处在于，它们发生在DNA分子上，并且它们是基于环境影响发生的。到目前为止，大多数表观遗传研究都是在啮齿动物身上完成的。例如，在某些老鼠身上已经证明，母鼠的舔舐行为和梳毛行为会使被梳过毛的老鼠的基因组上产生表观遗传变化，而发生变化的基因组会影响老鼠的镇定行为和神经质、焦虑行为。

环境影响的威力

曾经人们认为只有DNA骨架中的变化才能遗传给后代，但科学家们现在发现，这些表观遗传变化也可以遗传给后代，甚至可以遗传给受到影响后的第4代。这些变化有两个已知的触发因素是行为影响和饮食影响。例如，一种肥胖的大鼠被喂食了一种含有高水平叶酸的特殊食物，这种食物可以为某些控制代谢和肥胖的基因提供甲基。这个过程使原本肥胖的大鼠变成了瘦的大鼠。然后，该基因变化在大鼠的后代中传递了2～4代。

摄入某些有毒化合物也可以引起导致肥胖的表观遗传变化。这些有毒化合物中含有多酚，它是可回收塑料的成分之一，并与导致肥胖的表观遗传变化有关。多酚存在于各种塑料包装中，如塑料瓶和微波炉餐盒，甚至三明治包装袋。有人猜测，肥胖浪潮之所以出现在发达地区，而没有出现在欠发达地区，这些化学物质的存在是原因之一。

表观遗传学揭示了可以导致人类DNA产生此类变化的无数环境影响，并且这些影响不仅作用于个人，还会作用于其后代。这些影响有很多种，包括简单的行为（如梳洗）和较复杂的行为（如饮食和锻炼），并且它们都在人们有意识的控制范围内。

想象一条非常长的基因链，这些表观遗传变化就像开关，它们要么打开，要么关闭某个给定的基因。各个基因如果打开不当会导致疾病，但如果没有打开，或者适当打开，则不会导致疾病。这些开关（实际上是一个长开关阵列）对人类的健康和长寿至关重要。它们会向DNA分子传递一种代码，代码的实际意思是"如果这样，那么那样"和"如果那样，那么这样"，让你可以打开和关闭用于表达健康或其他因素的基因，具体取决于你做什么。

你做出的这些选择是动态且相对随机的，因为它们之间不存在线性关系，因此，结果并不总是与原因成正比，有时不成比例的程度甚至非常高。虽然永远无法预测影响的程度，但你可以肯定地预测，你选择的生活方式将直接影响你的基因表达和健康。这就是锻炼发挥作用的地方，其影响很可能比目前所知的更大。虽然我们在本章中论证了一个人增肌的遗传潜力几乎是固定的，但表观遗传学指出这样一个事实，即人们对锻炼和生活方式的选择可能会对其健康及基因组产生长期的影响。

在生活方式选择方面，有一些证据表明，仅仅由于一个人出现在其他人面前，某些表观遗传变化就会发生。例如，如果你进行适当的力量训练并变得更强壮，这不仅意味着你将来的后代可能继承这些优点，还意味着目前已出生的后代也可能受益，前提是他们所处的环境与你所处的一样。这同样适用于负面因素：一些研究表明，如果一个人习惯性地与肥胖的人交往，此人的肥胖风险会增加57%。因此，你不仅可以通过生育行为传递这些变化，也可以通过营造特定环境传递它们[8]。

事实证明，"一个人的同龄人群体具有巨大的影响力"的观点是对的，如果表观遗传学对人类来说像对其他动物一样具有强大的影响，那么它可能对所有事物都有广泛的影响，包括本书中提倡的锻炼类型。更重要的是，它让那些遗传倾向是无法长出大量肌肉或变得肥胖的人有了希望。现在有令人信服的证据表明，表观遗传变化可以产生重要的影响，人们实际上可以通过环境来改变其基因表达方式。从本书的角度来看，我们可以提出的最有希望的建议是，适当锻炼可以在分子水平上使身体发生有益的变化，这将对你和你周围的每个人，尤其是你的后代都非常有意义。知道自己可以做出更好的适应性改变，而且这种适应性改变是可以传递给其他人的，会让人感觉很有力量。

过去人们认为，人类的适应能力及某些基因是否会传递给后代，是由出生时继承的DNA决定的，之后不会再改变。这个观点显然基于命运决定论，与经验主义并不相符。你一定想知道为什么科学与这个看似正确的观点并不相符。经过进一步研究，人们发现，用一定程度的自由意志和对自己命运的掌控来对命运决定论进行补充更为合理，而生物学支持了这一修订。在这个框架内，我们希望你知道，你通过执行我们提供的锻炼计划可以做出的重大改变且这一重大改变可以说会影响"人类的适应能力"。

诚然，表观遗传学仍是一门处于起步阶段的学科，但某些事情似乎已经很清楚了。重要的是，利用本书提供的方法实现的进步可以产生有意义的影响。了解自己的劣势并且不要对其感到沮丧很重要，了解环境和意志对我们的行为方式的影响可能会在身体上产生不同的效果也很重要。关于你所述的环境的一切都在某程度上决定了你的基因将如何表达，因为正如前面所讨论的，DNA 不仅可以自我复制，还可以将自己传递到未来。因此，这种分子具有可塑性，可以提供适应性优势，从而更好地确保身体将其传递到未来。

9

减脂的科学

脂肪是一种神奇的组织。它使人类在两个冰河时代得以生存，并能够熬过永无止境的干旱和饥荒。仅仅1磅脂肪就可以储存3,500千卡热量，以备将来随时使用。由于它是休眠组织，因此将其储存在体内几乎不会产生代谢成本。比脂肪的能力更令人惊奇的是关于它的误解之多。

脂肪储存

对脂肪最大的误解可能就是认为它不健康。实际上，脂肪甚至可能是我们能生存在世上的主要原因。纵观人类历史，有现成的食物是例外情况，而不是常规情况。储存适量的脂肪是身体健康的标志，因为它表示代谢资源丰富，机体生命力旺盛。虽然体脂过多会给身体带来压力并损害健康，但目前流行的精瘦体形（缺乏体脂）可能同样有害。然而，体脂水平不健康的人数每个10年都在持续上升。储存脂肪这种让人类得以在历史长河中幸存下来的适应，现在已经成了威胁人类健康潜在"杀手"。

瘦素

人体中的GDF-8会编码产生肌肉生长抑制素，从而限制一个人可以拥有的肌肉量（如第8章所述）。人体可以拥有多少体脂也由一种基因决定，这种基因被称为"肥胖基因"，它会产生一种名为瘦素的会抑制食欲的蛋白质。体脂水平的升高会使人体产生更多的瘦素，从而导致食欲下降，体脂水平趋于稳定。同样的道理，如果一个人的体脂水平下降，瘦素的产量也会下降，食欲就不会受到抑制。因此，我们似乎继承了一个对于我们来说最有效的脂肪的相关基因，就像我们的祖先从他们的祖先那里继承过来的一样。

久坐不动的生活

为何肥胖率呈上升趋势？几乎任何人都会给你一个可预测的答案。普遍的假设是，现代省力技术使我们久坐不动，而且我们的体力活动比我们的祖先少得多。也就是说，因为体力活动会消耗热量，而我们的体力活动比古人少，所以我们无法像古人一样消耗那么多热量。这种说法看似合乎逻辑，但是错误的，有两个方面的原因。

首先，体力活动消耗的热量比人们通常认为的要少得多（本章稍后将进一步讨论这一点）。毕竟，为了生存，人们必须能够有效地利用自己的能量，尽可能减少体力活动对能量的消耗，以免在狩猎和采集食物的过程中饿死。其次，我们的祖先并不像我们认为的那样活跃，因为那不切实际。人类学家研究了全球不同地区的原始人，结果表明，原始狩猎采集者的体力活动比现代大多数人的体力活动要少得多。在澳大利亚，原住民的生活方式介于现代和原始之间，在原始模式，他们的活跃度要低得多。因此，尽管普遍认为增加活动量是解决肥胖危机的方法，但事实似乎并非如此。

现代肥胖率上升的真正原因是食物丰富。如果我们给你一大卷工业卫生纸，你展开它，最终会得到一条很长的卫生纸。如果我们撕掉最后一格，剩下的都留给你，那么你的卫生纸长度将代表人类历史上饥饿是真正的日常威胁的时期，而撕掉一格将代表在很大程度上已解决饥饿威胁的历史时期。（显然，世界上仍有部分地区的人在承受粮食短缺之苦。）对于过去大约150,000代的人来说，有效的脂肪储存对生存至关重要；但对于最近3～4代人而言，在食物丰富的情况下，有效的脂肪储存会导致肥胖的发生。

问题不在于如今的人不活跃，而在于热量很容易被摄入。用餐者根据分量的大小来判断一顿餐食的价值，当人们外出就餐时，他们希望离开餐厅时感觉饱了。在这一点上，研究表明，感觉不饿了和感觉饱了之间大约有1,000千卡热量的差异。此外，感觉饱了和感觉很撑之间存在2, 000 ~ 3, 000千卡热量的差异。如果你出去吃自助餐时感觉很撑，你可能已经摄入多达4, 000千卡的不必要的热量。

发生这种情况时，人们通常会在第二天出去跑步以"消耗那些热量"，但根据《跑者世界》(*Runner's World*)网站上发布的热量计算器，为了消耗那么多热量，一位185磅重的男性需要连续跑近29英里，而一位120磅重的女性需要连续跑近44英里。那么，问题不是消耗的热量太少，而是摄入的热量太多。

健身界的谎言：运动会消耗如此多的热量

在去健身俱乐部并站上踏步机或跑步机时，上述器械会提示你输入体重，你选好速度或程序后，即可开始锻炼。当你在上述器械上缓慢前行时，屏幕上会显示已消耗的热量，这个数字会不断增加，激励你继续锻炼。这项活动大约进行1小时后，屏幕会闪烁，告诉你已经消耗了300千卡的热量，你离开器械时就会有成就感。现在，当你擦去额头上的汗水并大口喘气时，我们来问你一个问题：为什么器械会提示你输入体重？如果你回答"计算我消耗了多少热量"，那么你是对的，但你很可能没有考虑到，它之所以需要你的体重，主要原因是要计算你的基础代谢。

根据用于确定基础代谢的计算器，身高1.78米，体重185磅的35岁男性的基础代谢为每天1, 866.6千卡；身高1.63米，体重120磅的25岁女性的基础代谢为每天1, 352.7千卡。那么，这两个人每小时分别消耗77.775千卡的热量和56.3625千卡的热量，以维持其基础代谢过程。因此，在跑步机上消耗的300千卡热量应当包含基础代谢所消耗的热量。

所以，如果你是那位体重185磅的男性，在跑步机上经过1小时的努力消耗了300千卡的热量，那么你在基础代谢之外多消耗了222.225千卡的热量。如果你是那位在跑步机上消耗了300千卡热量的25岁女性，那么你在基础代谢之外多消耗了大约243.6375千卡的热量。如果在锻炼结束回家的路上，你看到了一家咖啡店，并决定进去喝一杯热量为380千卡的大杯（不是超大杯）焦糖咖啡星冰乐，那么你不仅会将之前在跑步机上"燃烧脂肪"的成果化为乌有，还会增加当天摄入的热量，这些热量最终很可能会以脂肪的形式储存在你的体内。

如果普通人的代谢效率低到以健身器械上显示的速度运动就会消耗300千卡的热量，那么人类这个物种将不可能生存至今。在人们尚未找到食物的时候，狩猎和采集过程中消耗的热量就会导致其饿死。以这种热量消耗速度，人们的代谢经济性几乎无法支持其走到杂货店的行程。大多数人盲目地接受了健身器械上显示的信息，运动只是为了让自己不再内疚。很多人在吃甜点（如含600千卡热量的馅饼）后感到内疚，就会去健身俱乐部的踏步机上锻炼至屏幕上显示消耗600千卡。然而，事实上，这种锻炼方式是无效的。

假设示例中的男性和女性有决心和时间每周7天都进行这样的跑步锻炼。我们知道，如果从消耗的300千卡的热量中减去他们的基础代谢，他们分别消耗222.225千卡的热量和243.6375千卡的热量。1磅脂肪中有3,500千卡的热量。如果他们的食欲没有因跑步锻炼而增加（通常并非如此）并且他们保持稳定的热量摄入，那么该男性大约需要15.74天，该女性大约需要14.37天才能通过这种额外的活动燃烧掉1磅脂肪，并且这里假设不存在其他变量。不幸的是，有一个重要的变量几乎没有人考虑过：肌肉损失。为了在踏步机或跑步机上锻炼足够长的时间以达到消耗300千卡热量的目标，你必须进行低强度的稳态活动。

稳态活动不会对肌肉提出高强度的要求，这也正是它可以长时间进行的原因。你并没有利用大部分肌纤维，而是在一遍又一遍地使用一小部分最弱的慢肌纤维。当你进行这种类型的运动时，身体可能会通过让你损失部分肌肉来适应——因为你使用这部分肌肉来完成这项锻炼，其他肌肉被身体认为是重负荷，而且是无用的负担。事实上，如果一个人每周坚持7天的稳态训练，他很容易在6 ~ 12个月里就失去大约5磅的肌肉。

肌肉是体内代谢成本最高的组织。你每天需要50 ~ 100千卡的热量才能保持1磅的肌肉。假设1磅肌肉每天需要50千卡的热量，如果你在跑步机上进行稳态锻炼的过程中失去了5磅肌肉，这会导致每天将减少原本用于保持这5磅肌肉的250千卡的热量的消耗。

之前提到的男性和女性分别消耗的222.225千卡的热量和243.6375千卡的热量现在更有可能是消耗了160千卡的热量和180千卡的热量，因为通过练习，一个人的运动经济性会提高，所以运动时不会那么费力。大多数在稳态活动中感知到的体能提高实际上是因为身体找到了一种方法，通过改善运动经济性来使运动更轻松，而不是因为心血管状况得到改善。这就是跑步者在进行另一种稳态活动（如骑自行车）时会大口喘气的原因。正如第2章提到的，冬天在跑步机上训练的跑步者会注意到，当他们在春天进行路跑时会感觉到有氧体能水平大大降低。所以，对于每天消耗超过基线160 ~ 180千卡热量的人，我们在计算他们的热量消耗时，必须将由于肌肉损失而少消耗的250千卡热量考虑在内。如此一来，他们尽管非常努力，整体上反而少消耗了90千卡和70千卡的热量。

此外，这种过度训练会导致压力激素的产生，从而也刺激了脂肪储存。任何尝试过这种减肥计划的人都会知道，你最终会感到筋疲力尽、情绪低落，而且最糟糕的是，还会更胖。事实是你不能通过体力活动来抵消过多的热量摄入。

增肌: 消耗热量的真正关键

还记得你十几岁的时候吗？那时候你也许看见什么都吃，而且不会发胖。在你30多岁时，事情就不一样了。现在好像只是看食物一眼就可以使你发胖。发生什么事情了？

主要原因是大多数人30多岁时的肌肉比十几岁和二十岁出头时要少。随着年龄的增长，自然会出现肌肉减少的趋势，这种情况被称为肌少症，而且你所参加的体力活动不再那么激烈，这会导致肌肉进一步减少。肌肉的减少会导致静息代谢率出现大幅度的下降。如果失去5磅肌肉，那么在24小时内消耗的热量将减少至少250千卡左右。虽然这种减少听起来可能并不多，但它会随着时间的推移而增加。如果你失去了肌肉，但继续像年轻时那样吃东西，你大约会在14天内增加1磅脂肪。在20周内，你将增加10磅脂肪。

要摆脱积累下来的脂肪，关键是恢复失去的肌肉量，从而恢复之前的代谢率。你可能听过"肌肉有记忆"这句话，这是一种经得起检验的说法。通过适当的运动刺激，休眠的肌肉可以被重新激活，恢复到原来的大小。当你恢复每天需要250千卡热量才能维持活力的肌肉时，体重的增加不再是棘手的问题，相反，它将有助于减脂。当你变得更强壮时，你自然而然地倾向于参加更剧烈的活动，这种情况会让你减重，同时不那么关注热量计算和食物选择。你的饮食越合理，你就越容易坚持下去。当你踏上这条成功之路后，你就不再惧怕像十几岁的时候那样肆无忌惮地吃。让身体增加5磅消耗热量的肌肉真的可以帮你扭转局面。

适度的锻炼和判别式减脂

肯·哈钦斯是第一个正确解释判别式减脂理念的人。根据肯的说法，人体可以被看作一个由董事会管理的公司。一个以低于热量维持水平运作的身体可以说是在热量赤字下运行，这就像一个公司在预算赤字下运营。各身体组织可以代表公司内的不同部门。

然后他提出了以下两个场景。

在第一个场景中，存在预算赤字，并且没有任何部门拥有任何异常需求。所有部门都可能裁员。因此，一些脂肪、肌肉、骨骼和结缔组织，以及一些神经组织被裁掉。公司变成了自己的前身的缩小版。

在第二个场景中，也有预算赤字，但肌肉部门拥有很大的需求。因此，肌肉部门不能裁员，而且需要招聘更多的肌肉。这就必须在脂肪部门进行大规模裁员。此外，骨骼和结缔组织部门不能进行任何裁员，因为肌肉部门需要它们的支持，肌肉必须通过强有力的结缔组织附着在强壮的骨骼上，否则肌肉发挥不了作用。这又导致更多的脂肪必须被裁掉。神经组织也不能裁掉，因为新肌肉必须受到神经组织的支配，否则无法工作。这使得脂肪部门要进行更广泛的裁员。通过这些调整，公司的形态发生了明显的变化。在这种情况下，身体所有的减重都需要通过减脂实现。你增加了适量的塑形肌肉，并丢弃了大量破坏塑形的脂肪。

虽然增加肌肉会提高代谢率，从而帮助你每天燃烧更多的脂肪，但如果你没有同时注意减脂的营养方面，很容易要么吃得太多，摄入的热量超过锻炼消耗的热量（从而获得脂肪），要么选择了不利于减脂的食物。重点是要食用天然食物，这样可以将食欲和脂肪储存量降低到更易于管理的水平。一旦这样做并且胰岛素水平得到控制，营养分配几乎会自动地以一种产生最大肌肉量和最小体脂储存量的方式发生。

进化的赌博

要了解如何减脂，最好先了解人们为什么会发胖。虽然听起来可能很奇怪，但原因就是人类的脑部很大。不同的物种选择不同的适应作为其生存的主要工具，这纯粹是随机的选择。对于人类来说，生存的主要工具曾经是（现在也是）脑部。人类在进化的赌博中将赌注押在更大的脑部上，这是一场可怕的赌博。我们为更大的脑部付出的代价是更高的分娩死亡风险，这也就是为什么婴儿在完全发育之前就被生下来，否则过大的脑部将无法通过产道。

选择更大的脑部还会带来一个问题，这个更大的脑部需要持续、不间断的能量（葡萄糖或酮体的形式）供应。当这种能量需求较高的物种首次出现时，以及在之后的很长一段时间里，它一直处于食物匮乏的环境中。为了生存，它需要一个代谢系统，可以不断地为其大脑提供能量，这意味着成为杂食者是它的决定性优势。发展出将蛋白质转化为葡萄糖的能力，并储存能量（脂肪），在能量短缺的时候可以将这些能量代谢成酮体，这提高了它生存下去的可能性。

人类在现代变胖是因为，进化形成的代谢系统可以在食物短缺时期储存能量，但身体从未发展出一种补偿性负反馈循环来减少食物丰富时期的能量储存。这是因为这样的时期之前从未存在过，直到现在才出现。因此，在目前的环境中，食物非常丰富，尤其是精制碳水化合物可以让糖原储备保持完全充足（结果是葡萄糖在血液中堆积，胰岛素水平升高），储存脂肪变得很容易。在没有负反馈循环的情况下，脂肪储存永远不会停止。即使是病态肥胖的人也会保持极度饥饿，而且他们往往比瘦的人更饿，因为他们的胰岛素水平更高，肌纤维的胰岛素敏感性极低，而脂肪细胞的胰岛素敏感性却未受影响。在这种条件下，在食物丰富的时期，营养物质可能直接就被转化为脂肪。

在人类诞生之初，身体的正常健康功能包括分解代谢和合成代谢的循环。间歇性禁食，甚至饥饿或食物短缺，都会导致身体组织保持修复和恢复活力所必需的体内营养物质的周转。缺一不可的间歇性高强度肌肉工作及随后的休息时间会形成一个分解代谢和合成代谢的循环，使身体能够利用肌肉组织完成蛋白质转换；其还会导致肌肉组织间歇性地排空糖原，以便保持胰岛素敏感性和储存糖原的能力。这种在合成和分解之间的消长变化是物种进化过程中不可或缺的一部分。最终，代谢系统的功能进化为在食物短缺时期储存脂肪，但现在人类凭借自己硕大的脑部已经解决了大部分食物短缺问题。

减脂的热力学

有效减脂需要注意热力学定律，这意味着必须限制摄入的能量。人们常说"不管其来源如何，一千卡的热量就是一千卡的热量"。许多人不同意这个说法，他们被指责为反对热力学定律，其实并不是这样的：他们并不反对热力学定律，他们只是*忽略*了这些定律。

热力学定律适用于从汽车发动机到人体的任何封闭能源系统。热力学第一定律和第二定律基本上表达的是"能量既不能被创造，也不能被消灭，它只能改变形式"，并且"在任何封闭系统中，系统总是会向熵增加的方向变化[1]"。简而言之，这些定律是说能量不能无中生有，而且你永远无法实现能量的收支平衡。因此，为了对抗熵在系统内的变化，必须将能量输入该系统，并且在为转换能量形式而做功的过程中，总是会由于低效而损失一部分能量（主要是作为热量散失到环境中）。

身体的内部系统无法实现能量的收支平衡是我们需要摄入食物的原因。如果摄入含有2,000千卡能量的精制碳水化合物，则处理此摄入量并将其转化为可用能量（脂肪）的代谢成本接近于零。如果改为食用瘦肉、水果和蔬菜，将这些食物转化为可用能量的代谢成本很高。这个概念被称为"消化热成本"。食用由天然食物和非精制食物构成的膳食可以增加消化热成本。此外，可以通过糖异生（将氨基酸形式的蛋白质转化为葡萄糖）来实现血糖的稳定。这种转化是一个代谢成本非常高的过程，包括至少20个代谢步骤，相比之下，摄入碳水化合物的代谢成本则大打折扣。因此，仅仅通过糖异生维持稳定血糖（即糖酵解循环的反向运行）比食用精制糖来完成相同的过程需要更高的代谢成本。此外，食用天然食品将确保血糖水平的上升和下降更加缓慢，从而可以使整体胰岛素水平保持在较低水平。

我们喜欢称胰岛素为"王牌"激素，因为它会影响其他几种脂肪动员所必需的代谢激素，包括胰高血糖素、肾上腺素、去甲肾上腺素、生长激素和睾酮。所有这些激素都会因胰岛素水平的升高而停止工作。如果某人节食（即产生热量赤字），但其饮食中精制碳水化合物含量过高时，胰岛素水平可能会变得过高，从而难以动员脂肪。食用天然食品具有双重代谢优势，因为它具有更高的消化热成本并且可以使身体保持较低的胰岛素水平，从而在热量赤字的情况下减少脂肪。

那么，优化身体减脂的公式如下。

能量摄入量－[基础代谢（主要由肌肉量决定）+由于通过适当运动增肌而增加的能量消耗量+活动（包括运动）的能量成本+消化热成本+散失到环境中的热量]=减少的脂肪（或增加的脂肪，如果能量摄入量大于所列成分的能量成本）。

这些都是可以在减脂计划中控制的要素，但必须限制热量摄入这一事实是无法回避的。如果你摄入的热量超过你消耗的热量，那么减脂将是一项艰巨的任务。

胰岛素再讨论

受训者想要减脂的先决条件是充分了解控制胰岛素水平在此过程中的主要作用[2]。胰岛素是一种在胰腺中产生的激素，其整体功能是促进营养储存，即时功能是维持血糖水平稳定。胰岛素通过结合细胞（尤其是肌纤维）表面的受体起作用，这样会产生一种活性复合物,该复合物会将葡萄糖从血液中转移到细胞内部,并使其在那里进行代谢。

人类在进化过程中,很少会遇到导致血糖水平快速升高的单糖。由于没有这种催化剂,我们祖先的血糖水平很少升高,即使是短期升高的情况也很少出现,并且细胞也很少被储存的葡萄糖完全填满。因为细胞总是有空间储存更多的葡萄糖,所以它们的胰岛素受体对任何循环胰岛素都非常敏感。储存下来的葡萄糖几乎都会立即被再次使用,因此很少以糖原的形式长期储存下来。在这种情况下,体内的葡萄糖水平和胰岛素水平几乎不会上升到异常高的水平。

如今,我们生活在单糖丰富的环境中,并且经常会食用单糖。结果是,我们的细胞很容易被糖原填满,葡萄糖在我们的血液中堆积,并且身体分泌出高水平的胰岛素。进入细胞的葡萄糖比可以立即使用的多得多,多余的葡萄糖以糖原的形式形成长链葡萄糖分子。一旦细胞完全充满糖原,就不能再有葡萄糖进入。此时,身体就会储存能量,以供未来食物短缺时使用。

当糖原储备未满时,葡萄糖会进入细胞,以进行糖酵解过程。这一过程逐渐将葡萄糖转化为丙酮酸,然后丙酮酸被转移到线粒体中。它在那里进行有氧代谢,产生高水平的ATP,这是身体的基本燃料。然而,如果身体的糖原储备已经满了,又有更多的葡萄糖试图进入细胞,那么糖酵解这个原本有20步的过程就会在第3步终止。然后第3步的酶会变成变构抑制性的酶,并在高水平葡萄糖的情况下改变形状。在这些情况下,糖酵解过程无法进行,身体转而开始进行糖原合成过程。然而,因为糖原储备已经完全满了,糖原合成过程会停止,葡萄糖转而产生一种叫作NADH的化学物质,它为甘油三酯(或脂肪)的合成提供燃料。这时必须控制胰岛素水平才能为脂肪动员创造一个宽松的环境。

ω-3脂肪酸的作用

ω-3脂肪酸是与氢相连的碳原子链,是减脂过程中必不可少的成分,因为它们会影响激素敏感性。碳原子可以是饱和的或不饱和的。1个碳原子可以结合4个分子,如果它结合了另外2个碳原子和2个氢原子,就可以说它是完全*饱和的*。一个碳原子也可以与另一个碳原子形成双键,只有一个氢原子与其结合时,碳原子是*不饱和*的。根据双键出现在碳链上的位置可确定具体脂酸的名称。ω-3脂肪酸的双键位于碳链甲基一端的第3个碳原子上，而 ω-6 脂肪酸或 ω-9 脂肪酸的双键位于离碳链甲基一端更远的位置。这个细节很重要，因为双键的位置决定了脂肪酸的形状和柔韧性。ω-3 脂肪酸的双键位置使它们可以被拉长且柔韧性较好，而 ω-6 脂肪酸、ω-9 脂肪酸及多不饱和脂肪酸则更紧密卷曲且柔韧性较差。

　　体内的每个细胞的细胞膜都由脂肪酸组成，其分子具有羧基端和甲基端。脂肪酸分子吸引水的一端称为"头部"，而排斥水的一端称为"尾部"。如果将鱼油或橄榄油滴入水中，它会在水面形成一个小球。原因是脂肪酸的所有亲水性"头部"都会朝向水环境，而所有疏水性尾部都会远离水环境。

　　回想一下图 6.1 及相关讨论，细胞膜外部的空间中含有水，细胞膜内部的细胞质形式也含有水。体内的每一个细胞的细胞膜都由双层脂肪酸组成，两个脂肪酸尾对尾排列，它们的亲水性头部朝外，疏水性尾部朝内。此外，用于保持适当的激素平衡及适合减重的激素反应所必需的所有受体均位于细胞膜上。

达到正确的比例

　　如果摄入的食物都是天然食物，那么摄入的 ω-3 脂肪酸和 ω-6 脂肪酸的比例大约为 1∶1。在这个健康的比例下，细胞膜有很大一部分将由 ω-3 脂肪酸组成，因为这些脂肪酸可以被拉长，弹性很大，细胞膜将完全展开，将所有激素受体放在朝向外部环境的细胞膜外侧，它们可以在那里适当地与循环激素相互作用。

　　若摄入的食物偏离这种理想情况，ω-6 脂肪酸与 ω-3 脂肪酸的比例达到 4∶1，激素功能就会开始失调，这会损害减脂效果。典型的西方饮食的 ω-6 脂肪酸与 ω-3 脂肪酸的比例为 20∶1。在这种比例下，大部分细胞膜将由短、脆且弹性较差的脂肪酸组成。这会使细胞膜变薄，并有些向内卷。因此，脂肪动员所必需的大量激素受体同样会向内卷，即在细胞膜上朝向内部，在那里它们不能与环境相互作用。

　　如果你在尝试减脂，所有指标都表明你已通过合理的饮食摄入了适量的 ω-3 脂肪酸。你就要坚持这种饮食方式，以使脂肪动员过程所需的激素能够与细胞表面的受体进行最佳结合，从而不受阻碍地完成工作。

ω-3 脂肪酸的来源

　　ω-3 脂肪酸存在于绿叶植物，以及吃此类植物的动物的肉中。通过饮食获得充足的 ω-3 脂肪酸的最佳方法是多吃绿叶蔬菜和鱼。ω-6 脂肪酸和其他"坏"脂肪酸主要存在于谷物类农产品（任何从植物种球，而不是从它的叶子中提取的东西）及吃此类农产品的动物中。

　　为了减脂而吃牛肉的人需要意识到，西方的大部分肉牛都是用谷物喂养的。出于这个原因，我们建议，如果你要吃健康的红肉，你应该注意草料的来源。人类可以消化植物的绿叶，但不能消化植物的种球。植物的种球含有动物不能消化的蛋白质，会使动物生病。因此，如果要吃从植物种球中提取的东西，首先必须将其磨成粉，使其易于消化。尽管如此，这些炎症介质仍然存在。

　　相比之下，ω-3脂肪酸的来源是3系列前列腺素的主干和前体，具有较强的抗炎作用。与此同时，ω-6脂肪酸的来源是6系列前列腺素的前体，具有明显的引发炎症的作用。过度摄入ω-6脂肪酸不仅会对细胞膜产生负面影响，还会使身体产生炎症。在这方面失衡的人很容易患上肠易激综合征或对麸质过敏。即使是以谷物为主食的牛通常也会出现胃肠道功能紊乱，与草饲牛肉相比，谷饲牛肉中的大肠杆菌污染问题更严重。ω-3脂肪酸在维持细胞膜功能正常方面发挥着主导作用，即使身体内的所有激素受体保持在能够最大限度地与细胞外部环境相互作用的位置。

水合很重要

　　正如充分水合在增强身体对运动刺激的反应方面起着核心作用一样，它与减脂过程也有很大关系。为此，我们要精确地确定卡路里的概念：卡路里是一个能量单位，表示将在1个大气压下将1克水升高1摄氏度所需的热量。因此，如果每天喝3升冰水，将这部分水加热到37摄氏度（大致相当于体温）将产生37×3千卡的热成本，即每天多消耗111千卡的热量。这样的热成本使得身体每天消耗更多的热量，总消耗量会随着时间的推移不断增加。喝冰水也可以降低核心体温，这又需要热量将身体加热到正常温度。上述两个相互关联的过程所消耗的热量其实可以叠加起来。一些研究人员提出，即使每天喝2升冰水也可能消耗多达123千卡的热量[3]。

　　充分水合可以增加循环血容量。当你创造出一个让促进减脂的激素能够发挥作用的内部环境时，这些激素会在循环中与身体的各种组织（包括脂肪细胞）相互作用。水合不充分会减少循环血容量，因此会严重影响这一过程。当保持充分的血容量和足够的循环血容量时，有益于减脂过程的所有激素和经过处理的能量（能量形式包括酮体、脂肪酸，以及糖原裂解产生的葡萄糖）就会更容易循环。

　　充分水合可以减轻肝脏的负担。许多因脂肪动员产生的代谢物必须从体内排出。

如果水合充分，这些代谢物会优先通过肾脏排出，而水合不足时，这些代谢物会通过肝脏大量转移到胆汁中，从而进入粪便。当你在减脂时，肝脏是处理已动员脂肪的主要场所。如果肝脏在日常代谢解毒方面负担过重，它可用于处理体脂的能量储备就会减少。保持水合充分可以让肝脏得以处理已动员的脂肪，从而使脂肪可以作为燃料燃烧。

充分水合可以提高激素效率，因为这样可以确保细胞尽可能饱满，充分伸展，使其所有激素受体都暴露在细胞外环境中，激素因此可以最大限度地与其受体相互作用。如果水合不充分，激素的循环就不那么容易，其受体也不会暴露得很充分。

充分水合还有一个好处，我们喜欢称之为"*生物保证*"。如果你花时间去了解一些地理知识，你很可能会看到有关非洲平原旱季的故事，进而会明白干旱总是先于饥荒发生。保持充分水合会向身体发出生物学信息：没有饥荒的威胁。当你开始限制热量摄入量时，这一信息将变得更加重要。如果身体承受着严重的热量赤字且水合不充分，它会感知到紧迫的生物学信息，即导致饥荒的干旱出现了。该信息将促使身体减慢其代谢。

如果身体出现热量赤字但水合充分会怎么样呢？水合充分会降低这一信息的紧迫性，尽可能减少代谢减慢脂肪动员这一情况的发生。如果一个人水合不充分，其身体会反射性地减慢代谢，并促使此人大口地吃东西（如果有食物），这是因为他害怕饥荒即将到来。保持充分水合则会使身体感知到一切都很好，不需要减慢代谢或大量进食。

高强度锻炼的作用

我们提倡的锻炼类型是减少脂肪的主导因素[4]。我们在前面已经指出，稳态运动不会像大多数人认为的那样消耗那么多热量。更重要的是，高强度锻炼有助于控制体内的胰岛素水平，这在减脂过程中是极有用的。高强度锻炼可以激活肾上腺素，以启动从肌纤维中分离出糖原的过程，这是通过级联放大效应实现的。高强度锻炼，不仅会使身体将大量的葡萄糖从肌肉中移出，而且会使肌肉中的胰岛素受体变得更加敏感，从而使得葡萄糖可以进入肌肉，随着时间的推移，胰岛素水平会下降，这是一个提高减脂效率的过程。

此外，高强度锻炼过程中身体会消耗相当多的热量，并在锻炼结束后数小时内继续以较快的速度消耗热量。更重要的是，身体对高强度锻炼的反应是合成肌肉，而肌肉是一种代谢活跃的组织。肌肉越大，供葡萄糖进入的空间就越大，就越能提高胰岛素敏感性。所有这些都对减脂过程有协同促进作用。这一系列事实也解释了为什么大多数男性比大多数女性更容易减脂。男性的肌肉量通常更多，这意味着他们有更多机会以糖原的形式储存更多的葡萄糖，而且与女性相比，在体能变差的过程中，男性失去胰岛素敏感性的时间更晚。然而，无论男性还是女性，都可以通过增加肌肉量减脂。

同样，高强度锻炼通过其对激素敏感性脂肪酶的作用使身体产生级联放大效应，以将脂肪酸从脂肪细胞中动员出来。高强度锻炼会触发肾上腺素和去甲肾上腺素等激素的释放，这些激素会作用于激素敏感性脂肪酶，从而将大量脂肪酸从脂肪细胞中释放出来，否则这些脂肪酸不会被释放。

一项消耗性减脂研究

我们曾在鹦鹉螺北部力量与健身中心（Nautilus North Strength & Fitness Centre）进行一项减脂研究，其间我们让36人执行为期10周的计划，该计划结合了饮食和高强度锻炼，要求他们从低于维持水平的热量摄入开始，且每2周减少100千卡的热量摄入。我们的受试者是年龄为20～65岁的客户，他们已经在我们这里接受了1年多的训练。我们每2周在Bod Pod机器上测试1次他们的身体情况。受试者从6个练习开始，每周只锻炼1次。在2周后，我们将他们的练习从6个减少到4个，并对他们进行了测试，以了解他们的进阶情况。

第4周，我们发现受训者的脂肪量减少了，但其肌肉量也减少了。因此，我们将受试者的练习减少到3个。我们注意到他们没有失去更多的肌肉，但确实减掉了脂肪。在第8周到第10周，为了进行对比研究，我们将这36人分成两组，每组18人，其中一组保持每周进行1次"三大"锻炼，另一组每周只进行1次包含2个练习的锻炼。当我们在研究结束后查看数据时，我们惊讶地发现，与每周进行1次"三大"锻炼的小组相比，每周只进行1次包含2个练习的小组平均增加的肌肉量是前者的2倍，减少的脂肪量也是前者的2倍。每周进行1次包含2个练习的锻炼方案优于每周进行1次包含3个、4个和6个练习的锻炼方案，并且执行后者的那段时间是受试者在执行整个计划期间热量摄入量最低的几周。

我们从中得出的结论是，身体一直在适应生活中发生的一切。人体在每个阶段都有一定量的适应性能量，其中一些适应性能量用于减脂。代谢储存的脂肪并进行必要的营养分配，以适应身体认为的可能出现的饥荒环境，需要很高的代谢成本。因此，这显然消耗了受试者的一些适应性能量，在力量训练中必须考虑到这一点，并且这也可能会导致肌肉的增长量相应地降低。

这就是很多人陷入困境的地方。他们认为锻炼是一种燃烧脂肪的活动，所以当他们试图减脂时，他们会在节食的同时提高活动量。他们给自身的适应能力强加了太多的压力，使自己变得压力过大。结果，他们的代谢减慢，皮质醇水平飙升，最终导致身体不愿意释放储存的脂肪。

——约翰·利特尔

表观遗传学和一致性的重要性

长期以来，人们一直认为遗传基因决定了一个人的脂肪"设定点"。根据这一观点，有些人可能比其他人更容易储存脂肪，基于此有人提出了"节约基因型假说（Thrifty gene hypothesis）"。人们认为基因型（DNA碱基对的精确排列）基本上决定了一个人从体形到思维方式的一切。然而现在，表观遗传学表明，环境（尤其是饮食）决定了基因型的表达方式。一个人可以直接控制的因素（如环境和饮食）已被证明具有在不改变基因型的情况下改变基因表达情况的能力[5]。一个人的基因型类似于一个火车站，特定的行为有助于扳动各种变道开关，以产生不同的结果。一个人的基因组成是固定的，但特定的行为可以开启或关闭不同的基因。

过去人们还认为，身体的所有组织都会为了整个身体的利益而合作。表观遗传学再一次证明事实并非如此，不同的身体组织会争夺资源，使自己这一特定类型的组织可以产生得比其他组织更多。因此，如果饮食不当导致脂肪堆积，就会打开启动这一过程的基因开关，以便脂肪细胞可以更有效地争夺身体资源。这些基因开关甚至会改变一个人的行为方式，以帮助脂肪细胞保持这种竞争优势，这也是许多肥胖者很难形成有助于实现减脂目标的行为方式的一个原因。

通过始终如一地保持良好的饮食习惯和锻炼习惯，你可以让基因型的表达方式朝有利的方向改变。一旦形成了有利于肌肉组织而不是脂肪组织的行为习惯，竞争格局就会改变，瘦对于你来说就会变得*自然*。最令人惊奇的是，这些表观遗传变化可以传递给后

代，就好像基因型发生了实际变化一样。因此，如果你变得又瘦又壮，那么你的后代的体形偏向于又瘦又壮的可能性就会上升。不幸的是，反之亦然。一句老话由此而生："基因是枪，但环境负责扣动扳机。"

生活片段

如果你采取的行为的最终结果是实现瘦身的激素平衡，那么你所创造的营养分配方式就会有利于瘦组织的生长，而不是脂肪组织。反过来也是如此？如果你摄入很多容易消化的精制食物，就会导致胰岛素水平升高，糖原和脂肪储存过多，肌纤维失去胰岛素敏感性。同时，脂肪细胞对胰岛素的敏感性保持不变，最终的营养分配会直接导致脂肪的储存。这会导致一种被称为"内部饥饿"的情况。在病态肥胖的人群中，他们摄入的全部热量都被用于储存脂肪。

我在自己的医疗工作中经常看到这种情况。如果我对这些病态肥胖的患者进行综合代谢测试（一组血液检查），我会发现他们血糖水平偏高，但总蛋白水平和白蛋白水平偏低。（白蛋白是一种在肝脏中产生的蛋白质，是瘦组织量和一般代谢健康的标志物。）在病态肥胖的情况下，这些人从所摄入的食物中几乎没有得到任何营养，简直要"饿死"了。在为他们做CT扫描时，我看到的是大量的脂肪、异常萎缩的肌肉组织、像一张纸一样薄的腹外斜肌和只有几毫米厚的腹直肌。这些人每天摄入含有数千千卡热量的食物，并且达到了病态肥胖的程度，但没有一个瘦组织从这些的食物中得到营养，因此身体状况不佳。

从表观遗传学的角度来说，将饮食行为朝积极方向转变会产生长期影响，从而帮助身体形成新的代谢路线，使其有利于瘦组织而不是脂肪组织。

——道格·麦高夫

协同作用

具体而言，受训者可以做以下几件事情，以借助它们的相互作用快速提高减脂效率。

　　第一，吃天然的、未加工的食物。这些食物通常每单位重量的热量较低。研究表明，人类倾向于每天吃特定重量的食物。在一项研究中，受试者被允许自由摄入由蔬菜和意大利面搭配而成的沙拉。有一次，沙拉中有80%是意大利面，20%是蔬菜；还有一次，比例正好相反：80%是蔬菜，20%是意大利面。在这两种情况下，受试者吃下了重量几乎完全相同的沙拉，但意大利面占80%的沙拉所含的热量是意大利面占20%的沙拉的2倍[6]。此外，与加工食物相比，未加工食物具有更高的"消化热成本"，需要更多的热量来消化它们。与加工食物相比，食用未加工食物时不仅每单位重量摄入的热量更少，而且你在消化它们时会消耗更多的热量。

　　第二，保持适当的体温。保持环境温度较低，并且穿着凉爽的衣服，会使你很容易通过呼吸和皮肤散失热量。请记住，使身体变暖的过程需要消耗热量，身体必须消耗大量的热量来维持核心温度。

　　第三，保持良好的睡眠质量，并且睡觉时房间里的温度不应太高。每晚至少要有8~9个小时的睡眠，尤其是在午夜之前的睡眠，可以刺激生长激素和睾酮的释放，以促进细胞修复，所有这些都有助于减脂。睡觉时将温度保持在21摄氏度左右，可促使身体进入深度睡眠状态，并适当地加快热量消耗速度。

　　第四，尽量避免压力。学习压力管理技巧是很有帮助的，这样当压力出现时，你就能很好地处理它。可以用生物学术语来解释压力：一心多用和担心无关紧要的事情会让身体处于类似于非洲平原干旱季节的生理状态。如果身体害怕即将到来的攻击或饥饿，它的反应是减缓代谢并保存脂肪。即使你的压力只是担心无法及时下班去接孩子参加足球训练，你的身体的反应也是如此。你的身体需要得到"一切都没问题"的信息，才能轻易地放弃储存脂肪。压力（尤其是小事造成的压力）会发出相反的信息，刺激身体储存更多的脂肪。

　　第五，进行高强度锻炼。高强度锻炼会刺激身体增肌，即使是在低热量饮食的情况下也有此效果[7]。你可能会发现，在减少热量摄入量期间减少锻炼量会取得更大的进步。进行由腿举、坐姿划船和胸推组成的"三大"锻炼可以产生很好的效果，进行两大锻炼，即腿举加每次锻炼轮换执行的一个上半身练习（例如，在一次锻炼中执行腿举加胸推，在下一次锻炼中执行腿举加坐姿划船），也可以产生很好的效果。你增加（或在低热量饮食期间保持）的肌肉量越多，基础代谢率就会越高，并且所有减重都将全部是减脂（而不是既减脂又减肌肉）的可能性就越大。

　　就像大脑曾经帮助解决饥饿问题一样，人类最终将不得不依靠自己的大脑来解决现代肥胖问题。这意味着每个人都必须了解问题并有足够的自律能力来实施解决方案。在一个食物丰富和物质享受永无止境的世界中，每个人必须对摄入的食物数量和类型，以及所进行的体力活动的质量保持警惕。

　　很明显，为了创造足够的热量赤字，以减掉脂肪，最简单的方法就是避免摄入过多的热量。即使每天只减少摄入 150 千卡的热量，随着时间的推移，脂肪也会明显减少。实际上，减少热量摄入所需的自律能力比每天在跑步机上跑一小时所需的自律能力低得多。如果野心更大，每天的热量赤字达到 500 千卡也相当容易实现。开始的时候，你可能需要培养计算热量的意识，但在几周后，你可能就学会了简单地通过控制所吃食物的分量来进行管理摄入的热量，如果你的身体增加了一些肌肉，你在 6 ～ 12 周内实现的体形变化会相当惊人。

运动员的理想训练计划

如果你要参加体育运动，保持适当的身体条件对你很重要，因为肌肉将成为你的主要"减震器"，可以保护你避免受伤。体育运动会给运动员的身体带去大量的伤病，其中一部分是撞击伤。据估计，即使一个人从2.75英尺的高度跳下，其脚踝上承受的作用力也可高达其体重的20倍[1]。你不需要成为统计学家也能知道，频繁地这样做最终可能会导致一些严重的后果。

体能条件与技能条件

进行任何体育运动时首先要考虑的因素之一是技能训练和体能训练之间的差异。不同的运动项目涉及不同程度的技能复杂性，但其实所有运动项目涉及的技能都相对复杂，否则该项目一开始就不会被归类为"体育运动"。

2006年10月的《财富》（Fortune）杂志上的一篇题为"伟大的秘密（Secrets of Greatness）"的文章，重点讲述了各个领域最伟大的人是如何成为伟人的。这篇文章的部分内容如下。

伟大不是任何人都唾手可得的，这需要付出很多努力。但努力还不够，因为许多人努力工作了几十年，也没有离伟大更近一点，甚至没有明显进步。他们缺少了什么？任何领域中最优秀的人都是那些为"刻意练习"投入最多时间的人。"刻意练习"是一项旨在提高表现水平的活动，要求追求超出个人能力水平的目标，提供对结果的反馈，以及多次重复。例如，仅仅击完一桶球算不上刻意练习，这就是大多数高尔夫球手没有变得更优秀的原因。用8号铁杆击打300次球，目标是将80%的球打到距离旗杆20英尺的范围内，不断观察结果并做出适当的调整，每天坚持几个小时——这是刻意练习。一致性至关重要。正如佛罗里达州立大学教授埃里克松（Ericsson）所指出的，"一般来说，许多不同领域的精英每天的练习量大致相同"。多个领域均可提供确凿的证据。在埃里克松及其同事对20岁小提琴家的一项研究中，排名第一的小组每人一生平均进行了10,000小时的刻意练习，排名第二的小组每人平均进行了7,500小时的刻意练习，名列第三的小组每人平均进行了5,000小时的刻意练习[2]。在外科手术领域、保险销售领域和几乎所有运动项目中都是一样的——更多的刻意练习通常意味着更好的表现；大量的刻意练习等于优秀的表现。

这篇文章介绍了各行各业的杰出人士，他们都不断地重复着特定的艰苦练习。亚当·维纳蒂耶里（Adam Vinatieri）就是一个很有启发性的例子，他是印第安纳波利斯小马队的踢球手，也是多支冠军球队的季后赛关键球员，以下是关于他的摘录。

维纳蒂耶里在压力下的风度为他赢得了"冰人"的绰号。有时现场有75,000名对方球迷希望他身体受伤，有时教练会因为踢球手没踢中球而发出吼叫，下面是他在面对这些情况时保持专注的秘诀。

"给自己施加压力。"如果你不给自己施加压力，你就无法指望在有压力的情况下可以在比赛中表现得很好。这意味着在训练中、在休赛期或者在没有其他人的时候都要这样做。具体是什么时候并没有关系。"当我踢球时，我不喜欢这一天有不完美的事情。在训练中，我总是戴好并扣紧头盔才去踢球。球队的工作人员甚至会在训练中播放观众发出的噪声。不是每个人都这样做，但对于我来说，这些是我在工作的信号。每一次踢球训练都和比赛一样重要。训练的程度和比赛的强度应该没有区别。"

维纳蒂耶里绝对知道如何进行技能训练。他不只是穿着短裤和T恤上场踢球，他试图完全复制比赛时的场景。

练习成就完美

"练习成就完美"这句格言有一定的道理，但应该在它前面补上一句"只有在完美地完成练习时"。除了有利的基因外，运动员要想出类拔萃，还需要投入数千小时的时间来练习特定技能。运动学习领域的权威人士认为，一个人大约需要投入1万个小时的时间来练习某项特定技能才能"精通"它[3]。此外，练习技能的方式与在比赛中执行该技能的方式仅仅相似是不够的，二者应完全相同。形成能发展出卓越技能的神经训练是极具专项性的，只有通过完美的练习，你才能完美地掌握这项技能。如果你练习这项技能的方式与比赛中该技能的执行方式明显不同，你就难以取得卓越的成绩。

运动技能和放气的足球

南卡罗来纳州的一位大学足球教练曾经坚持来我的机构训练，后来我们因足球发生了争执。他认为，在足球训练期间，最好将足球放一点儿气，使其变软一点儿。他的理论是，如果球员们用一个软球练习并且能够踢得很好，那么当他们进入比赛状态并使用充满气的足球时，他们就能将球踢得更远，并能更好地控球。他认为这是让他的球员们在使用充满气的足球时能发挥出更高水平的好方法。

我试图向他指出，控制足球的技能极具专项性，正是出于这个原因，足球有标准的规格，并规定了标准的气压值。球员必须在尽可能接近比赛要求的条件下练习技能，据我所知，足球运动不会使用放气的球。在任何运动项目中，真正伟大的运动员会投入数千小时来使用比赛中会用到的实际物品来提高自己的技能，而不会在训练中改变所用物品的重量、形状等特征。

——道格·麦高夫

在大多数运动项目中，训练和比赛通常对体力要求很高，以至于会消耗运动员的大量恢复资源。这时试图让运动员进行体能训练，就会增加运动员的负担，这样不仅会使其恢复延迟，还会使其力量逐渐变弱。

体能训练

体能训练是一种以提高身体整体力量和能量代谢调节水平为目标的训练。它旨在增强运动员的体能，以提高其在特定运动项目中的表现。

为了增强体能，要对身体施加一种它认为是负面刺激的压力，这样身体就会对该刺激做出适应性反应，这种适应性反应会以某种期望的身体改善形式出现。如果执行得当，体能训练不应该耗费太多时间。因为训练要产生成效，就必须是高强度的，而身体无法长时间进行高强度的训练。我们的目标是引入可以触发正向适应性反应的精确压力量。过多的训练所产生的压力会超出身体的恢复能力和适应能力，从而导致身体虚弱。

根据这些原则，本书介绍的计划均被设计为高强度，但需要的训练时间很少。身体可以恢复并变得更强壮，而更多的时间可以用于运动员训练计划中另一个同样重要的组成部分：技能训练。

技能训练

技能训练是指训练在特定运动项目中执行相关复杂运动任务所需的神经肌肉协调能力，这些复杂运动任务包括篮球运动中的运球和扣篮，冰球运动中的控球、射门、跑动、滑行，橄榄球运动或棒球运动中的投掷、传球、接球、击球，等等。技能训练在很多方面都与体能训练不同，但最大的区别是体能训练对运动员有普遍的适用性，而技能训练对特定运动项目的某个方面的表现有专项适用性。例如，足球技能训练只会提高你的足球技能。练习不适用于足球运动的技能不会帮助你提高你的足球技能，并且可能会对其造成不良影响。

技能具有*绝对专项性*。你应该完全按照在比赛中执行技能的要求来练习技能。你不应该尝试将技能训练与体能训练结合起来（许多教练会这样做）。例如，你不应该使用重量大于比赛用球重量的冰球来进行练习。这样做虽然会使你在比赛时感觉更容易击球，但也会损害你的专项技能。使冰球到达最大高度的杠杆点发生了变化，击出较重冰球所用的运动单位数量与击出较轻冰球所需的运动单位数量不同，因此你的击球力学机制会发生变化。同样，你不应该在脚踝负重的情况下跑步和滑冰，增加的重量会改变跑步和滑冰所涉及的特定神经通路，并会使你的神经系统混乱。

不要建立对你所从事的运动项目毫无意义的神经肌肉连接。没有任何冰球联盟在其联赛中使用2磅重的冰球，也没有任何运动项目要求运动员在脚踝或手腕负重的情况下比赛。你应该在健身房通过专门针对肌群的练习来完成体能训练，在与比赛完全相同的条件下完成技能训练。再次强调，只有完美地完成练习，练习才能成就完美。

尝试将体能训练和技能训练结合起来也会出现问题，因为如果你已经消耗了大量体力，并在到达疲劳点之后再去练习一项技能，你最终会发展出两种技能组合：精力充沛时的技能组合和疲劳时的技能组合。这种二元性会导致神经混乱，并使你的技能表现不稳定。虽然技能训练也可以提供一些体能训练所具有的好处，但这些好处远远不如适当的体能训练所带来的好处，并且将这两种训练结合起来必然会使受训者更加疲劳，从而破坏其执行技能的精确度。

运动员必须花费大量时间进行技能训练，这会消耗身体的恢复资源。虽然正确执行（即尽可能接近比赛情况）的技能训练将完善技能组合，但技能训练的强度通常较低，无法提供足够的刺激。因此，运动员需要进行适当的体能训练。理想情况下，运动员的体能训练所包含的练习类型应与其肌肉和关节功能相匹配，应能增强肌肉力量以保护其免于受伤，并能产生可以帮助其在比赛中取得优势的代谢调节效果。

以高强度训练作为体能训练的首选方式

为了增强体能，运动员应该选择高强度训练作为其首选训练方式。总体来说，这种训练方式能够最有效地使运动员实现可转移到比赛中的全面体能进步。因为运动员需要时间来练习特定运动项目所必需的技能，并且在体力要求很高的练习期间或之后进行技能训练只会对技能水平造成负面影响，所以对于运动员来说，理想的体能训练计划是能够以最有效的方式实现全面体能进步的计划。

为了保证彻底性和安全性，体能训练计划必须与运动员的肌肉和关节功能相匹配。它必须使肌肉彻底疲劳，这意味着运动员在训练中必须达到暂时肌肉力竭的程度，以确保尽可能多地募集和刺激肌纤维。此外，必须在每个练习之间安排最短的休息时间，以实现最优的能量代谢调节效果。最后，这个计划必须简短且执行频率较低，原因如下。

1. 这样可以让运动员从中获得最好的效果。
2. 这样可以使运动员以最高的效率增强体能，从而有更多的时间进行必要的技能训练，并尽可能保持恢复能力不减弱。

恢复和赛季

教练尤其需要理解体能训练和技能训练的目的与区别，并帮助运动员在休赛期为赛季做好准备。在赛季开始后，他们需要按照之前的理解在整个比赛日程合理安排体能训练和技能训练。许多教练会告诉他们的运动员："新的赛季开始了，现在是时候认真对待了！所以，周一、周三和周五，我希望你们在健身房将自己练得更强壮。周二、周四和周六，你们应当去球场练习，以提高速度和敏捷性。"在赛季以这种方式训练运动员并不是让运动员或球队实现最大进步的最优方法。

正确的训练方法不是由去年的训练方法、前冠军球队的训练方法、传统训练方法或一周中的训练天数决定的。完全采用科学方法（这样做也不会伤害运动员）的教练会首先考虑比赛次数和赛季的长度。然后，根据具体的运动项目，教练应该挑出最重要的比赛，例如田径运动的地区性或全国性比赛，或曲棍球运动、篮球运动、棒球运动、足球运动或橄榄球运动的季后赛，并根据这些比赛的日程制造合理的训练方法，目标是体能训练的时间安排能够让运动员在这些重要比赛当天完全恢复体力并为一生中最重要的比赛做好准备。

很多时候，如果在两次训练之间不做点什么，运动员就会变得焦虑，尤其是在需要运动员自我训练的运动项目及在某些团队运动项目中，运动员会不断利用自己仅有的一点空闲时间来追求进步。讽刺的是，训练的刺激所产生的效果都正是在无所事事（恢复）期间产生的。无论如何，运动员通常会在他们应该恢复的时候进行一些自我指导的体能训练，而教练通常会支持他们这样做。他们将这种"做点什么"的愿望合理化，断定其竞争对手正在进行某种体能训练，如果他们不做就等于放弃了竞争优势。我们称之为"洛奇·巴尔博厄（Rocky Balboa）综合征"，因为它似乎在某程度上具有《洛奇》系列电影的重要元素。洛奇担心他的对手正在某个地方训练，除非他每天采用一些"老派"训练方法（追鸡、在雪地里扔木头、砍柴、拳打牛肉），否则他的对手就胜他一筹。

这是心理上出现的一种对身体训练和恢复背后的科学原理的误解。太多的运动员都在应该恢复时抵挡不住进行训练的诱惑。这种倾向凸显了运动员和教练了解运动刺激与身体反应的关系的重要性。在这些知识的指导下，教练可以查看日程安排，挑出比赛日，然后制定合理的训练（包括休息）计划，以确保运动员在比赛时完全恢复，而不是变得焦虑并在比赛前三四天进行锻炼，这将使他们在比赛当天无法完全恢复。

这意味着在赛季中，体能训练的频率可能需要降到很低。高强度训练要求运动员达到正向失败的程度，以刺激身体产生正向适应，但由于比赛和训练中的能量输出极大，可能不得不推迟这种训练。最重要的是，运动员不应该做任何会削弱自己能力的事情，或者让自己遭遇会毁掉职业生涯的伤病。

关于练习和比赛对冰球运动员身体成分影响的非正式研究

在鹦鹉螺北部力量与健身中心对冰球运动员进行的一项非正式研究中，我们通过大量的身体成分测试很快发现，在赛季中进行的任何补充性体能训练对运动员的好处都是"零"。我们其中一位教练布莱尔·威尔逊是一位具有天赋的运动员，当他与当地的一个青少年冰球队签约时，我们第一次注意到了这一现象。作为一名教练，他知道恢复、训练强度及所有影响一个人对训练反应的变量的重要性。

由于他还是一名优秀的滑水运动员，在这个夏天里，他每周都会参加滑水表演和比赛。他非常忙，很少有时间训练，因此他在整个夏天可能一共进行了3次负重训练。也许是因为他的训练强度高但频率低，到了9月，在冰球赛季即将开始时，他的肌肉量特别高。

他来问我："在冰球赛季，我可以或应该多久训练一次？"我非常坦诚地说："我不知道，因为我不知道你要打多少场比赛，也不知道你的教练在训练中会让你练什么。会让你尽全力从蓝线滑行到红线，再滑行到蓝线吗？会让你练习射门和传球等技能吗？会让你的练习像'体能训练'一样吗？"我们都被难住了，因此决定在这个赛季研究冰球运动员身体成分的变化，从而了解练习和比赛对冰球运动员的身体成分有何影响。

我们认为布莱尔应该在第一次练习之前测定其身体成分，然后在整个赛季中每天都进行一次测定，看看练习和比赛究竟会对其身体成分产生什么影响。我们希望能在赛季中找到一个适当的时机来训练他，使他可以继续增强力量，或者至少保持他的力量和肌肉量。布莱尔同意写日记，让我们知道他前一天晚上做了什么练习，然后通过每天的身体成分测试，看看这些练习会对他的身体成分产生什么影响。

　　我们很快意识到，我们根本无法在赛季中训练他。从赛季开始的9月到12月中旬，他损失了超过6磅的肌肉。他的教练让他每周练习2次，然后增加到3次，每个周末他都会打1~2场比赛。因此，即使是维持性的练习也会使他的能量输出不断"累加"，这会导致他失去更多的肌肉。如果练习产生的分解代谢效应没有被适当休息产生的合成代谢效应所抵消，健康就会受到损害。

　　对于运动员来说，肌肉量减少意味着爆发力、力量和抵抗受伤的能力下降。例如，腹股沟肌肉如果完全恢复并且保持最强壮的状态，通常会在承受100磅作用力时撕裂，这意味着运动员可以安全地承受高达99磅的力。如果腹股沟肌肉变小、变弱，这个数字可能会下降到60，而他受伤的概率会增加33.3%。布莱尔的父亲大卫（David）是在我的机构中任职的一名教练，他们父子俩开始对球队中的其他球员进行身体成分测试，并发现了与布莱尔完全相同的经历。

　　既然练习和比赛对体能的削弱作用如此明显，教练可以在球员的计划中安排足够的休息时间，就能避免将最弱的球队派上场，这样一来，球员上场时就可以达到自己最强壮且最安全的状态。不幸的是，大多数教练会说："你们在上一场比赛的第三节像没睡醒一样，动作缓慢。很明显你们的体能不达标，所以明天早上，我要将你们练到趴下！"如果球队表现不佳，教练不仅很少会想到球员可能还没有从上一场艰苦的练习或比赛中恢复过来，通常还会让球员进行对体能要求很高的活动，这会让他们有限的恢复能力遭受更大的损失。最终，球员会因为教练安排的艰苦练习而生病或受伤。

　　如果足够幸运，球员就会因为生病或受伤获得急需的休息时间。如果不走运，他们可能会遭受使其职业生涯结束的重伤。如果对球员的恢复能力及艰苦的体能训练和比赛对球员身体造成的严重损耗给予适当的重视，这种重伤是可以避免的。

——约翰·利特尔

　　只要教练保持这种训练方式，运动员就需要在休赛期进行明智的训练，从而在他们去训练营或选拔赛之前，或者在赛季开始之前，尽可能地进入最佳"状态"——*毕竟赛季开始后，他们将失去肌肉*。既然运动员知道自己在赛季中会失去很大一部分肌肉，他们就应该在休赛期尽最大的努力去建立肌肉储备。

　　类似的建议也适用于医学治疗。例如，将要接受化疗的患者事先应尽可能地增强力量和增加肌肉（瘦体重），因为一旦化疗开始，身体就会开始损失肌肉。

比赛就是训练

比赛会极大地消耗身体内的资源，因为从身体的角度来看，*比赛就是训练*。从这个意义上说，与其他任何事情相比，比赛都将更有针对性地训练运动员的技能组合，并且还能对特定的运动表现进行必要的能量代谢调节训练。

在训练各个运动项目的运动员时，我们观察到他们在进行其项目的相关运动时也会获得能量代谢调节训练的效果，就像技能训练一样，因为二者都非常具有专项性。

专项代谢适应现象

我曾使用Tabata方案来训练准备参加小轮车越野赛的运动员。该方案包含20秒的高强度冲刺，然后是10秒的恢复，接着是另一个20秒的高强度冲刺，然后又是10秒的恢复，最多执行5 ~ 7个循环。其目标是让乳酸真正堆积起来并推动有氧系统的工作。这次经历让我意识到，如果运动员没有按照特定比赛的时间范围训练自己的能量代谢系统，他们的表现会非常糟糕。

典型的小轮车越野赛持续大约35秒，在特别长的赛道上可能会持续40秒。我使用塔巴塔方案时发现，无论使用何种客观衡量标准，这些运动员一开始的能量代谢状态都很好，但他们却在完成约2/3的赛程时就放弃了。他们已经适应了高强度冲刺20秒，然后恢复10秒的训练方式。当我将冲刺方案更改为40秒冲刺，然后20秒恢复后，效果就堪称完美了。因此，能量代谢调节训练和技能训练一样，都非常具有专项性。

——道格·麦高夫

很多时候，要实现一项特定体育运动所需的能量代谢调节，最好的方法是执行该项运动本身，或在技能训练中尽可能准确地模拟实际比赛（而不是试图在体能训练中模仿比赛时的动作），而参加比赛往往是训练技能的最佳方式。在赛季中，如果运动员要进行力量训练，那么在各组练习之间应该尽量少休息，以优化能量代谢调节效果。尽管如此，如果训练的主要目标是获得代谢益处，那么可能没有必要进行力量训练，因为运动员将通过参与这项运动来获得一定程度的能量代谢调节训练效果。显然，这种类型的能量代谢调节是理想的，因为它完全特定于某项运动，但是力量训练可以保护运动员免受于受伤并增强功能性力量，这一部分仍然需要以体能训练的思路去进行。力量训练需要与肌肉和关节功能相匹配，其目的是使运动员更加强壮。运动员可以通过执行 3 ~ 5 个基本练习来增强整体力量。

体育运动专项性

实际参与一项运动不仅可以很好地确定能量代谢调节的时间范围，还是进行神经肌肉训练的最佳方式。例如，在 10 岁年龄组级别到职业级别的冰球比赛中，每一轮比赛的时长通常为 40 ~ 60 秒。在该时间段里，球员必须全力以赴地上场比赛，然后回到替补席，同时另一队球员上冰做同样的事情。刚刚全力完成自己那一轮比赛的球员必须在 1.5 ~ 2 分钟的替补席休息时间内让代谢能力恢复，因为他们马上就要回到冰上再次全力以赴地打下一轮比赛。他们将持续这样做，直到完成每节持续 20 分钟的 3 节比赛。

为了使冰球运动员的体能变得更好，在冰球运动员通过冰上练习增强特定于这项运动的能量代谢调节能力时，教练应该让冰球运动员的每一轮短程冲刺持续 40 ~ 60 秒。为提高冰球运动员能量代谢调节的专项性，教练应手持秒表观察比赛，并挑出一名（或多名）冰球运动员，记录其运动休息模式。此方式有助于确定冰球运动员训练的最佳能量代谢时间范围，然后教练可以在练习中使用该信息帮助冰球运动员调整能量代谢调节训练的节奏，使其与冰球运动员在比赛期间的运动休息模式准确匹配。

而教练目前在练习中采用的许多训练方式都会将某一技能从其应用背景中分离出来，并让冰球运动员孤立地练习该技能。因此，冰球运动员能够熟练地在孤立环境中执行该技能，但在冰球比赛中则不然。当引入冰球比赛的其他环境元素时，冰球运动员通常无法以他们在练习环境中展示的方式来执行技能。在大多数情况下，像一场真正比赛一样的训练赛可以让冰球运动员和教练收获更好的效果。

例如，冰球运动员单独练习传球是一项常见的训练，但其中可能存在一些问题。在传球练习中，冰球运动员在冰面上往返滑行，同时将球传给一名队友，这与真实比赛中的传接球情况完全不同。此外，在单独的传球练习中，冰球运动员无法感知到冰场上的其他冰球运动员的动作以及动态比赛环境中固有的所有其他因素的影响。在多因素环境中练习更有可能培养冰球运动员对何时传球及如何传球的条件反射。这条准则适用于所有运动项目，尤其是所有团队运动项目，因为预测他人行为和反应的能力可以决定运动员在团队中是否能胜任自己的位置。

为了让冰球运动员尽可能获得最佳的专项技能和能量代谢调节训练效果，教练最好安排训练赛而不是练习课。教练可以随时吹哨以暂停比赛，指出谁没有跑到位，并说明如何纠正出现的任何问题或失误，以及这些失误在实际比赛中可能有何后果。这样，教练的教学要点就会与特定的比赛环境有所关联，从而更具有意义。

上述说明同样与专项性有关，因为特定运动项目的最佳练习是该特定运动项目本身。次佳练习是强调比赛特定方面的训练，让运动员发展必要肌群的特定协调能力和更好的神经肌肉发力时机。虽然这些训练会产生一些体能训练的效果，但大多数进步是技能方面的提高。身体姿势、杠杆效应、运动经济性和技巧的细微进步才是真正影响运动员速度的因素。因此，涉及起步、停止、旋转和冲刺的练习是最重要的基础技能练习。

执教习惯

在有组织的运动项目中，大多数损伤（60%）发生在练习过程中，对此，教练要承担很大一部分的责任。一项长期存在且备受珍视的活动已被证明在生理上毫无意义，那就是拉伸。人们认为运动员应该拉伸，通常有以下两个原因。

1. 在运动之前拉伸可以帮助热身。
2. 拉伸可以降低在比赛中受伤的可能性。

没有人会质疑运动员应该在参加比赛之前进行热身并降低肌肉黏度。然而，为达到此目的而采用的手段已被一种被称为拉伸的活动所取代，事实上，拉伸并不能达到上述任一目的。

拉伸

美国疾病控制与预防中心（Centers for Disease Control and Prevention）发布的一份报告将拉伸与其他预防训练损伤的方法进行了比较。该报告综合了 5 项研究的数据，以确定拉伸是否有任何好处。该报告得出的结论是，与不拉伸的人相比，拉伸的人受伤（如肌肉拉伤）的可能性并不小，而且拉伸并不能预防损伤[4]。一项对火奴鲁鲁马拉松赛参与者的研究提出了更严厉的指控，该研究发现运动前拉伸*更可能造成损伤*，而不是预防损伤[5]。

其他文章在回顾数百项拉伸研究后得出了基本相同的结论：拉伸并不能防止受伤或肌肉酸痛[6]。在一项研究中，1,538 名男性新兵被随机分配到拉伸组或对照组。在接下来的 12 周训练中，两组都在体能训练之前进行了主动的热身练习，但除此之外，拉伸组每次热身时都会在督导下分别对 6 个主要腿部肌群进行一次 20 秒的静态拉伸。对照组没有拉伸。研究人员得出结论："在运动前为了热身而进行的典型肌肉拉伸不会使运动的相关损伤风险得到具有临床意义的下降[7]。"

拉伸肌肉也不能使运动员变得"更加"柔韧。肌肉可以拉伸的范围是有限的，为了保护肌肉及其所服务的关节，它必须如此。你只能在肌肉允许的范围内拉伸它。试图超越自己的极限是很危险的，因为它会导致肌腱和韧带变弱。在《英国运动医学杂志》（*British Journal of Sports Medicine*）发表的一项研究中，研究人员得出结论："拉伸训练后柔韧性指数显著下降[8]。"

拉伸不会"收缩"肌肉，而收缩是使血液进入肌肉并产生代谢活动以实现"热身"的原因，因此拉伸不会有热身的效果。在热身之前进行肌肉拉伸实际上会增加受伤的风险。将"冷"肌肉置于其力量最薄弱的位置（完全拉伸）并施加各种负荷肯定会对其造成损伤。

在美国运动医学会（American College of Sports Medicine）于 2006 年举办的会议上，有一项研究调查了拉伸对力量的影响。力量很重要，因为它让运动员能够在比赛中达到更快的速度和更强的爆发力，并保护他们免于受伤。有 18 名大学生参加了该研究，他们在进行 0 次、1 次、2 次、3 次、4 次、5 次或 6 次 30 秒腘绳肌拉伸后，接受膝屈曲的一次重复最大重量（One-rep-maximum）测试。仅仅一次 30 秒的拉伸就将一次重复最大重量减少了 5.4%。在受试者进行了 6 次 30 秒的拉伸后，他们的力量下降了 12.4%[9]。所以，拉伸（即使只有 30 秒）会减弱你的力量，而不会让你变得更强壮。运动员都想变得更强壮且不易受伤，因此拉伸不是一个真正的运动员应该参与的活动。

简单来说，拉伸会导致肌肉收缩变弱，并且不会带来人们普遍认为的它会产生的任何好处（热身、防止受伤、避免酸痛、增强柔韧性）。实际上，它的作用是减弱你的力量。让运动员在练习和比赛前进行拉伸与过度训练会产生相同的效果：使得运动员上场参加重要比赛时力量更弱，更容易受伤，没有达到热身的目的，也无法产生突然加速所需的爆发力，而这些爆发力是完成比赛的战术要求、躲避危险、掷出有力的一球、更强劲地射门及投篮或在足球场上冲刺所必需的。相反，运动员的表现将低于标准水平。

此外，大多数教练认为的"拉伸"练习只会导致他们认为被拉伸的肌群的主动或被动收缩肌力不足。很难理解这样的动作对于增强肌肉功能能起到什么作用，因为它们唯一的作用就是将肌肉置于生物力学上的劣势位置，使其无法主动收缩，也就是什么都做不了。

交叉训练

教练（和运动员）需要摆脱的另一个错误概念是交叉*训练*。练习在某个运动项目中所使用的技能会以某种方式提高另一个运动项目所需的特定技能，这种想法根本没有科学依据。

"*交叉训练*"一词最初是由耐克（Nike）提出的，耐克将其作为一种营销工具来宣传其运动鞋。这个词出现的背景是20世纪70年代末和80年代初的跑步热潮，当时一些稳态慢跑运动员伤病频发，他们因为痴迷于跑步而在已训练过度的状态下继续慢跑。在这种情况下，若他们继续慢跑，必然会加剧其胫骨骨膜炎（或膝关节、髋关节问题）。也正是在这一时期，有氧操和铁人三项越来越受欢迎。

在此背景下，耐克决定打造"交叉训练"系列运动鞋，其理念是你可以通过参加另一项运动来保持"有氧体能"，而不会加剧慢跑所导致的过劳性损伤。（因此，当你让过劳性损伤的一个部位得到所谓的休息时，你可能开始对身体的另一个部位造成另一种过劳性损伤。）该公司生产了一款可以用于跑步、有氧操、网球运动、篮球运动，甚至健身房力量训练的运动鞋。这款多功能运动鞋体现了"交叉训练"的概念，此概念作为身体应"积极休息的观点的另一种形式被提出来"（这本身就是一种矛盾），并且它还消除了慢跑者对于坚持运动的过分焦虑，尽管其身体试图发出警告："你正在摧毁我们！"

这个概念还包含一个观点：交叉训练也可以很好地用于技能训练。这成为一个流行的概念，特别是在小轮车越野赛等运动中，人们认为通过骑摩托车越野或山地自行车下坡进行交叉训练会产生好处。理由是当你回到小轮车越野赛赛道（主要是平地赛道）时，你将以相对较慢的速度移动。人们相信，运动员的反应能力会得到改善，一切都会显得更慢，运动员可以做出更快、更好的反应，因而表现水平提高，因为运动员已经通过进行其他不同但类似的运动项目完成了交叉训练。与此同时，所有关于运动学习的科学数据都清楚地表明，运动员所做的任何与当前运动项目相似但又不完全相同的事情只会产生与所需的实际技能相似的技能，因此，运动员只会混淆这两种技能。

不过，鞋类制造商在营销活动中无须提及这些内容。毕竟，营销人员的工作不是销售科学，慢跑所造成的大量损伤可能导致运动鞋市场萎缩，而他们的工作是使这个市场保持活力。他们需要某种方式来保持销量，而解决方案就是宣传"交叉训练"的整体概念。

在其他领域，这种明显错误的概念不会获得任何支持。例如，你不会看到钢琴家进行打字训练，并相信这样做会使他们成为更好的钢琴家。体育界的传说尚未渗透到音乐界。再强调一次，如果你想提高自己在一个特定运动项目中的技能，你需要练习该项目所需的技能。

训练儿童和青少年运动员

在训练儿童和青少年（5 ~ 15岁）方面，人们似乎存在很多疑惑。有些教练认为，因为该类人群的肌肉和骨骼没有完全发育成熟，他们不应该执行任何高要求的肌肉锻炼。另一些教练则持相反的观点，因为他们还年轻，还在成长中，所以他们有多余的能量，可以让他们努力训练，而不必担心过度训练。事实是，儿童和青少年肯定有可能会过度训练。美国国家安全儿童运动（National Safe Kids Campaign）和美国儿科学会（American Academy of Pediatrics）收集到的数据如下。

> 在中学生的运动损伤中，重复动作引起的过劳性损伤占了将近一半。骨骼不成熟、受伤后休息不足，以及不合理的训练或较差的体能均会导致儿童和青少年发生过劳性损伤[10]。

为此，在合理范围内执行适当的力量训练计划将使处于任何年龄的儿童和青少年受益。虽然儿童和青少年还没有可实现最优效果的激素环境，但其肌肉（无论激素环境如何）总是会对负荷和疲劳做出一定程度的强化反应。每个孩子都可以通过训练变得更强壮。在训练儿童和青少年时，最重要的是必须设定切合实际的预期效果。

大多数儿童和青少年只需参加某个运动项目就可以迅速提高其能量代谢调节水平。没有必要对儿童和青少年实施任何严格的训练标准，特别是如果实施方式过于严厉或过于死板，就可能会破坏他们对运动的热爱。一旦赛季开始并且儿童和青少年开始比赛，他们的代谢状态就会提高到比赛所需要的水平。在赛季中告诉一个12岁的儿童"你每周去一次健身房"并没有多大价值。然而，儿童和青少年可以从休赛期的训练中受益，为下一赛季增强他们的肌肉力量。

即便如此，在对儿童和青少年进行力量训练时，也不应该期望得到与成年人相同的训练效果，对儿童和青少年的期望需要低一点儿。儿童青少年的训练强度很大一部分是由家长决定的，他们试图通过提高自己孩子的训练强度来间接地弥补他们感知到的自己的不足。大多数教练和家长都需要降低对儿童和青少年的期望。

　　想让 8 岁或 10 岁的儿童"锻炼肌肉"也是一种被误导的愿望。力量训练对儿童和青少年有好处，但由于儿童和青少年的发育限制，力量训练必须适度。

针对特定运动项目的力量训练计划

　　"五大"锻炼是大多数运动员的理想体能训练计划，因为所有运动员都可受益于最优的能量代谢调节效果和更强壮的身体。虽然身体的所有主要肌群都会通过"五大"锻炼受到刺激，但某些运动项目会对辅助肌群造成压力，而"五大"锻炼并没有专门针对这些肌群，因此运动员需要根据身体在相应的运动项目中所承受的压力程度来强化特定的力量。为此，我们对"五大"锻炼进行了以下修正，以适合参加特定运动项目的运动员。正如你将看到的那样，这里有一些练习是前面的章节未涉及的，我们会将这些练习的说明放在计划后面。

橄榄球

　　为了参加橄榄球运动，身体要更加强壮，我们保留了"五大"锻炼中的 4 个练习，但我们会将它们分解为 2 次训练。完成训练 1 之后将休息 7 天，然后进行训练 2。再次休息 7 天后，运动员将按照这一方式循环训练。在赛季中，运动员应该在每次训练之后休息更长时间。

训练 1

1. 颈部屈曲（向前）/颈部伸展（向后）
2. 颈部侧屈（向左/向右）
3. 腿举
4. 下拉
5. 胸推

训练 2

1. 站立提踵
2. 硬拉

3. 过头推举

4. 腕弯举

5. 反向腕弯举

这个训练计划的附加练习是颈部屈曲（向前）/颈部伸展（向后）、颈部侧屈（向左/向右）、站立提踵、硬拉、腕弯举和反向腕弯举。（前文已对站立提踵和硬拉进行了说明。）由于必须保护颈部和前臂，该计划添加了针对这些肌肉组织的直接训练。对这两个部位的训练交替进行，因此可以在一次训练中锻炼颈部，在下一次训练中锻炼前臂。在任何一次训练中，所执行练习的数量不要超过 5 个，以免过度训练。

所有练习都应该缓慢而平稳地执行。尽可能缓慢地移动阻力，但不要让动作出现停顿，直到不可能再完成一次动作。不要在动作之间休息。

四向颈部训练机

我们建议从颈部练习开始，这样运动员就可以真正专注于颈部肌群，并在体力充沛时进行颈部练习。将颈部练习放在锻炼计划中也有助于确保它得到认真对待。橄榄球运动可能造成颈椎损伤，最严重的后果是瘫痪，而强壮的颈部则可以很好地防止这类情况的发生。我们建议希望增强颈部力量的运动员使用四向颈部训练机，例如迈德士或诺德士制造的。重要的是，运动员要了解练习执行过程中所需的肌肉动作和姿势，以优化训练刺激。

作为替代方案，在颈部屈曲过程中可以由具有专业知识的人手动提供阻力，但在许多其他运动员同时锻炼的情况下可能很难采用这种方案。

——约翰·利特尔

颈部屈曲（向前）

■ **肌肉动作。**屈曲颈部的肌肉位于颈部的前侧，从锁骨延伸到颅底。颈部屈曲所涉及的所有肌肉都在颈部内，因此在执行此练习时，需要保持躯干静止，并在向前屈曲颈部时仅旋转头部。

■ **执行练习。**坐在器械中，面向垫子，使鼻子位于两个垫子之间。握住手柄，保持背部挺直，慢慢向前弯曲颈部，好像要向下看着地板一样。在肌肉完全收缩的位置稍做停顿，然后慢慢回到起始位置。重复此过程，直到无法完成一次完整的重复。

颈部伸展（向后）

■ **肌肉动作。**虽然使颈部向前屈曲的肌肉位于颈部的前侧并完全在颈部内，但在颈部后侧负责伸展颈部的肌肉则从其起点一直向下延伸到骶骨后部（看向前上方就会体会到）。因此，如果在四向颈部训练机上执行颈部伸展练习，应该允许整个胸椎和腰椎前凸（反弓形）伸展，以使伸展颈部时会收缩的肌肉可以充分参与。

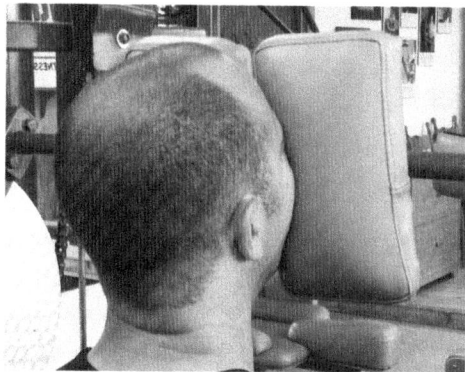

颈部屈曲（向前）

颈部伸展（向后）

- **执行练习**。坐在器械中，方向与前屈时相反。现在，将头部后方靠在两个垫子上，以垫子的中心为接触点。握住手柄，使臀部位于座椅的边缘，双腿接近伸直。头部慢慢地向后压，以便将枕骨（颅底）推向臀部。当到达肌肉完全收缩的位置时，也可以尝试通过稍微挺起下背部来将臀部拉向头部。在这个位置稍做停顿，然后慢慢回到起始位置。重复此过程，直到无法完成一次完整的重复。

　　颈部侧屈（向左/向右）。四向颈部训练机让你只需改变坐姿即可锻炼颈部的侧面。要锻炼颈部右侧，请坐在器械中，使右耳与两个垫子的中心对齐。抓住手柄，保持躯干挺直，头部慢慢向右侧下压，试图用右耳触碰右肩。在肌肉完全收缩的位置稍做停顿，然后慢慢回到起始位置。重复此过程，直到无法完成一次完整的重复。

- **肌肉动作**。在颈部侧屈中，颈部右侧（或左侧）的前部肌肉和后部肌肉同时收缩，使耳朵向肩部移动。
- **执行练习**。要锻炼颈部左侧，只需更换坐姿，这一次要使左耳与两个垫子的中心对齐。抓住手柄，保持躯干挺直，头部慢慢向左侧下压，试图用左耳触碰左肩。在肌肉完全收缩的位置稍做停顿，然后慢慢回到起始位置。重复此过程，直到无法完成一次完整的重复。

　　前臂训练。以下练习可训练屈曲和伸展手腕的肌肉，并有助于增强抓握力。

颈部侧屈（向右）

颈部侧屈（向左）

腕弯举

- **肌肉动作。** 在执行腕弯举练习时，发挥最大作用的前臂肌肉是肱桡肌、屈肌支持带、旋前圆肌和掌长肌。
- **执行练习。** 握住杠铃杆（最好是粗杆），掌心向上，坐在平凳上。将前臂背面放在大腿上，手背靠在膝盖上。身体稍微向前倾，使上臂和前臂之间的角度略大于90度。现在慢慢开始向上弯曲手腕，试图让掌心面对躯干。在肌肉完全收缩的位置稍做停顿，然后慢慢降低双手，回到起始位置。重复此过程，直到无法完成一次完整的重复。

反向腕弯举

- **肌肉动作。** 参与反向腕弯举的前臂肌肉是肱桡肌、桡侧腕短伸肌、桡侧腕长伸

腕弯举

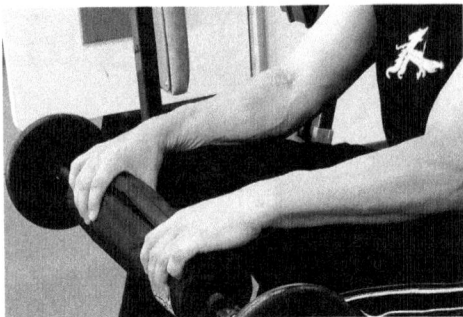

反向腕弯举

肌、尺侧腕伸肌、小指伸肌、指伸总肌、拇短伸肌、伸肌支持带、拇长伸肌和肘后肌。

■ **执行练习。** 握住杠铃杆（最好是粗杆），掌心向下，坐在平凳上。将前臂的正面放在大腿上，双手的掌根靠在膝盖上。身体稍微向前倾，使上臂和前臂之间的角度略大于90度。现在慢慢开始向上弯曲手腕，试图让指关节朝向躯干。在肌肉完全收缩的位置稍做停顿，然后慢慢降低双手，回到起始位置。重复此过程，直到无法完成一次完整的重复。

冰球运动员训练

冰球运动员的理想训练计划也包括"五大"锻炼中的练习（腿举、下拉、过头推举、坐姿划船和胸推），但会将它们分散到不同的训练中，并针对在冰球比赛中承受巨大压力的肌肉提供额外的特定练习。大多数冰球运动员都认为在赛后最容易僵硬的肌群是下背部肌群、大腿内侧的内收肌、腰部的腹斜肌和臀部肌肉。因为滑冰需要冰球运动员在一定程度上俯身，所以在打冰球时，冰球运动员的腰部肌肉几乎相当于持续等长收缩。除了这些区域以外，在此计划中将接受特殊强化练习的还有大腿的内收肌（即腹股沟），它们在滑冰过程中充分参与将股骨拉向身体中线；前臂，用于射门和操纵球杆；颈部，因为强壮的颈部肌肉可以在冰球运动员击球和接球时保护他们；腹斜肌，因为躯干在滑冰、射门和传球过程中会产生大量的扭转动作。冰球运动员的训练计划分为4个独立的子计划，每7天执行1个子计划（在赛季中可能需要以更低的频率执行）。

训练1

1. 髋部和背部训练机练习

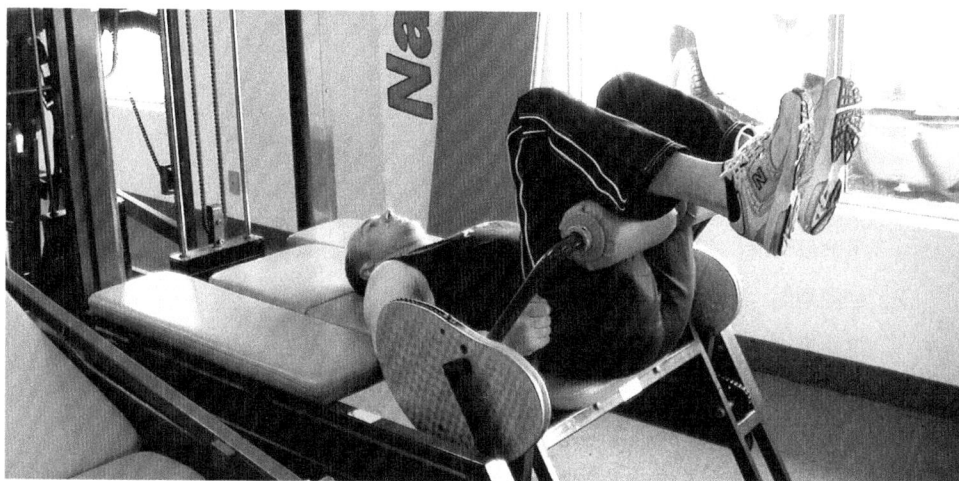

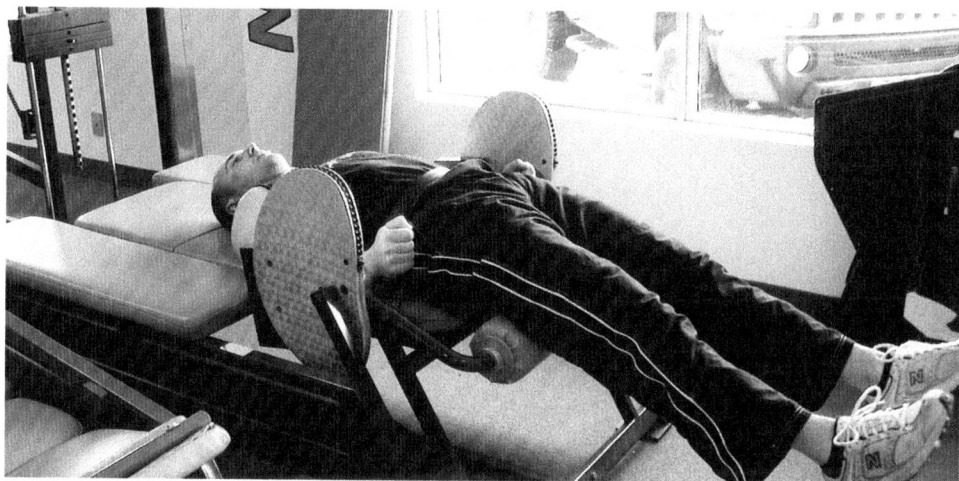

髋部和背部训练机练习

2. 坐姿划船

3. 过头推举

4. 内收肌训练机练习

5. 旋转躯干

训练 2

1. 腿举

2. 下拉

3. 胸推

4. 腕弯举

5. 反向腕弯举

训练3

1. 下背部训练机练习

2. 坐姿划船

3. 过头推举

4. 内收肌训练机练习

5. 旋转躯干

训练4

1. 颈部屈曲（前/后）

2. 颈部侧屈（左/右）

3. 腿举

4. 下拉

5. 胸推

每7天进行1次训练（在赛季中可能需降低训练频率）：第一周执行训练1，第二周执行训练2，第三周执行训练3，第四周执行训练4，第五周执行训练1，依次类推，循环进行。之前未介绍的练习应按如下方式执行。

髋部和背部训练机练习

- **肌肉动作。**所有跳跃、猛推和滑冰动作（尤其是在需要爆发力时）都极其依赖臀大肌（臀部肌肉）的参与。

- **执行练习。**躺在髋部和背部训练机的垫子上，调整身体位置，使髋部与两个凸轮的轴线对齐。在伸展双腿的同时手臂向下压。伸展双腿至双膝锁定，低于水平位置，从而使下背部挺起。在肌肉完全收缩的位置稍做停顿。保持一条腿完全伸展，然后让另一条腿尽可能向后移动，直到伸展的腿不能保持静止。慢慢地将向后移动的那条腿重新蹬出去，直到两条腿接近平行。挺起下背部并收缩臀部。接着用另一条腿重复这个动作。左右交替进行，直到无法完成一次完整的重复。

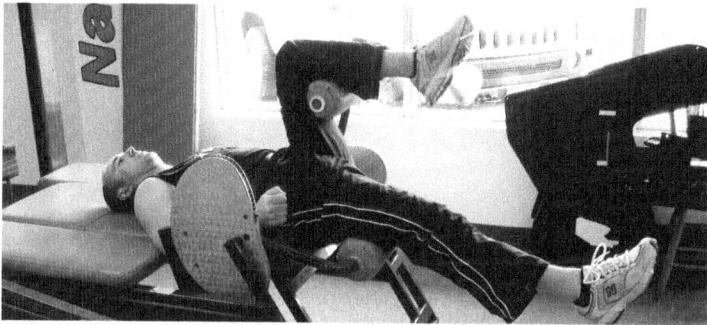

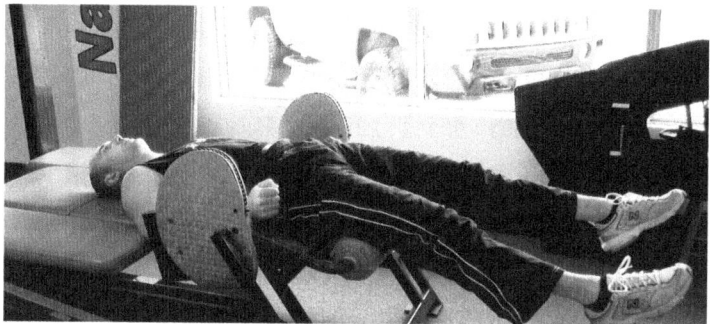

髋部和背部训练机练习

内收肌训练机练习

■ **肌肉动作。**每当腿被拉向身体中线时，大腿的内收肌就会被激活，如在滑冰中做交叉步时。

■ **执行练习。**坐在内收肌训练机上，将小腿放在移动臂上，呈双腿张开的姿势。膝盖内侧应紧靠阻力垫。调整杠杆，使得双腿在完全外展的位置受到阻力。保持头部和肩部靠在座椅上，慢慢地将双腿拉向彼此，直到它们稳定地靠在一起。在双脚并拢的位置稍做停顿，然后慢慢让双腿回到伸展位置。重复该过程，直到无法完成一次完整的重复。

内收肌训练机练习

旋转躯干

■ **肌肉动作。**这个动作需要腰部两侧的腹外斜肌和腹内斜肌积极参与。腹斜肌的功能是将脊柱向一侧弯曲并旋转躯干。

■ **执行练习。**从右侧或左侧进入器械，坐直。如果你从右侧开始，请将小腿交叉，放在垫子的右侧。这将固定你的下半身，从而确保练习中的所有动作都由使躯干旋转的肌肉（腹斜肌）产生。将双臂放在垫子上，双手抓住竖杆。你应该坐直，让鼻子在两根竖杆之间居中（在整个过程中保持这个姿势）。慢慢地开始向右扭转躯干。在运动过程中尽可能保持背部挺直，并且鼻子在两根竖杆之间居中。当你到达肌肉完全收缩的位置时，稍做停顿，然后慢慢回到起始位置，确保在这样做时不让下落的配重片碰到下方的配重片或配重架（这将减轻肌肉所承受的负荷）。继续向右扭转并在控制速度的情况下回到起始位置，直到无法完成一次完整的重复。完成后，离开器械并从左侧重新进入。以与右侧相同的方式对躯干左侧的肌肉进行训练。

旋转躯干

棒球运动员训练

橄榄球运动员训练计划中的大部分练习都适用于强化棒球运动员的力量。然而，考虑到投掷动作涉及的肌肉结构，需要对肩部肌肉和腰部两侧的腹斜肌进行一些特定的训练。

训练1

1. 腿举
2. 下拉
3. 胸推
4. 侧平举
5. 后三角肌练习

训练2

1. 站立提踵
2. 耸肩
3. 旋转躯干
4. 腕弯举
5. 反向腕弯举

棒球运动员应该交替执行上述 2 个训练计划，每次训练间隔 7 天。

后三角肌练习

- **肌肉动作**。后三角肌用于将手臂向身后拉。
- **执行练习**。在执行此练习时，同样首选诺德士的器械。坐在器械中，让背部靠在背垫上。将肘部放在身前的垫子上，使上臂与躯干成 90 度。慢慢开始将上臂向后拉，直到它们位于身后。在肌肉完全收缩的位置稍做停顿，然后慢慢让双臂回到起始位置。以此方式重复，直到无法再完成一次完整的重复。

高尔夫球运动员训练

除了一般的整体力量外，高尔夫球运动员还应注意锻炼前臂肌肉和腹斜肌。因此，我们交替执行以下 2 个训练计划，每次训练间隔 7 天。

训练 1

1. 腿举
2. 坐姿划船
3. 胸推
4. 腕弯举
5. 反向腕弯举

训练 2

1. 站立提踵
2. 下背部训练机练习
3. 下拉
4. 过头推举
5. 旋转躯干

结束语

上述计划足以将运动员的力量提升到其最高水平。不要在这些计划中添加任何练习，因为每次训练不应超过 5 个练习，以确保运动员在每次训练中都为完成每个练习付出

100%的努力。运动员应该在执行1次上述训练计划后的2天内进行技能训练。然而，在力量训练后的第二天，最好花时间放松和查看比赛数据。

我们想说明的一点是，体能训练和技能训练都很重要，但从宏观的角度来看，遗传基因是运动员成功的主要决定因素。你可以通过适当的体能训练和技能训练成为一名优秀的运动员，但成为一名真正伟大的世界级运动员则需要适当的体能训练和技能训练，以及遗传基因。在最高级别的竞技体育中，教练界已经出现了许多荒谬的传说，因为这些教练所执教的运动员已受益于残酷的自然选择过程，而这些具有天赋的人通过任何方式的训练几乎都可以获得优异的成绩。

不幸的是，大多数人并不具备天赋。因此，具有天赋的运动员能够更好地容忍糟糕的训练实践，从而使人们更加相信这些荒谬的传说。对不断变化的获胜球队进行理性分析，就会发现球队的成功更多的是因为他们的球探，而不是他们的教练。人才发掘是打造一支优秀团队的关键。如果你组建的团队中全都是天赋型运动员，那么你很有可能会拥有一支出色的团队。如果理想的遗传基因与本章中科学合理的训练计划相结合，那么体育运动的成功肯定会随之而来。

11

老年人的理想训练计划

在训练需求这件事上，老年人需要放弃他们因年老而与其他人不同的想法。年老并没有改变训练需求方面的任何事情。在生命的每个阶段，人体对运动刺激产生生理适应所必需的所有生理机制都保持完整。从生理角度来看，老年人与年轻人之间唯一有意义的区别是老年人体能走下坡路的时间更久，因此身体受到损害的时间也更长。从能量代谢的角度来说，比起进行力量训练的普通年轻人，老年人代谢失调的情况更为严重。

以一位从未进行过负重训练的35岁普通男性的生理构造为例，他正处于一个临界点——除非有适当的肌肉强化刺激干预，否则他会自发地开始失去大量的肌肉组织。一位70岁的普通男性在35岁时也发生了类似的情况，但在随后的35年中一直对此放任不管。老年人的肌肉状况开始恶化是因为其在肌肉系统的退化（或萎缩）过程启动后很长一段时间内没有采取任何补救措施。

然而，对于上述例子中的两个人来说，逆转肌肉萎缩过程所需的补救措施和生理机制是相同的。训练中需要采取的预防措施对于任何正常人都一样，但老年人必须严格遵从所有措施。这要求老年人在身体可承受的全活动范围执行生物力学机制正确的训练。此外，训练必须以正确匹配肌肉和关节功能的方式进行。最重要的是，在执行任何训练时都必须适当控制施加在肌肉、关节和结缔组织上的作用力,以尽可能避免受伤。重申一下,适用于年轻人的所有训练指导方针也适用于老年人。

　　在我们的机构中,所有工作人员都会小心照顾我们的每个客户,老年人也不例外。一般来说,唯一需要修改给定训练计划的情况是客户受伤或患有关节炎等可能需要在开始训练时限制活动范围的疾病(这同样适用于所有客户)。这意味着在较小程度上改变器械设置,但就我们如何应用训练计划而言,没有(也不应该有)任何差异。

力量训练对老年人的好处

　　从力量训练中获得的好处对老年人来说比对其他人更有吸引力,因为事实上,老年人可以恢复的力量比其他人更多[1]。很多案例表明,在对老年人的肌肉施加适当的训练刺激

老年人从高强度的力量训练计划中获益最多

后，他们的力量增长速度是惊人的。他们不需要太多的刺激就能恢复到正常生理水平，因为其肌肉实际上一直处于休眠状态，他们迫切需要刺激来唤醒和重新激活它们。力量在短短 6 ~ 12 周内翻倍的例子并不罕见。就一个人的身体和活力的变化程度而言，这相当于"死而复生"。

研究表明，适当的力量训练可以为老年人带来以下肌肉变化和以下因肌肉量增加而获得的健康益处。

- 恢复肌肉力量和功能[2]
- 肌肉力量增强且肌肉增大[3]
- 增强步行耐力[4]
- 降低体脂水平[5]
- 提高代谢率[6]
- 降低静息血压[7]
- 改善血脂状况[8]
- 加快胃肠道转运速度[9]
- 提高葡萄糖利用率[10]
- 减轻下背部疼痛[11]
- 增加骨矿物质密度[12]
- 缓解关节不适[13]
- 缓解抑郁症[14]
- 改善心肌梗死后的机能[15]

同样值得注意的是，这些研究均没有报告任何与训练相关的损伤。

肌肉的放热作用

老年人进行力量训练需要考虑的另一个重要因素是肌肉对调节体温的作用。人体内部温度应该保持在 37 摄氏度左右，但随着肌肉逐年减少，人体会逐渐失去肌肉提供的热量，因此，老年人往往更容易受到气温变化的影响，外界的冷热变化会导致体温出现不健康的波动。这种情况对老年人来说可能是一个严重的问题，特别是在他们生病的时候。

医生知道，大多数感染了肺炎或尿路感染的人会发烧，但老年患者不会。患有这些疾病的老年患者通常体温过低。就像所有符合热力学原理的能量活动一样，人体的代谢活动是放热的，这意味着肌肉会产生热量。以汽车做类比，发动机会产生大量热量。这就是汽车制造商安装散热器的原因。回想一下，热力学第一定律实际上是说，能量不能无中生有，只能是被输入系统的；热力学第二定律实际上是说，能量永远无法达到收支平衡，这意味着当能量被转换时，它总是会散失到系统之外，这正是体温的产生方式，它是肌肉组织在消耗能量时力学效率低下的产物。而老年人没有足够的肌肉组织，将不会产生足够的热量，因此没有多余的热量来使体温升高。

大多数人没有意识到体温过低对于老年人的危害有多大。一位老年人如果在淋浴时滑倒，并且几个小时后都未被发现，那么体温过低造成其死亡的可能性并不亚于滑倒的任何其他后果。因此，肌肉是保护老年人的重要组织。

上一节列出的肌肉量增加带来的益处与其说是力量训练的直接效果，不如说是随着身体产生或激活了更多肌肉而逐渐形成的间接效果。老年人在患有关节炎的情况下，如果控制患有炎症的关节的肌肉较强壮，那么该关节的活动将更高效。至于骨质疏松症，研究表明，当训练负荷很重时，即达到一次重复最大重量的 75% 到 80%，力量训练可以为老年人带来好处。任何更轻的负荷都可能不足以刺激身体改变骨矿物质密度。同样地，面向老年人的适当力量训练计划必须使用有意义的负荷，并且随着其力量增强，负荷也应尝试增加。

大多数健身专业人士将老年人当作瓷娃娃对待，这种做法其实并不利于老年人的训练。当然我们确实应该谨慎对待老年受训者。在训练的实施方式上必须小心，例如控制运动速度和减少运动量，以便控制施加在关节上的作用力，但对所有受训者均应如此。受训者和教练不能对重量选择犹豫不决。如果采用"过于温和"的方法，力量训练的好处会减少，甚至根本不会出现。

力量训练在医学上的影响

力量训练是人类目前可参与的最佳预防医学手段。在许多情况下，老年人会接受药物治疗以改善相应的健康生物标志物，但他们从未被告知他们完全有能力通过适当的力量训练来达到同样的效果。随着肌肉量的增加，许多代谢益处也会增加，它们可以让老年人无须通过平常服用的药物来治疗高（或低）血压和高胆固醇等疾病。

对参加适当的力量训练并正在服用药物治疗糖尿病等疾病的老年人（或其他任何人）

来说，应密切监测其指标，因为他们可能必须减少药量。如果患有非胰岛素依赖型糖尿病的老年人服用降糖药，那么当锻炼期间发生糖原动员级联反应时，胰岛素敏感性会随着力量的增强和肌肉量的增加而显著提高。一开始，在训练前的某个时间点，老年人服用的降糖药量*刚好合适*；但在力量训练进行了 6 ~ 12 周后，由于其胰岛素敏感性的提高，这一药量可能会导致其血糖水平大幅降低。

降压药也存在类似的情况。力量训练可以使受训者产生更多的肌肉量，同时会生成更多的血管来支持肌肉。由于受训者生成更多的血管来为新生长的肌肉供血，血管床总体积增大，外周血管阻力开始减小。因此，对于服用降压药的受训者来说，之前刚好控制血压的剂量现在却使他们出现低血压的情况。力量训练本身就是"强效药"，可以刺激身体产生强大的效果。

重获独立与自由

老年人进行适当的力量训练除了可以获得上述益处之外，还有机会重新获得独立和自由。生理学家韦恩·韦斯科特对不能走动的老年人进行了一项研究，让他们参加一项为期 14 周的简短训练，其中包括 6 个不同的练习，每个练习做 1 组。受试者的平均年龄为 88.5 岁。在研究结束时，老年人的肌肉量平均增加了 4 磅，脂肪量平均减少了 3 磅，下半身肌肉的力量增加了 80% 以上，上半身肌肉的力量增加了近 40%。他们的髋部和肩部柔韧性分别平均提高了 50% 和 10%。更重要的是，在研究结束时，许多以前需要坐轮椅的受试者能够再次行走。他们离开了轮椅，不再需要全天候护理[16]。

能够自己四处走动和完成日常活动，便是独立的定义，在年老时尤其如此。老年人早年享有的独立性随其肌肉萎缩而逐渐下降，参加简短而基础的力量训练可以让老年人在一定程度上恢复这种独立性。它可以是又一次新生。

你可能看过针对老年人的电动轮椅和代步车的电视广告，这些设备可以增强他们的行动能力，它们让老年人可以到达更多的地方，但老年人在进行许多日常活动时仍然需要外部帮助。只能不断依赖他人的善意使老年人在身体上和心理上都处于弱势地位。

尤其是如今的老年人，他们这一代人已习惯于保持活跃。因此，一般来说，一旦重新获得活跃的能力，他们就会再次*活跃起来*。当老年人变得更强壮时，他们的活动水平会自然而然地上升，并且他们的容貌、姿势和举止都会得到改善。

老年人的"三大"锻炼

一般来说，老年人应该执行与其他人相同的"五大"锻炼。当然，肯定也会有例外情况。有些人觉得该计划太费力，我们看到，执行含有不超过 3 个练习的给定训练计划也能获得很好的效果，如下。

1. 坐姿划船
2. 胸推
3. 腿举

这些老年人的训练频率大多不高于每 7 ~ 14 天训练 1 次，不要担心这样会"不够"。如果你把一个老年人想象成一个被困在其身体里的人，其行动能力下降了，那么合理的推论是，只要利用足够的力量来恢复其行动能力，这个人的活动水平就会提升。

总而言之，我们推荐以"五大"锻炼为老年人的理想训练计划。然而，如果因行动不便或其他因素无法使用该计划，那么改用"三大"锻炼，并将重点放在这些基本运动的进步上，就可以使普通老年人在代谢方面获得巨大收益。

一项革命性的研究

最后，我们想与你分享一项研究，它在力量训练和对老年人的影响力方面是革命性的。尽管听起来不太可能，但它揭示了力量训练实际上可以逆转衰老过程。

在线医学期刊《科学公共图书馆》（*Public Library of Science*）发表了这项研究的结果，研究人员招募了 25 名健康的老年人（平均年龄为 70 岁）和同等数量的大学生（平均年龄为 26 岁）作为受试者。所有受试者都进行了肌肉活检，并且研究人员对每位受试者的 24,000 个基因进行了比较。值得注意的是，有 600 个基因在老年受试者和青年受试者之间存在明显差异。这些老年受试者和青年受试者在这项研究之前的活动水平相近，但正如人们所预料的那样，青年受试者比老年受试者强壮得多。然后，老年受试者参加了为期 6 个月的力量训练。之后，研究人员发现，老年受试者从比青年受试者弱59% 变成了仅比青年受试者弱 38%。更重要的是，老年受试者的基因表达发生了变化。老年受试者的基因表达谱（或基因指纹）发生了显著变化，看起来与青年受试者的基因表达谱更为接近了。研究人员总结了他们的研究结果，具体如下。

> 在力量训练之后，对于大多数受年龄和运动双重影响的基因，衰老的转录特征显著逆转回较年轻的水平。我们得出的结论是，健康的老年人通常具有线粒体损伤和肌肉无力症状，但经过 6 个月的力量训练，这种情况可以在表型水平部分逆转，并在转录组水平显著逆转[17]。

在人类历史上，还没有其他任何东西能在分子水平上让人类衰老出现功能性逆转。当白藜芦醇被证明可以在小鼠和蠕虫中发挥一些逆转衰老的作用时，它作为一种衰老逆转剂迅速被抢购一空，但没有任何证据表明它对人类有类似的作用。人类寻找"青春之泉"（可以延长人类寿命或客观地逆转人类衰老的任何"灵丹妙药"）已经数千年，现在，一项临床研究基本上宣布："看，这就是青春之泉——在分子水平上真正实现衰老的功能性逆转！"令人震惊的是，老年人原本功能不佳的基因可以恢复到正常的功能水平。

但这对我们来说并不奇怪，对任何进行我们提倡的训练的人来说也不奇怪。一位老年人一开始使用最小的重量进行训练，然后在一段时间后，这个人的力量水平等于或高于 25 岁年轻人的平均水平，这并不是什么罕见的情况。在我们的机构中，有 75 岁和 80 岁的客户接受训练，并且通常我们 25 岁的新客户所使用的起始重量离我们大多数老年固定客户目前使用的重量还差很远。

话虽如此，在这项研究于 2007 年发表之后，最令人惊奇的事情是*什么都没有发生*。在我们有生之年出现这么大的新闻，但它没有出现在每份报纸的头版和每晚的新闻节目中，这对我们来说真是费解。也许它没有引起太多关注，是因为人们更愿意吃药片，认为药物可以逆转衰老，只有很小一部分人听到这样的消息时会说："我可以通过挥汗锻炼为自己做一些事情，我可以通过自己的努力实现逆转衰老的目标！"

为了获得这种益处，任何年龄段的人都必须愿意艰苦训练，这在我们的社会中是罕见的。令人欣慰的是，那些理解并运用这一原则的人就是与我们一起努力的人，他们也是正在收获我们在本书中所介绍的所有益处的人。

附录：
高强度运动的理论基础

最具效果且最有效率的锻炼计划是基于高强度运动原则的锻炼计划。最具效果的运动必须达到阈值水平强度（低于该水平的强度无法刺激身体产生最好的运动效果）。因此，高强度运动的时长相对较短，频率相对较低（与传统的运动不同）。

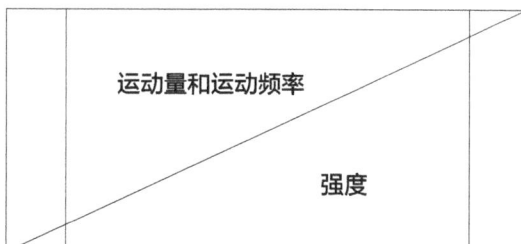

运动量和运动频率

强度

刺激　　生物体　　反应

对于身体来说，被削弱的程度及这个过程耗费的时间（约2分钟）都是必须消除的威胁。对有效抗阻训练的积极适应性反应是产生尺寸更大、更强壮的肌肉，从而让身体在下一次受到类似刺激时，能产生更高水平的力量。当你重复这个过程时，你将增加所使用的的阻力，从而刺激肌肉收缩并产生类似的反应过程，但是这么做的代谢代价很高。如图所示，进行强度更高的运动时，你必须减少运动的量和频率，反之亦然。

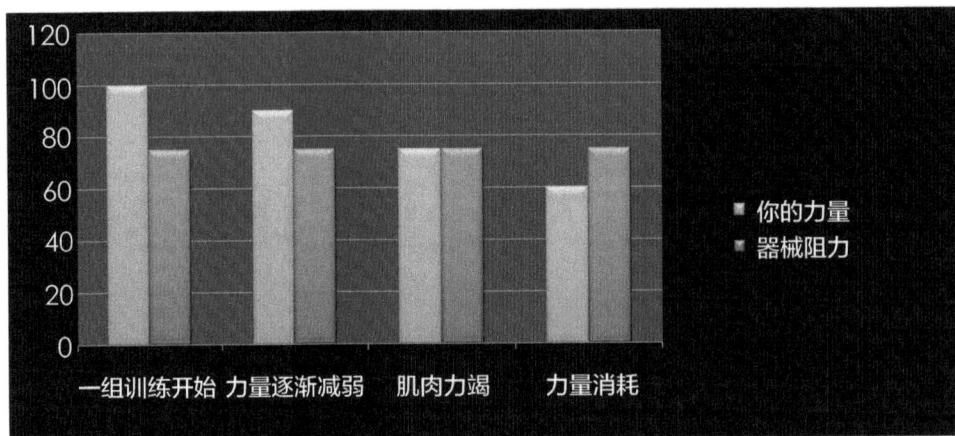

　　想要从高强度运动中获得最好的效果，建议遵循**运动的力量消耗理论**。力量消耗是肌肉力量减弱的瞬间。上图展示了你在执行一组训练时力量所发生的变化。x轴表示时间，y轴表示力的单位。每一组蓝色和红色竖条展示了随着训练的进行，参与锻炼的肌肉力量的减弱。下文讲解了力量消耗是如何发生的。

　　阶段1：一组训练开始。在一组训练的开始，你有100个单位的力量（用蓝色竖条表示）。要想发生力量消耗，所使用的阻力必须是有意义的，即阻力为起始力量的75%～80%。如果使用的阻力太小，肌肉恢复的速度将快于疲劳的速度，力量消耗不会发生。使用缓慢的、可控的收缩和伸展速度，在举起（正向动作）阶段花费6～10秒移动重量，在放下（负向动作）阶段花费6～10秒移动重量。

　　阶段2：力量逐渐减弱。每过一秒，你的力量都会减弱，疲劳程度都会上升。你的呼吸加快，开始感觉到肌肉中有"灼热"感。你最初100个单位的力量现在已经损失了一部分，但你现在的力量仍然大于器械所提供的75个单位的阻力。

　　阶段3：肌肉力竭。你的肌肉力量减弱了，你可能需要15秒、20秒或30秒才能完成一次重复的举起阶段，在一次重复的下降阶段控制动作变得异常艰难。此时，你的力量和所使用的阻力几乎处于同一水平。随后，你的力量会继续减弱，直至小于阻力。这就是力量消耗的开始。

　　阶段4：力量消耗。你尝试移动重量，但没有成功。你花费10秒继续尝试，在这个过程中，你的力量继续减弱，直至远小于器械所提供的阻力。10秒结束时，你卸下重物。当你完成这组训练时，你的力量减少至约60个单位，这意味着力量消耗了40%。

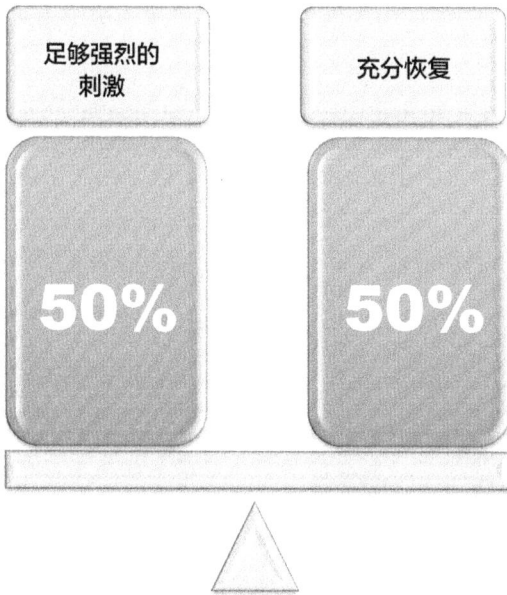

被消耗的能量必须得到补充。如果你在身体完成适应性反应之前让它再次接受消耗性刺激，适应性反应就会被干扰或阻止。对于整个适应过程而言，提供足够强烈的刺激只占50%，充分恢复是另外50%。这就是为什么你必须将自己的锻炼频率控制在每周一次。

当锻炼促使力量消耗产生时，肌肉会增长，还有一些次要事件会发生。

心肺刺激 你的心肺系统为肌肉的机械功能服务。肌肉工作的强度越高，心血管和呼吸系统受到刺激的程度就越高。

代谢刺激 在力量消耗期间，代谢废物（主要是乳酸）的积累速度快于身体清除代谢废物的速度。在这样的环境中，生长因子被释放，肌肉生长的第一阶段受到刺激。

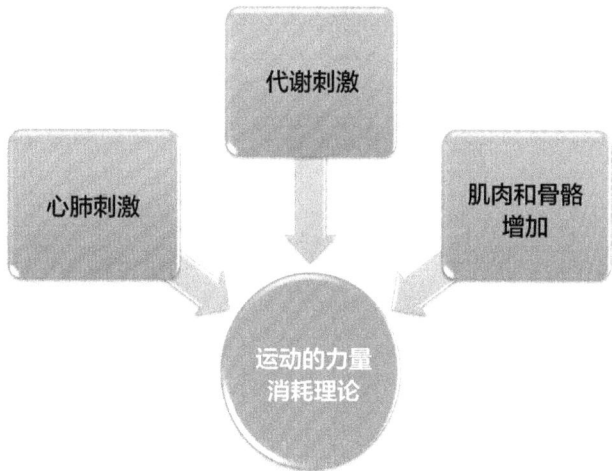

肌肉和骨骼增加 在你变得更强壮后，要想力量消耗发生，就要使用更大的重量来挑战自己。承受较重的负荷会导致轻微的细胞损伤，促使肌肉启动适应机制。上述过程对于刺激骨密度增加也至关重要。

后面几页的插图展示了"五大"锻炼的每一个的目标肌肉。

坐姿划船

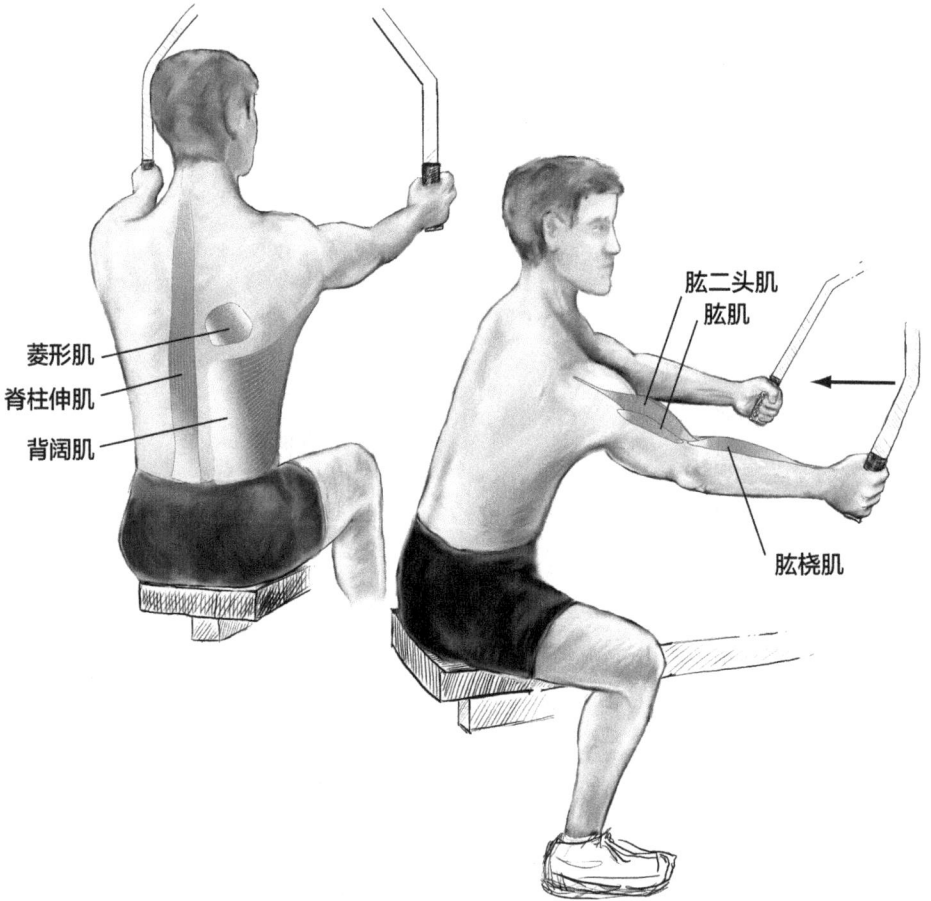

菱形肌
脊柱伸肌
背阔肌

肱二头肌
肱肌

肱桡肌

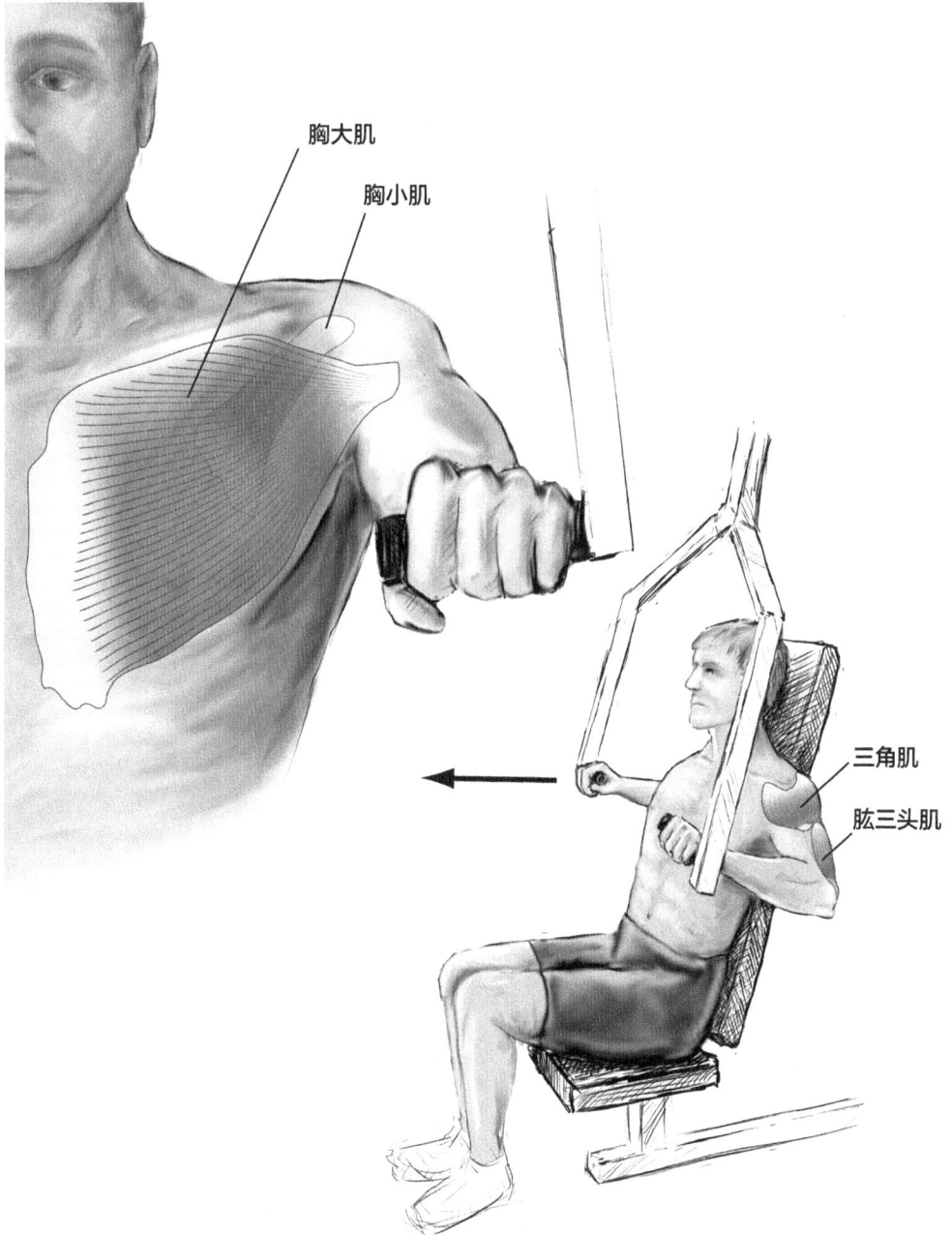

胸推

胸大肌

胸小肌

三角肌

肱三头肌

下拉

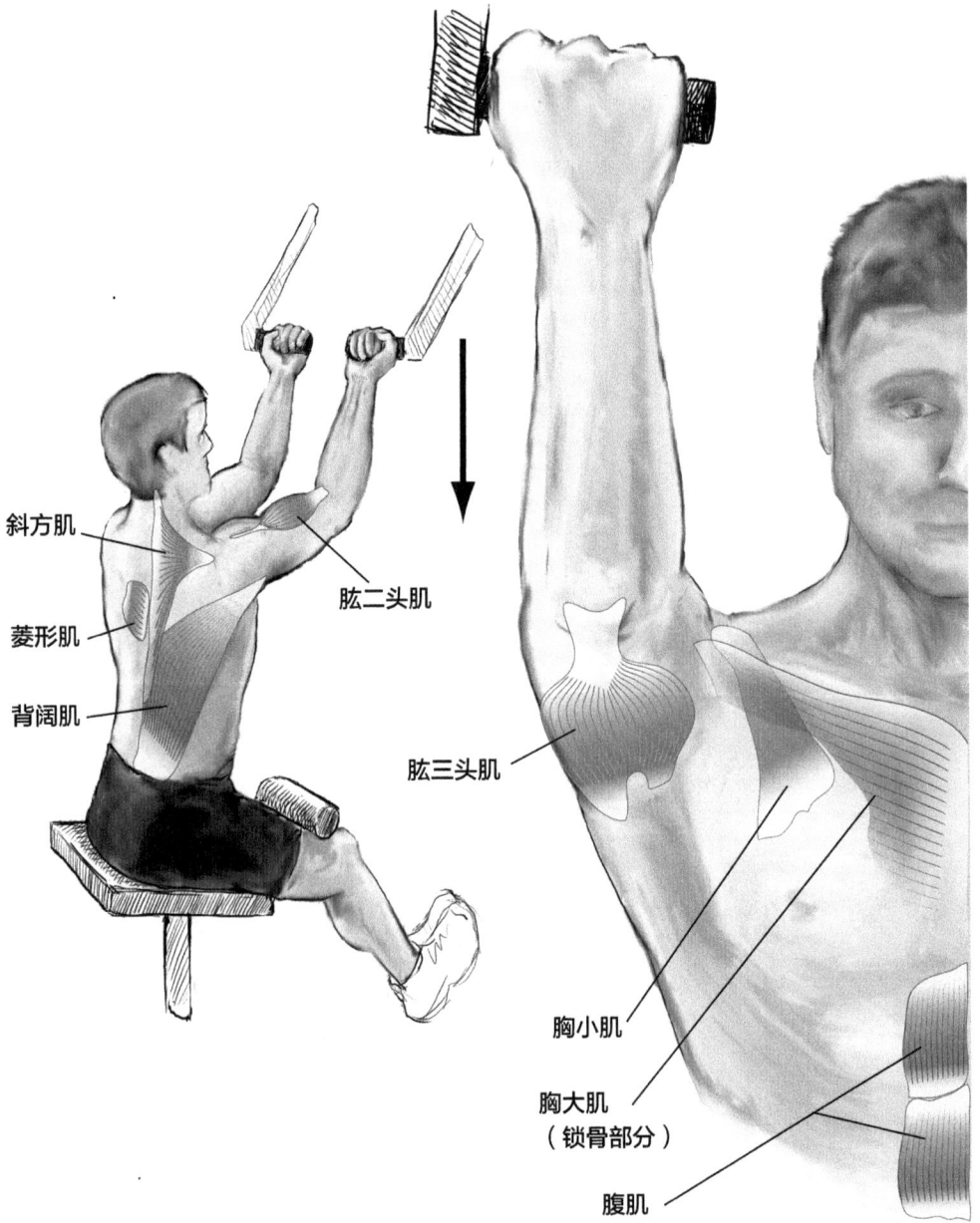

斜方肌

菱形肌

背阔肌

肱二头肌

肱三头肌

胸小肌

胸大肌
（锁骨部分）

腹肌

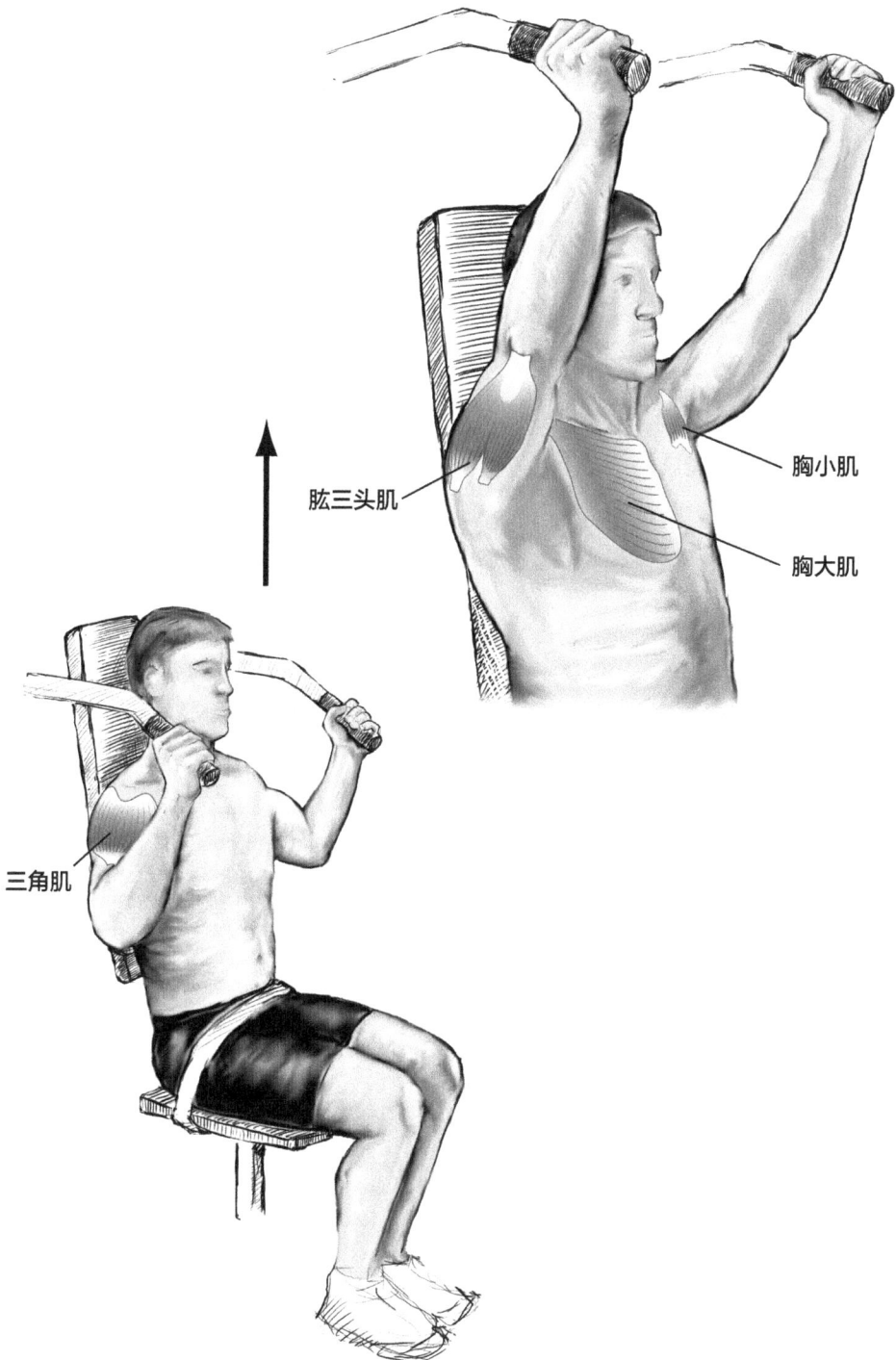

过头推举

肱三头肌

胸小肌

胸大肌

三角肌

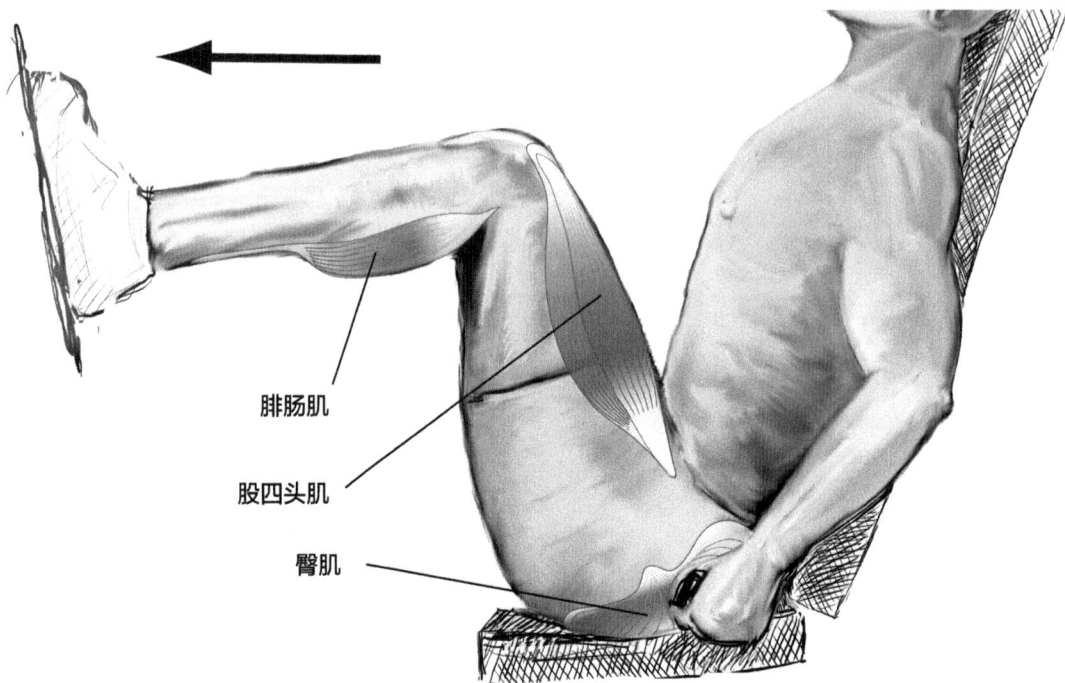

腓肠肌

股四头肌

臀肌

腿举

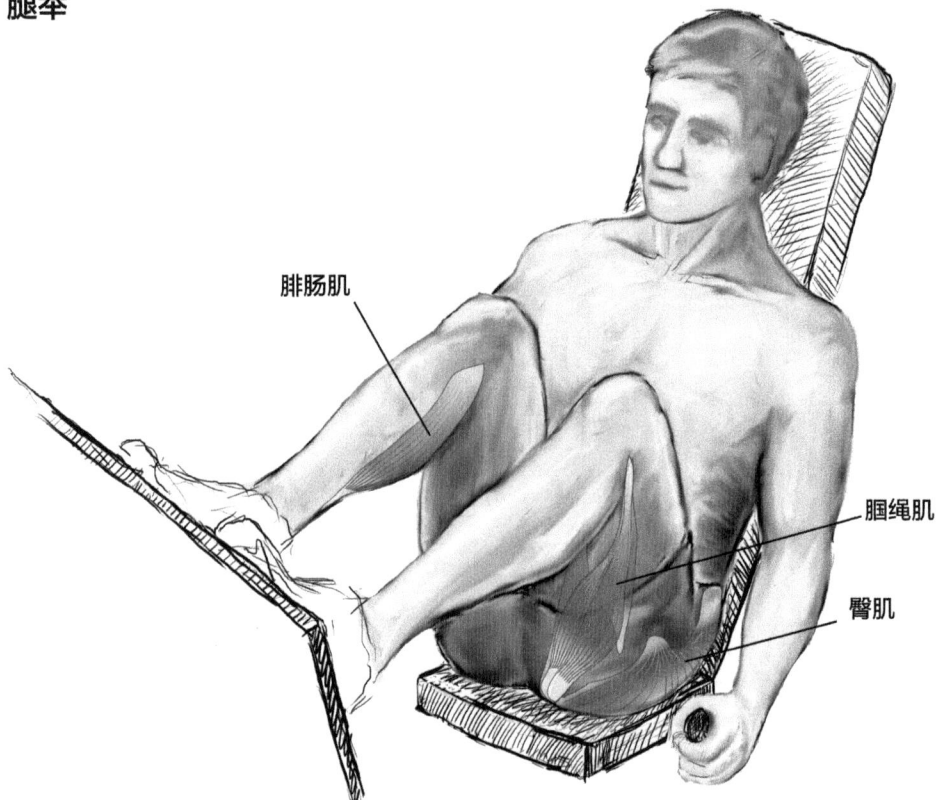

腓肠肌

腘绳肌

臀肌

支持本书观点的文献

前言

1. U.S. Department of Commerce, Bureau of the Census, Historical Statistics of the United States; and Department of Health and Human Services, *National Center for Health Statistics Reports* 54, no. 19 (June 28, 2006).

2. P. S. Bridges, "Prehistoric Arthritis in the Americas," *Annual Review of Anthropology* 21 (October 1992): 67–91; A. Liverse et al., "Osteoarthritis in Siberia's Cis-Baikal: Skeletal Indicators of Hunter-Gatherer Adaptation and Cultural Change," *American Journal of Physical Anthropology* 132, no. 1 (2007): 1; P. S. Bridges, "Vertebral Arthritis and Physical Activities in the Prehistoric Southeastern United States," *American Journal of Physical Anthropology* 93, no. 1 (1994): 83; W. J. MacLennan, "History of Arthritis and Bone Rarefaction on Evidence from Paleopathology Onwards," *Scottish Medical Journal* 44, no. 1 (February 1999): 18–20; and P. S. Bridges, "Degenerative Joint Disease in Hunter-Gatherers and Agriculturists from the Southeastern United States," *American Journal of Physical Anthropology* 85, no. 4 (August 1991): 379–91.

第1章

1. W. C. Byrnes, P. McCullagh, A. Dickinson, and J. Noble, "Incidence and Severity of Injury Following Aerobic Training Programs Emphasizing Running, Racewalking, or Step Aerobics," *Medicine and Science in Sports and Exercise* 25, no. 5 (1993): S81.

2. Plutarch, *Lives, vol. II, translated from the Greek, with Notes* and *A Life of Plutarch*, by Aubrey Steward and George Long (London: George Bell and Sons, 1899), 46–47.

3. Herodotus, *The History of Herodotus*, 3rd edition, translated by G. C. Macaulay (London: MacMillan and Co., Limited, 1914), 96, 105–6.

4. Lucian, "Pro Lapsu inter Salutandum," in *The Works of Lucian of Samosata (Vol. III)*, translated by H. W. Fowler and F. G. Fowler (Oxford: The Clarendon Press, 1905), 36.

5. G. Whyte, "Is Exercise-Induced Myocardial Injury Self-Abating?" *Medicine and Science in Sports*

*and Exercise*33, no. 5 (May 2001): 850–51, "Echocardiographic Studies report cardiac dysfunction following ultra- endurance exercise in trained individuals.Ironman and half-Ironman competition resulted in reversible abnormalities in resting left ventricular diastolic and systolic function. Results suggest that myocardial damage may be, in part, responsible for cardiac dysfunction, although the mechanisms responsible for this cardiac damage remain to be fully elucidated"; W. L. Knez et al., "Ultra-Endurance Exercise and Oxidative Damage: Implications for Cardiovascular Health," *Sports Medicine*36, no. 5 (2006): 429–41; J. E. Sherman et al., "Endurance Exercise, Plasma Oxidation and Cardiovascular Risk," *Acta Cardiologica*59, no. 6 (December 2004): 636–42; and R. Shern- Brewer et al., "Exercise and Cardiovascular Disease: A New Perspective," *Arteriosclerosis, Thrombosis, and Vascular Biology*18, no. 7 (July 1998): 1181–87.

6．D. R. Swanson, "Atrial Fibrillation in Athletes: Implicit Literature-Based Connection Suggests That Overtraining and Subsequent Inflammation May Be a Contributing Mechanism." *Medical Hypotheses*66, no. 6 (2006): 1085–92.

7．M. Deichmannet, A. Benner, N. Kuner, J. Wacker, V. Waldmann, and H. Naher, "Are Responses to Therapy of Metastasized Malignant Melanoma Reflected by Decreasing Serum Values of S100þor Melanoma Inhibitory Activity (MIA)?" *Melanoma Research*11, no. 3 (June 2001): 291–96, "In metastatic melanoma S100þ[a marker of cancer] as well as melanoma inhibitory activity (MIA) are elevated in the serum in the majority of patients.Elevation has been found to correlate with shorter survival, and changes in these parameters in the serum during therapy were recently reported to predict therapeutic outcome in advanced disease"; and R. V.

T. Santos, R. A. Bassit, E. C. Caperuto, and L. F. B. P. Costa Rosa, "The Effect of Creatine Supplementation upon Inflammatory and Muscle Soreness Markers After a 30km Race," *Life Science*75, no. 16 (September 15, 2004): 1917–24, "After the test (a 30km run), athletes from the control group presented an increase in plasma CK (4.4-fold), LDH (43%), PGE2 6.6-fold) and TNF-alpha [another marker of cancer] (2.34-fold) concentrations, indicating a high level of cell injury and inflammation."

8．H. J. Wu, K. T. Chen, B. W. Shee, H. C. Chang, Y. J. Huang, and R. S. Yang, "Effects of 24 H Ultra-Marathon on Biochemical and Hematological Parameters," *World Journal of Gastroenterology*10, no. 18 (September 15, 2004): 2711–14, "Results: Total bilirubin (BIL-T), direct bilirubin (BIL- D), alkaline phosphatase (ALP), aspartate aminotransferase (AST), alanine aminotransferase (ALT) and lactate dehydrogenase (LDH) increased statistically significantly (P<0.05) the race.Significant declines (P<0.05) in red blood cell (RBC), hemoglobin (Hb) and hematocrit (Hct) were detected two days and nine days after the race.2 days after the race, total protein (TP), concentration of albumin and globulin decreased significantly.While BIL, BIL-D and ALP recovered to their original levels, high- density lipoprotein cholesterol (HDL-C) remained unchanged immediately after the race, but it was significantly decreased on the second and ninth days after the race.Conclusion: Ultra-marathon running is associated with a wide range of significant changes in hematological parameters, several of which are injury related.To provide appropriate health care and intervention, the man who receives athletes on high frequent training program high intensity training programs must monitor their liver and gallbladder function." [Note: HDL is lowered, LDL is increased, red blood cell counts and white blood cell counts fall.The liver is damaged and gall bladder function is decreased.Testosterone decreases.]

9. M. J. Warhol, A. J. Siegel, W. J. Evans, and L. M. Silverman, "Skeletal Muscle Injury and Repair in Marathon Runners After Competition," *American Journal of Pathology*118, no. 2 (February 1985): 331–39, "Muscle from runners showed post-race ultrastructural changes of focal fiber injury and repair: intra and extracellular edema with endothelial injury; myofibrillar lysis, dilation and disruption of the T-tubule system, and focal mitochondrial degeneration without inflammatory infiltrate (1–3 days).The mitochondrial and myofibrillar damage showed progressive repair by 3–4 weeks.Late biopsies showed central nuclei and satellite cells characteristic of the regenerative response (8–12 weeks).Muscle from veteran runners showed intercellular collagen deposition suggestive of a fibrotic response to repetitive injury.Control tissue from non-runners showed none of these findings."

10. J. A. Neviackas and J. H. Bauer, "Renal Function Abnormalities Induced by Marathon Running," *Southern Medical Journal*74, no.12 (December 1981): 1457–60, "All post race urinalyses were grossly abnormal....We conclude that renal function abnormalities occur in marathon runners and that the severity of the abnormality is temperature-dependent."

11. M. K. Fagerhol, H. G. Neilsen, A. Vetlesen, K. Sandvik, and T. Lybert, "Increase in Plasma CalProtectin During Long-Distance Running," *Scandinavian Journal of Clinical and Laboratory Investigation*65, no. 3 (2005): 211–20, "Running leads to biochemical and hematological changes consistent with an inflammatory reaction to tissue injury...During the marathon, half-marathon, the 30-km run, the ranger-training course and the VO2 max exercise, calprotectin levels increased 96.3-fold, 13.3-fold,20.1-fold, 7.5-fold and 3.4-fold, respectively.These changes may reflect damage to the tissues or vascular endothelium, causing microthrombi with subsequent activation of neutrophils."

12. S100þis a protein that reflects central nervous system injury.N. Marchi, P. Rasmussen, M. Kapural, V. Fazio, K. Kight, A. Kanner, B. Ayumar, B. Albensi, M. Cavaglia, and D. Janigro, "Peripheral Markers of Brain Damage and Blood-Brain Barrier Dysfunction," *Restorative Neurology and Neuroscience* 21, no. 3–4 (2003): 109–21, "S100þin serum is an early marker of BBB openings that may precede neuronal damage and may influence therapeutic strategies.Secondary, massive elevations in S100þare indicators of prior brain damage and bear clinical significance as predictors of poor outcome or diagnostic means to differentiate extensive damage from minor, transient impairment."[Note: This damage resembles acute brain trauma, indicating elevated levels of S100þ, which is a marker of brain damage and blood brain barrier dysfunction]; A. J. Saenz, E. Lee-Lewandrowski, M. J. Wood, T. G. Neilan, A. J. Siegel, J. L. Januzzi, and K. B. Lewandrowski, "Measurement of a Plasma Stroke Biomarker Panel and Cardiac Troponin T in Marathon Runners Before and After the 2005 Boston Marathon," *American Journal of Clinical Pathology* 126, no. 2

(2006): 185–89, "We also report results of a new plasma biochemical stroke panel in middle-aged nonprofessional athletes before and after the Boston Marathon.The stroke panel consists of 4 biomarkers, S100þ, D dimer, BNP, and MMP-9.From the results for various analytes, a software algorithm calculates a stroke index ranging from 1 to 10 with 2 cutoffs: 1.3 or less, low risk; and 5.9 or more, high risk.In terms of individual markers, we observed statistically significant increases in MMP-9 and D dimer levels following competition and no significant change in S100þor BNP levels.The calculated stroke index increased from a mean of 0.97 to 3.5 (P<.001), and 2 subjects had index values above the high-risk cutoff value.We have no clinical or radiologic follow-up data to document the presence or absence of stroke in any of these subjects."

13．H. Schmitt, C. Friebe, S. Schneider, and D. Sabo, "Bone Mineral Density and Degenerative Changes of the Lumbar Spine in Formal Elite Athletes," *International Journal of Sports Medicine*26, no. 6 (July 2005): 457–63, "The aim of this study was to assess bone mineral density (BMD) and degenerative changes in the lumbar spine in male former elite athletes participating in different track and field disciplines and to determine the influence of body composition and degenerative changes on BMD.

One hundred and fifty-nine former male elite athletes (40 throwers, 97 jumpers, 22 endurance athletes) were studied...Throwers had a higher body mass index than jumpers and endurance athletes.Throwers and jumpers had higher BMD (T-LWS) than endurance athletes.Bivariate analysis revealed a negative correlation of BMD (T-score) with age and a positive correlation with BMD and Kellgren score (P<0.05).Even after multiple adjustment for confounders lumbar spine BMD is significantly higher in throwers, pole vaulters, and long- and triple jumpers than in marathon athletes."

14．A. Srivastava, and N. Kreiger, "Relation of Physical Activity to Risk of Testicular Cancer," *American Journal of Epidemiology*151, no. 1: 78-87.

第2章

1．CNN news story, June 6, 2005.

2．K. A. Burgomaster, S. C. Hughes, G. J. F. Heigenhauser, S. N. Bradwell, and M. J. Gibala, "Six Sessions of Sprint Interval Training Increases Muscle Oxidative Potential and Cycle Endurance Capacity in Humans," *Journal of Applied Physiology*98, no. 6 (June 1, 2005): 1985–90.

3．E. F. Coyle, "Very Intense Exercise-Training Is Extremely Potent and Time Efficient: A Reminder," ibid., 1983–84.

4．Professor Martin (M. J.) Gibala quoted from a CTV interview.

5．M. J. Gibala, J. P. Little, M. van Essen, G. P. Wilkin, K. A. Burgomaster, A. Safdar, S. Raha, and M.

A. Tarnopolsky, "Short-Term Sprint Interval Versus Traditional Endurance Training: Similar Initial Adaptations in Human Skeletal Muscle and Exercise Performance," *Journal of Physiology* 575 (2006): 901–11.

6．Professor Martin (M. J.) Gibala quoted from a telegraph article.

7．Kenneth Cooper, *The New Aerobics* (New York: Bantam Books, 1970), 17.

8．Ibid., 18.

9．J. G. Salway, *Metabolism at a Glance*, Chapter 26: "Glycogenolysis in Skeletal Muscle," "In the liver glycogenolysis is stimulated by both glucagon and adrenaline, whereas in muscle only adrenaline is effective.In a crisis, when mobilization of glycogen is stimulated by adrenaline, the response must happen immediately.This occurs through the remarkable amplification cascade ... in which cyclic AMP [adenosine monophosphate] plays an important role.In this way small nanomolar concentrations of adrenaline can rapidly mobilize a vast number of glucose residues for use as respiratory fuel"; Ibid., "Glycogenolysis in muscle is stimulated in muscle via the amplification cascade ... phosphorylase produces glucose-1-phosphate, which is converted into glucose-6-phosphate.Because muscle lacks glucose- 6-phosphate, glucose-6-phosophate is totally committed to glycolysis for ATP production.Also, since muscle hexokinase has a very low KM [or rate of metabolism] for glucose, it has a very high affinity for glucose and will readily phosphorylate to 10% of glucose units liberated from glycogen by the debranching enzyme as free glucose, thus ensuring its use by glycolysis.It should be remembered that adrenaline increases the cyclic AMP concentration, which not only stimulates glycogenolysis, but in muscle also stimulates glycolysis"; Ibid., "The glycogenolysis cascade shows how the original signal provided by a single molecule of adrenaline is amplified during the course of a cascade of reactions, which activate a large number of phosphorylase molecules, ensuring the rapid mobilization of glycogen as follows:

"1．A molecule of adrenaline stimulates adeno cyclades to form several molecules of cyclic AMP. Each individual ?? of cyclic AMP dissociates an inactive tetrimer to two free catically active units of cyclic AMP dependent protein kinase (also known as protein kinase-A).This gives a relatively modest amplification factor of 2.

"2．Each active molecule of cyclic AMP dependent protein kinase phosphorylates and activates several molecules of phorylase kinase [so, now we're three steps down].At this point reciprocal regulation of glycogen synthesis and breakdown occurs.First let us continue with glycogenolysis before concluding with an inactivation of glycogensynthesis.One molecule of phosphorylase kinase phosphorylates several inactive molecules of phosphorylase-B, to give the active form of phosphorylase-A, so glycogen breakdown can now proceed."

10．Ibid., "During exercise periods of stress or starvation the triacylglycerol reserves in adipose tissue are mobilized as fatty acids for oxidation as a restoratory fuel.This is analogous to the mobilization of glycogen as glucose units.It occurs under similar circumstances and is under similar hormonal control.Fatty acids are a very important energy substrate in muscle and also in liver where they are metabolized to the ketone bodies.Because fatty acids are hydrophobic, they are transported in the blood bound to albumin (a protein that is soluble in liquid).They can serve most cells as a restoratory fuel with the notable exceptions of the brain and red blood cells, which lack the enzymes for fatty acid oxidation.Regulation of the utilization of fatty acids appears to be at four levels:

"1．Glycolysis of triacylglycerol to form free fatty acids.

"2．Reesterification of fatty acids, or alternatively, their mobilization from adipose tissue.

"3．The transport of the Acetyl-CoA esters into the mitochondria.

"4．Availability of FAD and NADH for Beta oxidation.

"Glycolysis & Adipose Tissue"

"Glycolysis and adipose tissue are controlled by hormone-sensitive lipase.Other synonyms for this enzyme are triacylglycerol lipase and mobilizing lipase.This enzyme hydrolyzes triacylglycerol to monoacylglycerol, which is in turn hydrolyzed to monoacylglycerol lipase.For example, tripolitan is converted to three molecules of polytate and glycerol. Glycolysis is stimulated by adrenaline during exercise, by glucagon during fasting, and by adenacoritcotrophic hormone during starvation.The mechanism involves cyclic AMP dependent protein kinase that both stimulates hormone-sensitive lipase and inhibits Acetyl-CoA carboxylase (ACC).Furthermore, as a long term adaptation to prolonged starvation, cortisol stimulates hormone-sensitive lipase as well.Conversely, in the well-fed state, hormone-sensitive lipase is inhibited by insulin."

11．S. B. Stromme, et al., "Assessment of Maximal Aerobic Power in Specifically Trained Athletes," *Journal of Applied Physiology* 42 (Issue 6) (1977), 833–37.This study measured VO_2 max in athletes and found VO_2max improvements to be expressed only in their specific sports.For example, elite cross-country skiers showed a ski VO_2 max that was significantly higher than VO_2max measured during running.This argues that VO_2 max is a sport-specific muscle adaptation (economy of effort) as opposed to a central CV adaptation.; J. R. Magel, et al., "Specificity of Swim Training on Maximal Oxygen Uptake," *Journal of Applied Physiology* 38 (Issue 1) (1975), 151–55.In this study, swim-interval training was performed with young male subjects one hour per day, three days per week, for ten weeks.Swim- trained subjects increased their swim VO_2 max significantly, but there was no significant change in run VO_2 max. This is the same conclusion reached in the Stromme study.

12．B. Saltin, et al., "The Nature of the Training Response: Peripheral and Central Adaptations of One-Legged Exercise," *Acta Physiologica Scandinavica*96, no. 3 (March 1976): 289–305.

第3章

1. H. S. Milner-Brown, R. B. Stein, and R. Yemm, "The Orderly Recruitment of Human Motor Units During Voluntary Isometric Contractions," *Journal of Physiology*230, no. 2 (April 1973): 359–70; H. S. Milner-Brown, R. B. Stein, and R. Yemm, "Changes in Firing Rate of Human Motor Units During Linearly Changing Voluntary Contractions," *Journal of Physiology* 230, no. 2 (April 1973): 371-90.See also *Journal of Neurophysiology* 55, no. 5 (May 1986): 1017–29, and *Journal of Neurophysiology* 57, no. 1 (January 1987):311-24.

2. K. J. Ostrowski, G. J. Wilson, R. Weatherby, P. W. Murphy, and A. D. Lyttle, "The Effect of Weight Training Volume on Hormonal Output and Muscular Size and Function," *Journal of Strength and Conditioning Research*11, no. 3 (August 1997): 148-54.

3. R.N.Carpinelli and R. M. Otto, "Strength Training: Single Versus Multiple Sets," *Sports Medicine*26, no. 2 (1998): 73-84.

4. W. Wescott, K. Greenberger, and D. Milius, "Strength Training Research: Sets and Repetitions," *Scholastic Coach*58 (1989): 98-100.

5. D. Starkey, M. Welsch, and M. Pollock, "Equivalent Improvement in Strength Following High Intensity, Low and High Volume Training," (Paper presented at the annual meeting of the American College of Sports Medicine, Indianapolis, IN, June 2, 1994).

6. D. Starkey, M. Pollock, Y. Ishida, M. A. Welsch, W. Brechue, J. E. Graves, and M. S. Feigenbaum, "Effect of Resistance Training Volume on Strength and Muscle Thickness," *Medicine and Science in Sports and Exercise* 28, no. 10 (October 1996): 1311-20.

7. P. M. Clarkson and K. Nosaka, "Muscle Function After Exercise- Induced Muscle Damage and Rapid Adaptation," *Medicine and Science in Sports and Exercise*24, no. 5 (1992): 512–20; C. L. Golden and G. A. Dudley, "Strength After Bouts of Eccentric or Concentric Actions," Medicine and Science in Sports and Exercise 24, no. 8 (1992) 926–33; P. M.Clarkson and I. Tremblay, "Exercise-Induced Muscle Damage, Repair and Adaptation in Humans," *Journal of Applied Physiology*65, no. 1 (1998): 1–6; J. N. Howell, G. Chleboun, and R. Conaster, "Muscle Stiffness, Strength Loss, Swelling and Soreness Following Exercise-Induced Injury to Humans," Journal of Physiology464 (1993): 183–96; D. K. Mishra, J. Friden et al., "Anti-Inflammatory Medication After Muscle Injury," Journal of Bone and Joint Surgery77-A, no. 10 (August 1995): 1510–19; L. L. Smith, "Acute Inflammation: The Underlying Mechanism in Delayed Onset Muscle Soreness?" *Medicine and Science in Sports and Exercise*23, no. 5 (1991): 542–51; P. M. Tiidus and D. C. Ianuzzo, "Effects of Intensity and Duration of Muscular Exercise on Delayed Soreness and Serum Enzyme Activities," *Medicine and Science in Sports and Exercise*15, no. 6 (1983): 461-65.

8. P. M. Clarkson and I. Tremblay, "Exercise-Induced Muscle Damage, Repair and Adaptation in Humans," *Journal of Applied Physiology*65, no. 1 (1998): 1–6; L. L. Smith, "Acute Inflammation:

The Underlying Mechanism in Delayed Onset Muscle Soreness?" *Medicine and Science in Sports and Exercise*23, no. 5 (1991): 542-51.

9. P. M. Clarkson and K. Nosaka, "Muscle Function After Exercise-Induced Muscle Damage and Rapid Adaptation," *Medicine and Science in Sports and Exercise*24, no. 5 (1992): 512–20; P. M. Tiidus and D. C. Ianuzzo, "Effects of Intensity and Duration of Muscular Exercise on Delayed Soreness and Serum Enzyme Activities," *Medicine and Science in Sports and Exercise*15, no. 6 (1983): 461-65.

10. P. M. Clarkson and K. Nosaka, "Muscle Function After Exercise-Induced Muscle Damage and Rapid Adaptation," *Medicine and Science in Sports and Exercise* 24, no. 5 (1992): 512–20; D. A. Jones, J. M. Newham, et al., "Experimental Human Muscle Damage: Morphological Changes in Relation to Other Indices of Damage," *Journal of Physiology* 375 (1986) : 435-48; L. L. Smith, "Acute Inflammation: The Underlying Mechanism in Delayed Onset Muscle Soreness?" *Medicine and Science in Sports and Exercise*23, no. 5 (1991): 542-51.

11. J. Friden et al., "Myofibrillar Damage Following Intense Eccentric Exercise in Man," *International Journal of Sports Medicine*24, no. 3 (1983): 170-76; D. A. Jones, J. M. Newham et al., "Experimental Human Muscle Damage: Morphological Changes in Relation to Other Indices of Damage," *Journal of Physiology*375 (1986): 435–48; D. J. Newman and D. A. Jones, "Repeated High-Force Eccentric Exercise: Effects on Muscle Pain and Damage," *Journal of Applied Physiology*4, no. 63 (1987): 1381-86; L. L. Smith, "Acute Inflammation: The Underlying Mechanism in Delayed Onset Muscle Soreness?" *Medicine and Science in Sports and Exercise*23, no. 5 (1991): 542-51; P. M. Tiidus and D. C. Ianuzzo, "Effects of Intensity and Duration of Muscular Exercise on Delayed Soreness and Serum Enzyme Activities," *Medicine and Science in Sports and Exercise*15, no. 6 (1983): 461-65.

12. J. Friden, et al., "Myofibrillar Damage Following Intense Eccentric Exercise in Man," *International Journal of Sports Medicine*24, no. 3 (1983): 170–76; D. A. Jones, J. M. Newham, et al., "Experimental Human Muscle Damage: Morphological Changes in Relation to Other Indices of Damage," *Journal of Physiology*375 (1986): 435–48; P. M. Clarkson and I. Tremblay, "Exercise-Induced Muscle Damage, Repair and Adaptation in Humans," *Journal of Applied Physiology*65, no.1 (1998): 1–6; C. L. Golden and G. A. Dudley, "Strength After Bouts of Eccentric or Concentric Actions," *Medicine and Science in Sports and Exercise* 24, no. 8 (1992) 926–33; J. N. Howell, G. Chleboun, and R. Conaster, "Muscle Stiffness, Strength Loss, Swelling and Soreness Following Exercise-Induced Injury to Humans," *Journal of Physiology*464 (1993): 183–96; D. A. Jones, J. M. Newham, et al., "Experimental Human Muscle Damage: Morphological Changes in Relation to Other Indices of Damage," *Journal of Physiology*375 (1986): 435–48; D. K. Mishra, J. Friden, et al., "Anti-Inflammatory Medication After Muscle Injury," *Journal of Bone and Joint Surgery* 77-A, no. 10 (August 1995): 1510-19; L. L. Smith, "Acute Inflammation: The Underlying Mechanism in Delayed Onset Muscle Soreness?" *Medicine and Science in Sports and*

*Exercise*23, no. 5 (1991): 542-51; P. M. Tiidus and D. C. Ianuzzo, "Effects of Intensity and Duration of Muscular Exercise on Delayed Soreness and Serum Enzyme Activities," *Medicine and Science in Sports and Exercise*15, no. 6 (1983): 461-65.

13. P. M. Clarkson and K. Nosaka, "Muscle Function After Exercise-Induced Muscle Damage and Rapid Adaptation," *Medicine and Science in Sports and Exercise*24, no. 5 (1992): 512–20; D. A. Jones, J. M. Newham, et al., "Experimental Human Muscle Damage: Morphological Changes in Relation to Other Indices of Damage," *Journal of Physiology*375 (1986): 435–48; D. K. Mishra, J. Friden, et al., "Anti-Inflammatory Medication After Muscle Injury," *Journal of Bone and Joint Surgery*77-A, no. 10 (August 1995): 1510-19; L. L. Smith, "Acute Inflammation: The Underlying Mechanism in Delayed Onset Muscle Soreness?"*Medicine and Science in Sports and Exercise*23, no. 5 (1991): 542-51.

14. C. L. Golden and G. A. Dudley, "Strength After Bouts of Eccentric or Concentric Actions," *Medicine and Science in Sports and Exercise* 24, no. 8 (1992) 926–33; D. K. Mishra, J. Friden, et al., "Anti-Inflammatory Medication After Muscle Injury," *Journal of Bone and Joint Surgery* 77-A, no. 10 (August 1995): 1510-19; L. L. Smith, "Acute Inflammation: The Underlying Mechanism in Delayed Onset Muscle Soreness?"*Medicine and Science in Sports and Exercise* 23, no. 5 (1991): 542-51.

15. P. M. Clarkson and I. Tremblay, "Exercise-Induced Muscle Damage, Repair and Adaptation in Humans," *Journal of Applied Physiology* 65, no. 1 (1998): 1–6; C. L. Golden and G. A. Dudley, "Strength After Bouts of Eccentric or Concentric Actions," *Medicine and Science in Sports and Exercise* 24, no. 8 (1992) 926–33; J. N. Howell, G. Chleboun, and R. Conaster, "Muscle Stiffness, Strength Loss, Swelling and Soreness Following Exercise-Induced Injury to Humans," *Journal of Physiology* 464 (1993): 183-96; P. M. Tiidus and D. C. Ianuzzo, "Effects of Intensity and Duration of Muscular Exercise on Delayed Soreness and Serum Enzyme Activities," *Medicine and Science in Sports and Exercise* 15, no. 6 (1983): 461-65.

16. P. M. Clarkson and K. Nosaka, "Muscle Function After Exercise-Induced Muscle Damage and Rapid Adaptation," *Medicine and Science in Sports and Exercise* 24, no.5 (1992): 512–20; P. M. Clarkson and I. Tremblay, "Exercise-Induced Muscle Damage, Repair and Adaptation in Humans," *Journal of Applied Physiology* 65, no. 1 (1998): 1–6; J. Friden, et al."Myofibrillar Damage Following Intense Eccentric Exercise in Man," *International Journal of Sports Medicine* 24, no. 3 (1983): 170–76; C. L. Golden and G. A. Dudley, "Strength After Bouts of Eccentric or Concentric Actions," *Medicine and Science in Sports and Exercise* 24, no. 8 (1992): 926-33; J. N. Howell, G. Chleboun, and R. Conaster, "Muscle Stiffness, Strength Loss, Swelling and Soreness Following Exercise-Induced Injury to Humans," *Journal of Physiology* 464 (1993): 183-96; D. A. Jones, J. M. Newham, et al., "Experimental Human Muscle Damage: Morphological Changes in Relation to Other Indices of Damage," *Journal of Physiology* 375 (1986): 435–48; D. K. Mishra, J. Friden, et al., "Anti-Inflammatory Medication After Muscle Injury," *Journal of Bone and Joint Surgery* 77-A, no. 10 (August 1995): 1510-19; D. J. Newman and D. A. Jones, "Repeated High-

Force Eccentric Exercise: Effects on Muscle Pain and Damage," *Journal of Applied Physiology* 4, no. 63 (1987): 1381-86; L. L. Smith, "Acute Inflammation: The Underlying Mechanism in Delayed Onset Muscle Soreness?" *Medicine and Science in Sports and Exercise* 23, no. 5 (1991): 542–51; P. M. Tiidus and D. C. Ianuzzo, "Effects of Intensity and Duration of Muscular Exercise on Delayed Soreness and Serum Enzyme Activities," *Medicine and Science in Sports and Exercise* 15, no. 6 (1983): 461-65.

17．D. R. Taafe, C. Duret, S. Wheeler, and R. Marcus, "Once-Weekly Resistance Exercise Improves Muscle Strength and Neuromuscular Performance in Older Adults," *Journal of the American Geriatric Society* 47, no. 10 (October 1999): 1208–14; J. R. McLester, P. Bishop, and M. E. Guilliams, "Comparison of 1 Day and 3 Days per Week of Equal-Volume Resistance Training in Experienced Subjects," *Journal of Strength and Conditioning Research* 14 (2000): 273-81.(In this study subjects who had an average training history of 5.7 years were put on a whole-body training program, consisting of nine exercises performed either one or three times per week.After the study, a post-test conducted on eight out of the nine strength measures indicated that there was no statistical difference between the two groups, which led the researchers to conclude that training once per week delivered the same results as training three times per week.)

18．B. J. Wilson and J. M. Willardson, "A Comparison of Once Versus Twice per Week Training on Leg Press Strength in Women," *Journal of Sports Medicine and Physical Fitness* 47, no.1 (March 2007): 13-17.Conclusion: "These results indicate that performing a single set of leg press once or twice per week results in statistically similar strength gains in untrained women."

19．J. E. Graves, et al., "Effect of Reduced Training Frequency on Muscular Strength," *International Journal of Sports Medicine* 9, no. 5 (1998): 316–19; C. DeRenne, "Effects of Training Frequency on Strength Maintenance in Pubescent Baseball Players," *Journal of Strength and Conditioning Research* 10, no. 1 (1996): 8-14.

20．D. R. Taaffe, R. Dennis, C. Duert, S. Wheeler, and R. Marcus, "Once- Weekly Resistance Training Improves Muscle Strength and Neuromuscular Performance in Older Adults," *Journal of the American Geriatric Society* 47, no. 10 (October 1999): 1208-14.

第4章

1．B. T. Boyer, "A Comparison of the Effects of Three Strength Training Programs on Women," *Journal of Applied Sports Science Research* 4, Issue 5 (1990): 88–94; M. T. Sanders, "A Comparison of Two Methods of Training on the Development of Muscular Strength and Endurance," *Journal of Orthopaedic and Sports Physical Therapy* 1 (1980): 210–13; L. J. Silvester, C. Stiggins, C. McGown, and G. R. Bryce, "The Effect of Variable Resistance and Free-Weight Training Programs on Strength and Vertical Jump," *NSCA Journal* 3, no. 6 (1982): 30-33.

2．K. Jones, P. Bishop, G. Hunter, and G. Fleisig, "The Effects of Varying Resistance Training Loads on Intermediate and High Velocity Specific Adaptations," *Journal of Strength Conditioning Research* 15 (2001): 349-56.

3．J. G. Hay, J. G. Andrews, and C. L. Vaughan, "Effects of Lifting Rate on Elbow Torques Exerted During Arm Curl Exercises," *Medicine and Science in Sports and Exercise* 15, no. 1 (1983): 63-71.

4．W. L. Wescott, et al., "Effects of Regular and Slow Speed Resistance Training on Muscle Strength," *Journal of Sports Medicine and Physical Fitness* 41, no. 2 (2001): 154-58.

5．D. H. Kuland, *The Injured Athlete* (Philadelphia: J. B. Lippincott, 1982); S. Hall, "Effect of Lifting Speed on Forces and Torque Exerted on the Lumbar Spine," *Medicine and Science in Sports and Exercise* 17, no. 4 (1985): 440–44; P. T. Kotani, N. Ichikawa, W. Wakabayaski, T. Yoshii, and M. Koshimuni, "Studies of Spondylolysis Found Among Weightlifters," *British Journal of Sports Medicine* 6 (1971): 4–8; and M. Duda, "Elite Lifters at Risk of Spondylolysis," *Physician and Sports Medine* 5, no. 9 (1977): 61-67.

6．R. Cooke, "The Inhibition of Rabbit Skeletal Muscle Contraction by Hydrogen Ions and Phosphate," *Journal of Physiology* 395 (1988): 77-97; D. G. Stephenson, G. D. Lamb, and G. M. Stephenson, "Events of the Excitation-Contraction-Relaxation Cycle in Fast- and Slow-Twitch Mammalian Muscle Fibres Relevant to Muscle Fatigue," *Acta Physiologica Scandinavica* 162 (1998): 229–45; D. J. Chasiotis, "ATP Utilization and Force During Intermittent and Continuous Muscle Contractions," *Journal of Applied Physiology* 63 (1987): 167–74; M. C. Hogan, "Contraction Duration Affects Metabolic Energy Cost and Fatigue in Skeletal Muscle," *American Journal of Physiology— Endocrinology and Metabolism* 274 (1998): E397– E402; L. Spriet, "ATP Utilization and Provision in Fast-Twitch Skeletal Muscle During Tetanic Contractions," *American Journal of Physiology— Endocrinology and Metabolism* 257 (1989): E595–E605; and H. Barcrof, "The Blood Flow Through Muscle During Sustained Contraction," J*ournal of Physiology* 97 (1939): 17-31.

7．G. E. Plopper, "Convergence of Integrin and Growth Factor Receptor Signaling Pathways Within the Focal Adhesion Complex," *Molecular Biology of the Cell* 6 (1995): 1349–65; H. Sackin, "Mechanosensitive Channels," *Annual Review of Physiology* 57 (1995): 333–53; T. A. Hornberger, "Mechanical Stimuli Regulate Rapamycin-Sensitive Signaling by a Phosphoinositide 3-Kinase-, Protein Kinase B- and Growth Factor- Independent Mechanism," *Biochemistry Journal* 380 (2004): 795–804; and J.S. Kim et al., "Impact of Resistance Loading on Myostatin Expression and Cell Cycle Regulation in Young and Older Men and Women," *American Journal of Physiology— Endocrinology and Metabolism* 288, no. 6 (June 2005): E1110–E1119.

8．K. Hakkinen and A. Pakarinen, "Acute Hormonal Responses to Two Different Fatiguing Heavy-Resistance Protocols in Male Athletes," *Journal of Applied Physiology* 74, no. 2 (February 1993): 882-87.(This study compared a series of single-rep max lifts—twenty sets at 1 rep max (RM) versus 70 percent 1 RM performed until fatigue.Only the 70 percent protocol with inroad/fatigue produced increases in free testosterone and GH and correlated with accumulation of blood lactate in the 70 percent fatiguing protocol.This article also supports accumulated by-products of fatigue) J. L. Rivero et al., "Contribution of Exercise Intensity and Duration to Training-Linked Myosin Transitions in Thoroughbreds," *Equine Veterinary Journal Supplements* 36 (August 2006): 311–15, "The short-term training-induced up-regulation of HMC IIA and down-regulation of MHC IIX in thoroughbreds are more dependent on intensity than duration of exercise."This article correlates intensity by lactate levels and thus can also support accumulated by-products of fatigue; J. L. Rivero, et al."Effects of Intensity and Duration of Exercise on Muscular Responses to Training of Thoroughbred Racehorses," *Journal of Applied Physiology* 102, no. 5 (May 2007): 1871-82.Same study as preceding.(Note: Doug McGuff's literature police strike again.Editorial/peer review is supposed to make certain that authors don't double-dip on their publishing and that submitted articles represent new knowledge not presented elsewhere.The *Journal of Applied Physiology* is a big-name journal that should not have let this slip under the radar.); and M. Izguierdo, J. Ibañez, et al., "Differential Effects of Strength Training Leading to Failure Versus Not to Failure on Hormonal Responses, Strength, and Muscle Power Gains," *Journal of Applied Physiology* 100, no.5 (May 2006): 1647-56.This study showed similar strength increases but greater cortisol and less testosterone in failure training than not-to-failure training.However, volume and frequency were not adjusted to compensate for the higher intensity of failure training.Nevertheless, the advantages of inroad (or positive failure) training can be seen—same strength, less time.

第5章

1．K. Koffler, A. Menkes, A. Redmond, et al., "Strength Training Accelerates Gastrointestinal Transit in Middle-Aged and Older Men," *Medicine and Science in Sports and Exercise* 24, no. 4 (1992): 415-19.

2．W. J. Evans and I. Rosenberg, *Biomarkers* (New York: Simon & Schuster, 1992), 44; A. Keys, H. L. Taylor, and F. Grande, "Basal Metabolism and Age of Adult Men," *Metabolism* 22 (1973): 579-87.

3．W. Campbell, M. Crim, C. Young, and W. Evans, "Increased Energy Requirements and Changes in Body Composition with Resistance Training in Older Adults," *American Journal of Clinical Nutrition* 60 (1994): 167-75.

4．B. Hurley, "Does Strength Training Improve Health Status?" *Strength and Conditioning Journal* 16 (1994): 7-13.

5．M. Stone, D. Blessing, R. Byrd, et al., "Physiological Effects of a Short Term Resistive Training Program on Middle-Aged Untrained Men," *National Strength and Conditioning Association Journal* 4 (1982): 16–20; B. Hurley, J. Hagberg, A. Goldberg, et al., "Resistance Training Can Reduce Coronary Risk Factors Without Altering VO2 Max or Percent Bodyfat," *Medicine and Science in Sports and Exercise* 20 (1988): 150-54.

6．K. A. Harris and R. G. Holly, "Physiological Response to Circuit Weight Training in Borderline Hypertensive Subjects," *Medicine and Science in Sports and Exercise* 19, no. 3 (June 19, 1987): 246-52.This study revealed that resting or exercise blood pressure was not adversely affected and that blood pressure lowered at the end of the study period.In other words, strength training lowered blood pressure without risk of dangerous blood pressure increases during the training period.; E. B. Colliander and P. A. Tesch, "Blood Pressure in Resistance-Trained Athletes," *Canadian Journal of Applied Sports Sciences* 13, no. 1 (March 1988): 31-34.Conclusion: "Intense long-term strength training, as performed by bodybuilders, does not constitute a potential cardiovascular risk factor."

7．A. Menkes, S. Mazel, A. Redmond, et al., "Strength Training Increases Regional Bone Mineral Density and Bone Remodeling in Middle-Aged and Older Men," *Journal of Applied Physiology* 74 (1993): 2478-84.

8．D. Kerr, et al., "Exercise Effects on Bone Mass in Postmenopausal Women Are Site-Specific and Load-Dependent," *Journal of Bone and Mineral Research* 11, no. 2 (February 1996): 218-25.

9．Manohar Pahjabi, et al., "Spinal Stability and Intersegmental Muscle Forces: A Biomechanical Model," *Spine* 14, no. 2 (1989), 194–200.

10．"Never Too Late to Build Up Your Muscle," *Tufts University Diet and Nutrition Letter* 12 (September 1994): 6-7.

11．L. C. Rail, et al., "The Effect of Progressive Resistance Training in Rheumatoid Arthritis: Increased Strength Without Changes in Energy Balance or Body Composition," *Arthritis Rheum* 39, no. 3 (March 1996): 415-26.

12．B. W. Nelson, E. O'Reilly, M. Miller, M. Hogan, C. E. Kelly, and J. A. Wegner, "The Clinical Effects of Intensive Specific Exercise on Chronic Low Back Pain: A Controlled Study of 895 Consecutive Patients with 1-Year Follow Up," *Orthopedics* 18, no. 10 (October 1995), 971–81.

13．S. Leggett, V. Mooney, L. N. Matheson, B. Nelson, T. Dreisinger, J. Van Zytveld, and L. Vie, "Restorative Exercise for Clinical Low Back Pain(A Prospective Two-Center Study with 1-Year Follow Up)," Spine 24, no. 9 (November 1999).

14．S. Risch, N. Nowell, M. Pollock, et al., "Lumbar Strengthening in Chronic Low Back Pain Patients," *Spine* 18 (1993): 232-38.

15．A. Faigenbaum, L. Zaichkowsky, W. Westcott, et al., "Effects of Twice per Week Strength Training Program on Children" (paper presented at the annual meeting of the New England Chapter of American College of Sports Medicine, Boxborough, MA, November 12, 1992).

16．W. Westcott, "Keeping Fit," *Nautilus* 4, no. 2 (1995): 5-7.

17．S. P. Messier and M. E. Dill, "Alterations in Strength and Maximum Oxygen Consumption Consequent to Nautilus Circuit Weight Training," *Research Quarterly for Exercise and Sport* 56, no. 4 (1985): 345-51.Conclusion: "The results of this study suggest that for a training period of short duration, Nautilus circuit weight training appears to be an equally effective alternative to standard free weight (strength) and aerobic (endurance) training programs for untrained individuals."The authors state that there was a significant increase in VO$_2$ max in the Nautilus group and add, "There was no significant difference between the Nautilus and Run groups" in VO$_2$ max; L. Goldberg and K. S. Elliot, "Cardiovascular Changes at Rest and During Mixed Static and Dynamic Exercise After Weight Training," *Journal of Applied Science Research* 2, no. 3 (1988):42-45.Conclusion: "Traditional, non-circuit weight training for both the athlete and the general population can be viewed as a method of reducing myocardial oxygen demand during usual daily activities.This cardio- protective benefit allows the individual to perform isometric exertion combined with dynamic work with lower cardiac oxygen requirements, and, thus, improvement in cardiovascular efficiency....[C]ardiovascular benefits do occur."

18. K. Meyer, et al."Hemodynamic Responses During Leg Press Exercise in Patients with Chronic Congestive Heart Failure," *American Journal of Cardiology* 83, no. 11 (June 1999): 1537-43.

19. M. A. Rogers and W. J. Evans, "Changes in Skeletal Muscle with Aging: Effects of Exercise Training," *Exercise and Sport Science Reviews* 21 (1993): 65-102.

20. W. D. Daub, G. P. Knapik, and W. R. Black, "Strength Training Early After Myocardial Infarction," *Journal of Cardiopulmonary Rehabilitation* 16, no. 2 (March 1996): 100-8.This study compared use of aerobic and strength training during a cardiac rehab program.Thirty of forty-two subjects had a complication (arrhythmia, angina, ischemia, hypertension, or hypotension) during aerobic exercise. Only one subject had a complication during strength training, and this was a harmless arrhythmia. This shows that strength training is cardioprotective and most likely enhances coronary artery blood flow; D. W. DeGroot, et al., "Circuit Weight Training in Cardiac Patients: Determining Optimal Workloads for Safety and Energy Expenditure," *Journal of Cardiopulmonary Rehabilitation* 18, no. 2 (March– April 1998): 145-52.Subjects with documented coronary artery disease performed aerobic exercise or circuit weight training.The heart rate and rate pressure product were lower during circuit weight training than at 85 percent treadmill VO$_2$ max. There was no angina or ST depression (signs of compromised coronary artery blood flow) during circuit weight training; Y.Beniamini, et al., "High-Intensity Strength Training of Patients Enrolled in an Outpatient Cardiac Rehabilitation Program," *Journal of Cardiopulmonary Rehabilitation* 19, no. 1 (January–February 1999): 8-17.Subjects were randomized to high-intensity training versus flexibility training.The high-intensity training group lost more bodyfat, gained lean tissue, and improved treadmill time. No cardiac ischemia or arrhythmia occurred during the training session.Improvements in flexibility were the same in both groups.Again, all the improvements were realized with none of the risk; M. J. Haykowsky, et al., "Effects of Long Term Resistance Training on Left Ventricular Morphology," *Canadian Journal of Cardiology* 16, no. 1 (January 2000: 35-38.Conclusion: "Contrary to common beliefs, long term resistance training as performed by elite male power-lifters does not alter left ventricular morphology."No adverse effects on the heart were found, even with power lifters.

21. K. Hutchins,*SuperSlow: The Ultimate Exercise Protocol*(Casselberry, FL: Media Support/ SuperSlow Systems, 1992).

22．W. Wescott, "Exercise Speed and Strength Development," *American Fitness Quarterly* 13, no. 3:20–21.

23．W. Wescott, et al., "Effects of Regular and Slow Speed Training on Muscle Strength," *Master Trainer* 9, no. 4:14–17.

第6章

1．A. L. Goldberg, J. D. Etlinger, D. F. Goldspink, and C. Jablecki, "Mechanism of Work-Induced Hypertrophy of Skeletal Muscle," *Medicine and Science in Sports and Exercise* 7, no. 3 (Fall 1975): 185-98.

2．R. G. McMurray and C. F. Brown, "The Effect of Sleep Loss on High Intensity Exercise and Recovery," *Aviation, Space, and Environmental Medicine* 55, no. 11 (November 1984): 1031-35.

3．D. A. Judelson, et al., "Effect of Hydration State on Strength, Power, and Resistance Exercise Performance," *Medicine and Science in Sports and Exercise* 39, no. 10 (October 2007): 1817–24; Ibid., "Hydration and Muscular Performance: Does Fluid Balance Affect Strength, Power and High- Intensity Endurance?" *Sports Medicine* 37, no. 10 (2007): 907–21; R. W. Kenefick, et al., "Hypohydration Adversely Affects Lactate Threshold in Endurance Athletes," *Journal of Strength Conditional Research* 16, no. 1 (February 2002): 38-43.

4．C. M. Maresh, et al., "Effect of Hydration State on Testosterone and Cortisol Responses to Training-Intensity Exercise in Collegiate Runners," *International Journal of Sports Medicine* 27, no. 10 (October 2006): 765-70.

第7章

1．J. Howell, G. Chlebow, and R. Conaster."Muscle Stiffness, Strength Loss, Swelling and Soreness Following Exercise-Induced Injury in Humans." *Journal of Physiology* 464 (May 1993): 183-96. (From the somatic dysfunction research laboratory of the college of osteopathic medicine and the department of biological sciences, at Ohio University, Athens.)

2．J. P. Ahtianinen, et al., "Acute Hormonal and Neuromuscular Responses and Recovery to Forced vs. Maximum Repetitions Multiple Resistance Exercises," *International Journal of Sports Medicine* 24, no. 6 (August 2003): 410-18.

3．C. D. Massey, J. Vincent, M. Maneval, M. Moore, and J. T. Johnson, "An Analysis of Full Range of Motion vs. Partial Range of Motion Training in the Development of Strength in Untrained Men," *Journal of Strength Conditional Research* 18, no. 3 (2004): 518-21.

4．K. Hakkinen and P. Komi, "Effect of Different Combined Concentric and Eccentric Muscle Work Regimes on Maximal Strength Development," *Journal of Human Movement Studies* 7 (1981): 33–44; L. Ahlquist, R. Hinkle,L. Webber, A. Ward, and J. Rippe, "The Effect of Four Strength Training Programs on Body Composition in Sedentary Men" (paper presented at the National Meeting of the Canadian Association of Sports Sciences, 1991);L. Ahlquist, A. Ward, and J. Rippe, "The Effectiveness of Different Weight- Training Protocols on Muscle Strength and Muscle Cross-Sectional Area: Body Composition and Various Psychological Parameters" (internal report from the Exercise Physiology and Nutrition Laboratory, University of Massachusetts Medical Center, 1991); R. Hinkle, L. Webber, L. Ahlquist,A. Ward, D. Kelleher, and J. Rippe, "The Effect of Different Strength Protocols on Selected Strength Measures" (paper presented at the National Meeting of the Canadian Association of Sports Sciences, 1991); Ibid., "The Effect of Added Eccentric Resistance Training on Selected Strength Measures"; E. Colliander and P. Tesch, "Responses to Eccentric and Concentric Resistance Training in Females and Males," *Acta Physiologica Scandinavica* 141 (1990): 149–56; B. Johnson, et al., "A Comparison of Concentric and Eccentric Muscle Training," *Medicine and Science in Sports and Exercise* 8 (1976): 35–38; J. Mannheimer, "A Comparison of Strength Gain Between Concentric and Eccentric Contractions," *Physical Therapy* 49 (1968): 1201–7; V. Seliger, et al., "Adaptations of Trained Athletes' Energy Expenditure to Repeated Concentric and Eccentric Muscle Actions," *International Physiology* 26 (1968): 227–34; P. Tesch, A. Thornsson, and E. Colliander, "Effects of Eccentric and Concentric Resistance Training on Skeletal Muscle Substrates, Enzyme Activities and Capillary Supply," *Acta Physiologica Scandinavica*140 (1990): 575-80.
5．D. J. Chasiotis, "ATP Utilization and Force During Intermittent and Continuous Muscle Contractions," *Journal of Applied Physiology* 63 (1987): 167–74; M. C. Hogan, "Contraction Duration Affects Metabolic Energy Cost and Fatigue in Skeletal Muscle," *American Journal of Physiology— Endocrinology and Metabolism* 274 (1998): E397–E402; L. Spriet, "ATP Utilization and Provision in Fast-Twitch Skeletal Muscle During Tetanic Contractions," *American Journal of Physiology—Endocrinology and Metabolism* 257 (1989): E595–E605; H. Barcrof, "The Blood Flow Through Muscle During Sustained Contraction," *Journal of Physiology* 97 (1939): 17-31.

第8章

1．M. C. Thibault, et al., "Inheritance of Human Muscle Enzyme Adaptation to Isokinetic Strength Training," *Human Heredity* 36, no. 6 (1986): 341-47.This study subjected five sets of identical twins to a ten-week strength- training program.Biochemical markers of strength were monitored, and there was a wide range of response among the five twin sets, but responses of the identical twins within each set were ... well ... identical.

2．S. J. Lee, "Regulation of Muscle Mass by Myostatin," *Annual Review of Cell and Developmental Biology* 20 (November 2004): 61-86.This is a review article by Se Jin Lee, the chief discoverer of the myostatin gene, and is applicable to almost any aspect of myostatin discussed in this book.

3．Markus Schuelke, et al., "Myostatin Mutation Associated with Gross Muscle Hypertrophy in a Child," *New England Journal of Medicine* 350(June 24, 2004): 2682-88.This article announced the discovery of the first documented spontaneous deletion of the myostatin gene; the subject was a German child.

4．S. J. Lee, "Sprinting Without Myostatin: A Genetic Determinant of Athletic Prowess," *Trends Genet* 23, issue 10 (October 2007): 475-77.This article discusses how spontaneous deletion in whippets produces an inordinately muscular racing dog that can't be beat; D. S. Mosher, et al.,"A Mutation in the Myostatin Gene Increases Muscle Mass and Enhances Racing Performance in Heterozygote Dogs," *PLoS Genet* 3, no. 5 (May 25, 2007): e79, Epub April 30, 2007; S. Shadun, "Genetics: Run, Whippet Run," *Nature* 447 (May 17, 2007): 275.

5．A. Rebbapragada, et al., "Myostatin Signals Through a Transforming Growth Factor Beta-Like Signaling Pathway to Block Adipogenesis," *Molecular and Cell Biology* 23, no. 20 (October 23, 2003): 7230-42.It not only grows muscle but also makes you ripped.

6．C. E. Stewart and J. Rittweger, "Adaptive Processes in Skeletal Muscle: Molecular Regulators and Genetic Influences," *Journal of Musculoskeletal and Neuronal Interactions* 6, no. 1 (January–March 2006): 73-86.This review article nicely covers other genetic factors that control response to exercise and may in the future allow for customization protocols for individuals.

7．N. Yang, et al, "ACTN3 Genotype Is Associated with Human Elite Athletic Performance," *American Journal of Human Genetics* 73, no. 3 (September 2003): 627-41.

8．Nicholas A. Christakis and James Fowler, "The Spread of Obesity in a Large Social Network over 32 Years," *New England Journal of Medicine* 357, no. 4 (July 26, 2007): 370-79.

9．Ethan Waters, "DNA Is Not Destiny," *Discover* 27, no. 11 (November 2006); and Joanne Downer, "Backgrounder: Epigenetics and Imprinted Genes".

第9章

1．E. J. Fine and R. D. Feinman, "Thermodynamics of Weight Loss Diets," *Nutrition and Metabolism* 1 (2004): 15.

2．J. S. Volek and R. D. Feinman, "Carbohydrate Restriction Improves the Features of Metabolic Syndrome: Metabolic Syndrome May Be Defined by the Response to Carbohydrate Restriction," *Nutrition and Metabolism* 2 (2005): 31; J. S. Volek, et al., "Comparison of Energy-Restricted Very-Low Carbohydrate and Low- Fat Diets on Weight Loss and Body Composition in Overweight Men and Women," *Nutrition and Metabolism* 1 (2004): 13; S. J. Peters and P. J. LeBlanc,

"Metabolic Aspects of Low Carbohydrate Diets and Exercise," *Nutrition and Metabolism* 1 (2004): 7; Stephen D. Phinney, "Ketogenic Diets and Physical Performance," *Nutrition and Metabolism* 1 (2004): 2.

3. Ellington Darden, *Living Longer Stronger* (New York: Berkeley Publishing Group, 1995), 112. This calculation is based on the amount of heat energy required to warm ingested chilled water to body-temperature urine, minus a small fudge factor for passive warming.

4. D. L. Ballor, V. L. Katch, M. D. Becque, and C. R. Marks, "Resistance Weight Training During Caloric Restriction Enhances Lean Body Weight Maintenance," *American Journal of Clinical Nutrition* 47 (1988): 19–25.

5. Ethan Waters, "DNA Is Not Destiny," Discover 27, no. 11 (November 2006).

6. T. V. Kral and B. J. Rolls, "Energy Density and Portion Size: Their Independent and Combined Effects on Energy Intake," *Physiology and Behavior* 82, no. 1 (August 2004): 131-38.

7. "Muscle Hypertrophy with Large-Scale Weight Loss and Resistance Training," *American Journal of Clinical Nutrition* 58 (1993): 561-65.

第10章

1. D. Schmidtbleicher, "An Interview on Strength Training for Children," *National Strength and Conditioning Association Bulletin* 9, no. 12 (1988): 42a–42b.

2. K. A. Ericsson, et al., "The Making of an Expert," *Harvard Business Review* 85, (July–August, 2007): 114–21, 193.

3. K. A. Ericsson, R. Krampe, and T. H. Tesch-Romer, "The Role of Deliberate Practice in the Acquisition of Expert Performance," *Psychological Review* 100, no. 3 (1993): 379-84.

4. S. B. Thacker, J. Gilchrist, D. F. Stroup, and C. Dexter Kimsey Jr., "The Impact of Stretching on Sports Injury Risk: A Systematic Review of the Literature," *Medicine and Science in Sports and Exercise* 36, no. 3 (March 2004): 371-78.

5. D. Lally, "New Study Links Stretching with Higher Injury Rates," *Running Research News* 10, no. 3 (1994): 5-6.

6. R. D. Herbert and M. Gabriel, "Effects of Stretching Before and After Exercising on Muscle Soreness and Risk of Injury: Systematic Review," *British Medical Journal* 325 (August 31, 2002): 468.

7. R. P. Pope, R. D. Herbert, J. D. Kirwan, et al., "A Randomized Trial of Preexercise Stretching for Prevention of Lower-Limb Injury," *Medicine and Science in Sports and Exercise* 32, no. 2 (February 2000): 271-77.

8. E. Witvrouw, et al., "The Role of Stretching in Tendon Injuries," *British Journal of Sports Medicine* 41 (January 29, 2007): 224-26.

9．A. G. Nelson, J. B. Winchester, and J. Kokkonen, "A Single Thirty Second Stretch Is Sufficient to Inhibit Maximal Voluntary Strength," *Medicine and Science in Sports and Exercise* 38, Suppl. no. 5 (May 2006): S294.

10．SafeKidsUSA.

第11章

1．J. R. Meuleman, et al., "Exercise Training in the Debilitated Aged: Strength and Functional Outcomes," *Archives of Physical Medicine and Rehabilitation* 81, no. 3 (March 2000): 312-18. Fifty-eight elderly subjects with at least one impairment in activities of daily life completed an eight-week strength- training program.Strength increased an average of 32.8 percent, with the most debilitated showing the greatest improvement.The article states: "This group of debilitated elderly patients effectively performed resistance training and increased their strength, with the most impaired gaining the most function."

2．R. A. Fielding, "Effects of Exercise Training in the Elderly: Impact of Progressive-Resistance Training on Skeletal Muscle and Whole-Body Protein Metabolism," *Proceedings of the Nutrition Society* 54, no. 3 (November 1995): 665-75.This review article states: "The overwhelming evidence presented in the present review suggests that loss of muscle strength and function observed with advancing age is reversible even in the frail elderly.Exercise programs designed to improve muscle strength are recommended for older individuals as an effective countermeasure to the sarcopenia of old age."

3．W. Frontera, C. Meredith, K. O'Reilly, H. Knuttgen, and W. J. Evans, "Strength Conditioning in Older Men: Skeletal Muscle Hypertrophy and Improved Function," *Journal of Applied Physiology* 64, no. 3 (1988): 1038–44; M. Nelson, M. Fiatarone, C. Morganti, I. Trice, R. Greenberg,and W. J. Evans, "Effects of High-Intensity Strength Training on Multiple Risk Factors for Osteoporotic Fractures," *Journal of the American Medical Association* 272, no. 24 (1994): 1909–14; M. Fiatarone, E. O'Neill, N. Ryan,K. Clements, G. Solares, M. Nelson, S. Roberts, J. Kehayias, L Lipsitz, and W. J. Evans, "Exercise Training and Nutritional Supplementation for Physical Frailty in Very Elderly People," *New England Journal of Medicine* 330, no. 25 (1994): 1769-75.

4．P. A. Ades, et al., "Weight Training Improves Walking Endurance in Healthy Elderly Persons," *Annals of Internal Medicine* 124, no. 6 (March 15, 1996): 568-72.Twenty-four subjects sixty-five to seventy-nine years old underwent a three-month weight-training program.Participants increased their walking endurance by 38 percent.There was no change in peak aerobic capacity to account for the improvement.The article states: "Resistance training for 3 months improves both leg strength and walking endurance in healthy, community dwelling elderly persons.This finding is relevant to older persons at risk for disability, because walking endurance and leg strength are important components of physical functioning."

5. W. J. Evans, "Reversing Sarcopenia: How Weight Training Can Build Strength and Vitality," *Geriatrics* 51, no. 5 (May 1996): 46–47, 51–53, "Progressive resistance exercises can produce substantial increases in strength and muscle size, even in the oldest old.For many older patients, resistance training represents the safest, least expensive means to lose body fat, decrease blood pressure, improve glucose tolerance, and maintain long- term independence."

6. W. Campbell, M. Crim, V. Young, and W. J. Evans, "Increased Energy Requirements and Changes in Body Composition with Resistance Training in Older Adults," *American Journal of Clinical Nutrition* 60 (1994): 167-75;R. Pratley, B. Nicklas, M. Rubin, J. Miller, A. Smith, M. Smith, B. Hurley, and A. Goldberg, "Strength Training Increases Resting Metabolic Rate and Norepinephrine Levels in Healthy 50 to 65 Year-Old Men," *Journal of Applied Physiology* 767 (1994): 133-37.

7. K. Harris and R. Holy, "Physiological Response to Circuit Weight Training in Borderline Hypertensive Subjects," *Medicine and Science in Sports and Exercise* 10 (1987): 246-52.

8. M. Stone, D. Blessing, R. Byrd, J. Tew, and D. Boatwright, "Physiological Effects of a Short Term Resistive Training Program on Middle-Aged Untrained Men," *National Strength and Conditioning Association Journal* 4 (1982): 16-20.

9. K. Koffler, A. Menkes, A. Redmond, W. Whitehead, R. Pratley, and B. Hurley, "Strength Training Accelerates Gastrointestinal Transit in Middle- Aged and Older Men," *Medicine and Science in Sports and Exercise* 24 (1992): 415-19.

10. B. Hurley, "Does Strength Training Improve Health Status?"*Strength and Conditioning Journal* 16 (1994): 7-13.

11. S. Risch, N. Nowell, M. Pollock, E. Risch, H. Langer, M. Fulton, J. Graves, and S. Leggett, "Lumbar Strengthening in Chronic Low Back Pain Patients," *Spine* 18 (1993): 232-38.

12. A. Menkes, S. Mazel, R. Redmond, K. Koffler, C. Libanati, C. Gundberg, T. Zizic, J. Hagberg, R. Pratley, and B. Hurley, "Strength Training Increases Regional Bone Mineral Density and Bone Remodeling in Middle- Aged and Older Men," *Journal of Applied Physiology* 74 (1993): 2478-84.

13. See Chap.5, n. 10.

14. N. Singh, K. Clements, and M. Fiatarone, "A Randomized Controlled Trial of Progressive Resistance Training in Depressed Elders," *Journal of Gerontology* 52A, no. 1 (1997): M27–M35.

15. K. Stewart, M. Mason, and M. Kelemen, "Three-Year Participation in Circuit Weight Training Improves Muscular Strength and Self-Efficacy in Cardiac Patients," *Journal of Cardiopulmonary Rehabilitation* 8 (1998): 292-96.

16. The summary of this study has been published at seniorfitness.

17. S. Melov, M. A. Tarnopolsky, K. Beckman, K. Felkey, and A. Hubbard, "Resistance Exercise Reverses Aging in Human Skeletal Muscle".

作者简介

道格·麦高夫（Doug McGuff）博士

麦高夫博士在15岁时第一次阅读了阿瑟·琼斯的著作——《诺德士训练简报（第2册）》（*Nautilus Training Bulletin No. 2*），从此对运动产生了兴趣。对运动和生物学的兴趣使他投身于医学事业。1989年，他从得克萨斯大学圣安东尼奥医学院毕业，然后在小石城的阿肯色大学医学院接受急诊医学培训，并在那里担任住院总医师。此后，他在莱特州立大学急诊医学住院部任职，并在莱特－帕特森空军基地医院（Wright-Patterson AFB Hospital）担任急诊医师。

在整个职业生涯中，麦高夫博士一直对高强度运动非常感兴趣。他在1997年11月实现了毕生的梦想，开设了"终极锻炼"训练中心。在过去的十几年里，他和教练们通过训练"终极锻炼"的私教客户不断探索锻炼的极限。

除了在"终极锻炼"工作外，麦高夫博士还是宾夕法尼亚州蓝岭急诊医师（Blue Ridge Emergency Physicians, P.A.）的合伙人。他和结婚多年的妻子及他们的孩子埃里克和马德琳住在南卡罗来纳州的塞内卡。

约翰·利特尔（John Little）

利特尔被认为是"北美知名健身研究人员之一"。他在18岁时第一次从健美先驱迈克·门策那里了解到正确锻炼的原则。门策鼓励他继续其研究，利特尔因此创造了"最大收缩（Max Contraction）"训练方法。利特尔撰写了12本关于运动的书，以及38本关于哲学（东方和西方）、历史和武术的书。利特尔毕业于麦克马斯特大学，获得了哲学学位，曾在北美各大健身和武术杂志上发表过文章。在其职业生涯中，与他合作过的业内知名人士包括李小龙、阿诺德·施瓦辛格、史蒂夫·里夫斯（Steve Reeves）、卢·费里尼奥（Lou Ferrigno）、成龙和迈克·门策。他还是一位屡获殊荣的纪录片制片人，为独立公司和华纳兄弟等主要制片厂制作和导演电影。

2004年，利特尔和他的妻子特丽开设了鹦鹉螺北部力量与健身中心，他们在该中心继续进行有关锻炼的研究，并与其私教客户共享数据。该中心已经指导管理了超过6万节一对一的锻炼课程。自迈克·门策于2001年去世以来，利特尔一直将其教诲和遗产继续发扬光大，并接手了门策在《铁人》（*Ironman*）杂志上的"重负（Heavy duty）"专栏。他与结婚20年的妻子及他们的孩子赖利、泰勒、布兰登和本杰明住在加拿大安大略省的布雷斯布里奇镇。